ヘーゲルと近代社会

ヘーゲルと近代社会

チャールズ・テイラー
渡辺義雄 訳

岩波書店

HEGEL AND MODERN SOCIETY

by Charles Taylor

First published in 1979 by
the Cambridge University Press

This book is published in Japan 1980 by Iwanami Shoten, Publishers, Tokyo, by arrangement with the Syndics of the Cambridge University Press, Cambridge.

凡　例

一、本書は Charles Taylor ; *Hegel and modern society*, Cambridge University Press, 1979 の翻訳である。

一、原書の脚註は一まとめにして巻末に廻すことにした。

一、訳註は最小限にとどめ、原註とともに巻末に付した。その代わり、重要と思われる語句には巻末の索引で原語を添え、また文意を明確にするために本文中に訳者の註を可能な限り加えることにし、〔 〕で示した。

一、イタリックで書かれた語句には傍点を付し、書名は『 』で論文は「 」で示すことにした。

一、Spirit, spirit ; Concept, concept など大文字と小文字の両様で書かれた語は、精神、精神、概念、概念のごとく、大文字で書かれたものに傍点を付して区別することにした。

一、著者が引用しているヘーゲルのテキストは『法哲学』と『歴史における理性』(この二書はホッフマイスター版である)を除いてすべてラッソン版である。

一、引用文の訳出には、ドイツ語のテキストを参照したけれども、著者の利用した英訳あるいは著者の付した英訳に従うことにした。

一、訳語はなるべく統一するように努めたが、多少の不統一は免れなかった。
一、訳文は平明であることを旨としたが、生硬な語句に著者の苦心があると思う場合には、あえて生硬な訳語を選ぶことにした。

編集者の序文

このシリーズ*の目的は、現代のヨーロッパ哲学を、英語を話す世界の広範な読者に分かりやすくするのに、またこの哲学の興味と重要性を、とくに分析哲学の訓練を受けた人々に示唆するのに、役立つことである。

このシリーズがヘーゲルに関する一書で開始されるのは適切である。なぜなら、本シリーズが相互の交渉に寄与しようと努めている二つの伝統間の相違を、最も鮮明に指摘することができるのは、ヘーゲルへの言及によるからである。現代のアングロ＝サクソン世界の分析哲学は、今世紀の変わり目に、ムア、ラッセルおよびその他の人々によって、観念論やヘーゲルの影響に反抗して展開された。なるほどイギリスやアメリカの観念論者は、すでにヘーゲルからかなり離れてしまったが、しかし彼らの全体論的哲学は、術語においても願望においても、確かにヘーゲル的であった。明らかにムアとラッセル自身は、ヒュームに由来する別の伝統のおかげを最も多くこうむった。それにもかかわらず、彼らもヨーロッパの同時代の人々から影響を受け、明らかにそれらの人々の著作に訴えてイギリスのヘーゲリアンたちに反抗したのである。とりわけ彼らは、ヘーゲル哲学にほんの少ししか同情しなかったヨーロッパの哲学者たちを、ムアの場合にはブレンターノ、ラッセルの場合にはフレーゲを賞賛した。

さらに、もしわれわれが英語を話す世界における哲学的思惟の急進主義もしくは反伝統主義の近代的起源を考察するならば、――そしてウィーン学団の大多数の哲学者は哲学上の偶像破壊者であると同じく政治上の急進主義者であった――われわれはヘーゲルへの言及によって引き立たせられるもう一つの対照を発見する。英国においては、「体制側の」考え方や感化の方式に対する反抗は、ヘーゲルの影響のもとにというより、むしろ彼に反対して展開された。多くのヨーロッパの国々におけるもっとマルクス主義的傾向の哲学者たち、例えばフランスにおけるサルトルやメルロー゠ポンティについては、逆のことが真理である。ちょうどヘーゲルの哲学がパリの学会にまじめに紹介されつつあった三十年代の半ばに、A・J・エヤーはまさにヘーゲルを主要な攻撃目標としていたウィーン学団の論理実証主義の闘士として、ウィーンからオクスフォードに帰ってきた。なるほど論理実証主義はイギリスでは短命であった。また、ウィーン学団の数人の会員が最後にのがれてきたアメリカ合衆国においてさえ、それは長くつづく学派であるよりむしろ重要な一局面を表わしていた。しかし、論理実証主義が最も関心をもった哲学上の長所は、引きつづき促進された。今日のいわゆる分析哲学は、概念分析を十分にすることを要求し、美辞をつらねた壮大な構造に疑いをもっているが、英語を話す世界でますます支配的となるに至った。分析哲学が表わす哲学的態度、また分析哲学をヨーロッパの支配的な諸学派の思想から区別する哲学的態度は、分析哲学に測り知れない影響を与えたヴィットゲンシュタインの『哲学的論評』(一九三〇年)の序言に簡潔に表明されている。

この精神はわれわれのすべてが浸っているヨーロッパおよびアメリカ文明の広大な流れを知らせる精神とは異なっている。あの精神は前方への運動、より大きなより複雑な構造を絶えず建設すること、のうちにそれ自身を表現する。他の精神はどのような構造の中にも明晰と明敏を求めることのうちにそれ自身を表現する。……そこで、最初の精神は次から次へと構成を加え、一つの段階から次の段階へといわばどんどん上がって行く。それにひきかえ、他の精神はそれが存在する所に留まり、それが捕えようと努めるものは、つねに同じものである。**

「分析的」だの「ヨーロッパの」(あるいは「大陸の」)だのというレッテルがはなはだ不十分であることは、誰もが知っている。分析哲学の最近の伝統に重要な点で影響を及ぼした哲学者の多くは、ヨーロッパ大陸で生まれ育ったのであるし(例えばフレーゲ、ポワンカレ、シュリック)[1]、また、たとえある人たち(例えばヴィットゲンシュタイン、ヒンティッカ、ヘンペル[2]、カルナップ、ポパー)は晩年になってアメリカ合衆国なりイギリスなりに移住したとしても、彼らはまず初めに自分の思想をヨーロッパで展開したのである。フォン・ライト、ヒンティッカおよびフェレスダル[3]は、独自の分析哲学者であると同じく、大いにヨーロッパの哲学的伝統の所産である。概念分析の仕事に従事した哲学者は、ほかにも北欧の国々やポーランドに、そして近頃ではドイツに大勢いる。

その上、分析的伝統の影響を受けなかったヨーロッパの諸大学——そしてこれらの大学はフランスやイタリアのほとんどすべての大学を、またドイツ語を話す国々や東欧の大半の大学を含む——は、決していかなる統一的伝統をも表わさなかったのである。例えば、ヘーゲル主義者やマルクス主義者や現象学者やトマス主義者の間の不一致は、それどころか情報交換の欠如は、しばしば深刻であった。しかし、こうした不一致は、一方では分析的伝統の重立った代表者たちと、他方ではヨーロッパ大陸の哲学上の重立った諸学派(これらはまたラテン・アメリカや日本において、またアメリカ合衆国やカナダのいくつかの大学においてさえ支配的である)との間の相互的無知による障害に比べれば、「取るに足らない」ものである。そうしてこれらの障害は、とにかくつい最近まで、どちらかの側に立つ大学の卒業生はどんなに優秀な学生でも、知識と無知、有能と無能とにはっきり分かれる領域を研究して出てくる傾向があるので、彼らは自分たちを分裂させるものの本性について、互いに議論をして情報を得ることに対してすら、ほとんど用意ができていない、という事実によって強化される。

これらの障害の発生の背後に横たわるもろもろの相違は、ヘーゲルを越えてカントに、また哲学のさまざまな学派がカントの著作に反応した実にさまざまな仕方や、さらにそれらの後継者たちの逆反応に、さかのぼる言及によってのみ、正しく理解されることができる。しかし、これらの相違が真の障害に変わったのは、割りあいに最近の現象である。ブレンターノは前世紀の終わりに心の哲学について書きながら、しばしばJ・S・ミルや他の同時代の英国の哲学者たちに言及した。入れかわってムアは、われわれが注意したように、ブレンターノに言及する。ベルクソンはその著書の中でしばしばウィリアム・ジェームズを論ずる。フッサールにとって、最も重要な哲学者の一人はヒュームであった。ラッセルによってまじめに論議された思想家は、フレーゲやポワンカレばかりでなく、マイノングをも含んでいる。そういうわけで、これらの人々の志を継いだ人たちが、一方は他方がだらしのない修辞法や無責任な厳密性欠如で生きのびていると確信し、他方は前者に無味乾燥、浅薄、煩雑すぎる些事詮索の疑いをかけて、互いに〔著作を〕読んだり尊敬したりするのを拒絶したのは、まことに不幸である。

　このシリーズのもろもろの著作は、分析的伝統に立って仕事をした哲学者たち、しかし今もとくに、現代のヨーロッパに見られる主要なもろもろの伝統に属する哲学者によって提起された諸問題に取り組んでいる哲学者たち、による貢献を表わす。それらは哲学的立論の作品であり、序説的摘要であるよりむしろ本論に触れたものである。われわれはそれらの著作がもっと豊かでもっと偏狭でない思考の枠組み《フレームワーク》——相互の批判と刺激が企てられるようになり、また相互の不一致が少なくとも無知や軽蔑に、あるいは曲解に基づかないようになる枠《フレーム》、の形成に貢献することと信ずる。

＊〔訳註〕アラン・モンティフィオーリ(Alan Montefiore, Balliol College, Oxford)、石黒ひで(University College, London)編『現代ヨーロッパ哲学』をさす。

＊＊〔訳註〕「この精神」というのは、著者ヴィットゲンシュタインの精神をさす。これはまた「他の精神」とも言われている。「あの精神」はヨーロッパおよびアメリカ文明の精神である。

はしがき

本書は大体において拙著『ヘーゲル』(ケンブリッジ大学出版部、一九七五年)の要約である。しかし、要約の意図は単に前著より簡略な近づきやすい書物を作ることには尽きなかった。本書は前著より簡略であるし、また、私の見込みでは、近づきやすくなっている。私はヘーゲルの『論理学』、おそらく彼の体系のうち説明するのに最も難しい部分の解明も、『現象学』の解釈も、芸術、宗教および哲学に関する数章の解釈も省略した。

そんなわけで、簡略本は重点の置きどころが全く異なっており、そしてこれが本書の第二の意図である。その目的はヘーゲルについての解説だけでなく、また彼が現代の哲学者たちに関連もあれば重要でもある諸点の概説を提示することである。言いかえれば、私はヘーゲルを解説することだけでなく、またどうして彼は今でも、われわれが現代の諸問題を反省する際に用いる術語を提供するのか、を示すことに努める。おそらく私はこの目的をもっと控えめに述べて、どうして彼は、私が考える際に用いる術語を形づくるのに役立ったのか、を私は示したいと言うべきであろう。しかし、このような遠慮は、上品ではあるけれども、不誠実であろう。事実、私はもしわれわれが近代のある諸問題とジレンマに見通しをつけるべきであるならば、不可欠である思惟の諸概念と諸様式の形成に、ヘーゲルが貢献したことを信じている。そして、それが以下の論文において私の論じたいことである。

本書は三章に分かれる。第一章は全く解説的である。それは私が何をヘーゲルの時代の多くの人に等しく抱かれた問題や願望と見なすか、についての新たな陳述で始まり、引きつづいて大体『ヘーゲル』の第三章の適用であるものを述べる。第二章はヘーゲルの政治哲学を考察し、次第に今日におけるそれの適切性の論議に移る。これは『ヘーゲル』第四部の改訂版である。最後の章は、どうしてヘーゲルの時代の問題と願望が、多少の修正をへて、われわれの時代までつづいているか、を示そうと努める。これらのことは、自由の問題を中心としているように見ることができる。そこで私は、この問題に関するわれわれの最上の明確化がどれほどヘーゲルのおかげであるか、を示そうと努める。この章は大体において、もっと大部な作品（『ヘーゲル』）の最後の章の再現である。

私が第三章で提示しようと努める論点が、そしてとくに言語と意味への問いに二十世紀の関心が集中していることについて私の述べることが、試論的で断片的であることを私は認める。それは下書き程度のものであるけれども、私の言うことは大いに論議の余地がある。しかし私はこの段階で、もっと堅固に弁護できる提言をさし出すことができるとは思わない。われわれはちょうど今、何が二十世紀の哲学のいろいろな流れにとって根源的であるかについて、もっと冷静な透徹した評価に達しようとしている。私はこのことについて、別の機会にもっと筋の通ったことを何か言うことができると思う。

しかし、さしあたり私も、われわれの言語哲学におけるいくつかの大問題は、人間的主体に関する、そしてとくに自由に関する、われわれの考え方につきまとう問題と密接な関係がある、という広く抱かれている直観をもつことにする。そしてこれが、われわれはヘルダー、ヘーゲルおよびフンボルトの著作を改めて知ることから大きな利益を受けるであろう、と私が信ずる理由である。

私は本書がこの点で、少なくともヘーゲルに関して、少しは役に立つことと思う。

目　次

第一章　自由、理性および自然

1　表現と自由

ヘーゲルの哲学的綜合は、思惟《ソート》と感性《センシビリティ》の二つの動向――これは彼の若い頃に起こり、今でもわれわれの文明において根本的に重要である――を取り上げて結合した。なぜヘーゲルの哲学が絶えず興味をひきつづけるかを知るためには、われわれはこれらの動向の確認と、それらがわれわれの時代までとぎれずにつづいていることの承認とから始めるのが、おそらく最もよいであろう。

二つの動向は十八世紀後期のドイツにおける啓蒙思想の主流に対する、とくにそれのフランス的異説に対する反応であって、われわれがロマン主義として知っているものの重要な源泉となったのである。

私が「表現主義」(1)と呼びたいと思う最初の動向は、われわれが「疾風怒濤《シュトゥルム・ウント・ドラング》」として知っている広範な運動から起こっている、――それは運動の消滅を越えて存続するけれども。それの最も印象的な初期の定式化は、ヘルダーの著作に出てくる。

ある意味でこの動向は主流の啓蒙主義的人間観に対する——〔すべてを〕客体化する科学的分析の主体かつ客体としての人間観に対する、抗議と見なされることができる。異議の焦点は人間を利己主義的欲望——自然と社会はこのような欲望には充足の手段しか提供しない——の主体と見ることに向けられていた。それは倫理的見地においては功利主義的、その社会哲学においては原子論的、その人間学においては分析的な哲学であり、また人間と社会を再編成し、人々に完全な相互調整によって幸福をもたらすために、科学的な社会工学をあてにする哲学であった。

これに対して、ヘルダーやその他の人々はそれに代わる人間観を展開したのであって、支配的な人間像はむしろ表現的対象のそれであった。人間の生命はむしろ、どの部分もしくは側面も他のすべてとの関係においてのみ固有の意味を見出す芸術作品の統一に似た統一をもつものと見なされた。人間の生命はある中心核——〔いわば〕指導的な主題または霊感から発展したのであり、あるいは〔将来も〕それほどひんぱんに阻止されて曲げられなければ、そのように発展するであろう。

このような見地からすれば、啓蒙主義の分析的な人間学は、人間の自己理解の戯画であるばかりでなく、また自己曲解の最も悲しむべき様式の一つである。人間存在をさまざまな要素、理性と感性の能力、あるいは魂と身体、あるいは理性と感情、からある仕方で合成されたものと見なすことは、生き生きした統一を見失うことであった。そして人々がこれらの二分法に従って生きようと努める限り、彼らは自分の中に実現するためにもっているあの統一された表現を抑圧し、切断し、あるいはひどくねじ曲げなければならない。

しかし、この〔人間に関する分析的〕科学は、人間の生命の統一を侵害したばかりでなく、また個人を社会から孤立させ、人々を自然から切り離したのである。というのも、〔分析的科学に対する〕こうした見解には、表現という表象《イメージ》が、人間の生命の統一に模範を提供するという点だけでなく、人々が表現活動において自分の最高の充実に到達するという点でも、中心をなしているからである。芸術が初めて人間の最高の活動と充実と考えられるようになったのは、この時期においてであり、これは現代文明の形成に大きな役割を果たした考え方である。表現という模範に対するこうした二つの言及は、互いに結びついている。人々の生命がそれ自身表現の単位と見なされることができたのは、まさに彼らが表現活動において自分の最高の実現に到達すると見なされたからである。

しかし、人々はある文化に所属することによって表現的存在である。そして、文化はある共同体の中で支えられ、養われ、伝えられる。共同体はみずからそれ自身の表現的統一をもっている。共同体を単に、啓蒙主義の原子論的で功利主義的な思潮にとってそうであったように、もろもろの個人が自分の個人的目標を達成するために組み立てる(あるいは理想的に組み立てるべき)道具と見なすことは、またしても戯画でもあれば曲解でもある。

これに反して、ヘルダーが述べているような民族(Volk)は、構成員のささえとなるある一定の文化の担い手である。構成員たちは、はなはだしい窮乏化という代償を払ってのみ孤立することができる。われわれはここで近代ナショナリズムの原点に立ち合う。ヘルダーは各民族はそれ自身の特別な指導的主題、もしくは独特でかけがえのない表現様式をもっており、これは決して抑圧されてはならず、また決して他の人々の様式をまねるどんな企てによっても簡単には置きかえられない(多くの教養のあるドイツ人がフランスの哲学者たちをまねようと努力したように)、と考えた。

おそらく、これは表現主義的考え方の注目すべき最も革新的な一面であっただろう。ある意味で、それは十七世紀と十八世紀の分析的、原子論的思惟を越えて、アリストテレス的形相の統一、すなわち人間の生命が発展するように展開する統一、への先祖返りであるように思われる。しかし、表現の表象とともに現われる最も重要な革新の一つは、おのおのの文化が、そしてその中で各個人も、実現すべきそれ自身の文化をもっていて、他のいかなる文化も、それに取って代わったりそれの代理をしたり、それを導く糸を発見したりすることはできない、という理念である。ヘルダーはこうして近代ナショナリズムの創始者であるだけでなく、またそれの行きすぎた形態、すなわち近代の表現的個人主義に対する大防壁の一つの創始者である。

表現主義はまた人間と自然との関係についての考えに基づいて、初期の啓蒙主義とにべもなく訣別した。人間は身体と心との合成物ではなく、両者を包みこむ表現的統一である。しかし、身体的存在としての人間は全宇宙とやり取りするので、このやり取り自体は表現的間柄において見られなければならない。したがって、自然をただ人間の使用可能な一連の対象と見なすことは、われわれを貫いて流れ、われわれを部分として含むもっと大きな生命の流れに対して、われわれ自身を盲目にし、われわれ自身を閉ざすことである。表現的存在として、人間は自然との親しい交わりを、すなわち客体化する科学の分析的な、無味乾燥にする態度によって引き裂かれ切断された交わりを、回復しなければならない。

これが十八世紀の後期にフランス啓蒙運動の主要な推力に反発して起こる、一つの重要な動向である。しかし、一見すると正反対らしく見える、もう一つの動向がある。それは啓蒙主義的思想の徹底した客体化に対する、しかし今度は人間の本性を客体化する思想に対する、しかも道徳的自由の名における、強力な反発であった。

もし人間も内省においてにせよ外的観察においてにせよ、客体化された自然の一片として扱われるべきであるならば、人間の動機づけは他のすべての出来事のように、因果的に説明されなければならないであろう。この見解を受けいれた人々は、これは自由と両立しないものでもない、なぜなら自分自身の欲望によって動機づけられる時には、どんなに因果的に決定されていても、人は自由ではないのか、と論じた。

しかし、自由についてもっと徹底した見方をする立場からすれば、これは受けいれられなかった。道徳的自由は、道徳的に正しいことのために、あらゆる傾向に逆らって決定することができる、ということを意味しなければならない。もちろん、このもっと徹底した見解は同時に道徳性に関する功利主義的定義を拒絶した。道徳的に正しいことは幸福によって、したがってまた欲望によって規定されるはずがなかった。道徳的に自由な主体は、彼のいろいろな欲望と傾向の全体にわたって分散させられないで、自分自身をいわば取りまとめ、そうして自分の全面的かかり合いについて決心をすることができなければならない。

さて、この徹底的自由の革命における大立者は、疑いもなくイマヌエル・カントである。ルソーはいくつかの点で〔徹底的自由の〕理念をほのめかしたが、カントの役目は定式化、哲学者の中の巨人の定式化であって、それは当時も立派なものであったし、今日でもやはりそうである。カントの批判哲学のような説得力のある、委曲を尽くした哲学書において、何か一つの主題を跡づけることは、単純化しすぎることになるに違いないが、しかしこの徹底的に自由な道徳的主体性についての定義が、カント哲学の主要な動機の一つであったと言っても、はなはだしい曲解ではない。

カントは彼の道徳的自由の観念を第二「批判」で述べている。道徳性は幸福とか快楽とかの動機づけから、すっかり切り離されなければならない。道徳的命法《インペラティヴ》は定言的《カテゴリカル》である。それはわれわれを無条件に拘束する。ところが、われわれの幸福の対象はすべて偶然的である。それらのいずれも、このような無条件な義務の根拠にはなれない。これはただ意志そのものの中に、われわれが真にあるところのもの、すなわち理性的意志のゆえに、そしてただそれだけの理由で、われわれを拘束するあるものの中に、発見されることができる。

こうしたことからカントは、道徳法則は先天的に(a priori)拘束しなければならないと論ずる。そしてこのことは、それがわれわれの欲求する対象とかわれわれの計画する行動とかの特殊な性質に依存することができず、純粋に形式的でなければならない、ということを意味する。形式的に必然的な法則、すなわち自己矛盾とは相容れない法則が、理性的意志を拘束するのである。カントがここで用いている議論は大いに反論されたが、それは当然と思われる。形式的でありながら、われわれは何をなすべきかという〔具体的な〕問いに確答を与えようとした形式的な法則に、カントが訴えたということは、つねに円を四角にすることにやや似ているように思われた。しかし測り知れない影響を及ぼしてきたこの道徳哲学の、人を奮い立たせる核心は、徹底した自由の観念である。単に理性的な意志としての私を拘束する、純粋に形式的な法則によって規定されながら、私はすべての自然的な考慮や動機からの、またそれらを支配する自然的因果性からの、いわば私の自立性を宣言する。「けれども、このような自立性は最も厳密な、すなわち先験的な意味において自由と呼ばれる」(『実践理性批判』第一部第一篇第一章五節)。私は徹底的な意味において自由であり、自然的存在としてでなく、純粋な、道徳的意志として自己規定的である。

これがカント倫理学の中心をなす、爽快な気分にさせる考えである。道徳的生活は道徳的意志による自己規定というこの徹底的な意味において、自由と同意義である。これは「自律」と呼ばれる。それからのどんな逸脱も、ある外的な考慮による意志のどんな限定も、ある傾向も、それが大変うれしい親切でも、またある権威も、それが神自身と同じほど高いものでも、他律として非難される。道徳的主体は正しく行為するばかりでなく、正しい動機から行為しなければならず、そして正しい動機は道徳法則そのもの、彼が理性的意志として自分自身に与えるごとき道徳法則、に対する尊敬でしかありえない。

道徳的生活に関するこの見方は、自由についての気分を陽気に引き立たせたばかりでなく、また敬虔もしくは宗教的畏怖の感情を一変したのである。事実、この感情の対象は取りかえられた。畏怖を吹き込んだ神聖なものは神ではなく、むしろ道徳法則そのもの、理性のみずから与えた命令であった。だから人々は、崇拝する時ではなく、道徳的自由の中で行為する時に、神的なものに、無条件な尊敬の念を起こさせるものに、最も近づくと考えられたのである。

しかし、この厳格な、人を奮い立たせる学説は、代償を強要する。自由は傾向と対照して定義されており、明らかにカントは道徳的生活を永久の闘争と見なしている。なぜなら、自然的存在としての人間は、自然に依存しなければならず、したがってまた、もろもろの欲望や傾向をもたなければならないが、それらは自然に依存しているという理由だけからしても、それらとは全く異なって純粋理性に起源をもつ道徳性の諸要求と、ぴったり適合することを期待されるわけにはいかないからである（第一部第一篇第三章、アカデミー版一四九ページ）。しかし、そのうえ人は、理性と傾向との間の最終的平和は、得るものより失うもののほうが多いのではないかという不安感を抱いている。

それもそのはずで、〔両者の間に〕もはやいちじるしい相違がないとすれば、自由はどうなるであろうか。カントは実際にはこの問題を決して解決しなかったが、しかし彼は彼の名づけたような至善の状態――この状態にあっては、われわれを駆り立てて道徳法則から逸脱させるであろう欲望の可能性そのものが、もはや生じないであろう――が、この「涙の谷」では不可能なことを明らかに信じていたので、なおさら容易にこの問題を直視するのを避けることができた。彼はむしろ、われわれは完全性に近づくために苦闘する果てしのない課題に直面していると考えていた。しかし、彼の後継者たちにとって、これは激しい緊張の限界点となった。彼らはカントの徹底的自由にも表現的人間論にも強く引かれたからである。

反省してみれば、これは少しも驚くべきことではない。両者の見解の間には深い親近性があった。表現説はわれわれに自由における人間の充実〔人間完成〕に向かうことを指示するが、これこそ自己規定の自由であって、単に外的干渉からの自立ではない。しかし、自己規定的自由に関する最高の、最も純粋な、最も妥協しない見方は、カントのそれであった。それが一世代全体を夢中にさせたのも不思議ではない。明らかにフィヒテは哲学のための二つの基礎、一つは主体性と自由に根拠をおくもの、もう一つは客体性と実体に根拠をおくもの、の間に選択を持ち出し、断固として最初のものを選んでいる。もし人間の充実が自己規定的主体のそれであり、そして主体性が自己明晰、理性における自己所有を意味するならば、カントがわれわれに近づくように呼びかけている道徳的自由は、頂点と見なされるべきであろう。

しかし、親近性の線は他の方面にも走っている。カントの自己規定の自由は、完結を要求した。それは閉じこめられていた境界を乗り越えて、すべての点で規定的となるように努力しなければならない。それは内面の精神的な自由の諸制限に満足することができず、自分の意図を自然にも刻みつけるように努めなければならない。それは全面的にならなければならない。いずれにしても、この萌芽状態にある理念は、カントの形成期の批判的著作を受け取って理念への熱狂にとりつかれた若い世代の人々によって、もっと年とった賢明な頭脳がどのように感じたにせよ、このような仕方で経験されたのである。

しかし、同じ民族を自分の勢力圏へ引き入れがちであった二つの見解の間には、こうした深い親近性とともに、明白な衝突があった。徹底した自由は自然との分離、すなわち唯物論的で功利主義的な啓蒙主義が夢想したどんなものよりも徹底した理性と感性との、私自身の内部における分裂、したがってまた外的自然――自由な自己はこの自然の因果法則から、彼のふるまいが現象としてはそれに一致するように見える間でさえ、徹底的に自立しなければならない――との分裂、という代償を払ってのみ可能であるように思われた。徹底的に自由な主体は、自分自身へ投げ返されたが、それは自然や外的権威と対立して自分の個人的自己へ、また他の人々にはどうしようもない決心へ、投げ返されたように思われたのである。

一七九〇年代の若い、そして中にはそれほど若くない人もいる、知的なドイツ人にとって、この二つの理念、表現と徹底的自由は恐ろしい力を帯びたのである。それは一部は疑いもなく、新しい一体性の必要をますます切実に感じさせたドイツ社会における変化から生まれた。しかしこの力は、古い秩序が破綻しかかっていて、フランス革命の衝撃から起こった新しい秩序が生まれつつある、という感慨によって何倍にも倍加された。この革命が恐怖政治の後、かつての賛美者たちの間に両面感情を、(2) それどころか敵意を喚起しはじめたという事実は、緊迫感を静めるのに少しも役立たなかった。それどころか、大変革が必然でもあれば可能でもあるという感慨があって、これが他の時代なら途方もないと思われたような希望を喚起した。大躍進が切迫していることが感じられた。そしてその感じは、ドイツにおける状況とフランス革命によって取られた方向転換とのせいで、この希望が間もなく政治の領域を見捨てただけに、文化と人間の意識の領域でなおさら強烈であった。そうして、フランスが政治革命の母国であったとすれば、偉大な精神革命はドイツ以外のどこで、遂行されることができたであろうか。

希望は人々が二つの理想、徹底的自由と表現的充実を統一するようになるだろう、ということであった。それらの間の前述した親近性のせいで、もしどちらか一方が深刻に強く感じられたならば、他方もそうなることは、ほとんど避けられなかった。旧世代の構成員たちは、どちらか一方から遠ざかっていられた。だからヘルダーは、カントの思想の批判的調子に決して好意をもたなかったのである。ヘルダーがケーニヒスベルクで学んでいる期間中、二人は親密であったけれども、一七八〇年代にはいくらか疎遠になった。ヘルダーはカントの先験的探求の中に、主体を分裂させたもう一つの理論しか見なかった。カントはカントでヘルダーの歴史哲学について無視する態度を取ったし、またこの表現説の力強い陳述にほとんど魅力を感じなかったようである。

しかし、この二つの動向を統一する仕事に打ちこんだのは、二人の後継者たち、ヘーゲルも属していた一七九〇年代の世代であった。この綜合がフィヒテやシェリング、シュレーゲル兄弟、ヘルダーリーン、ノヴァーリス、シュライエルマッハーの初期ロマン主義的世代の、それどころか、もともと少しもロマン主義的でなかったもっと古い人々の、とりわけシラーの第一目標であった。

綜合の条件はいろいろと確認された。弟のフリードリヒ・シュレーゲルにとって、課題はゲーテとフィヒテとを一つにすることであり、前者の詩は美と調和における極致を表わしており、後者の哲学は自己の自由と崇高性についての最も充実した陳述であった。シュライエルマッハーやシェリングのような他の人々は、カントとスピノーザとを一つにすることについて語った。

しかし、問題を陳述する最もありふれた方法の一つは、歴史の条件の中に、古代と近代の生活における最も偉大なものを一つにする問題としてあった。われわれはこれをシラー、フリードリヒ・シュレーゲル、若いヘーゲル、ヘルダーリーン、そして他の多くの人々の中に見出す。ギリシャ人は十八世紀後半の多くのドイツ人にとって、表現主義的完成の模範であった。これがヴィンケルマンの次の世代にドイツに行きわたった，古代ギリシャに対する並はずれた熱狂を説明する助けになる。古代ギリシャは自然と，人間の最高の表現形式との完璧な統一を達成したと考えられた。人間的であることが，いわば自然に到来した。しかし，この美しい統一は死んだ。その上，それは死ななければならなかった。なぜなら，これは徹底的に自由な存在としてのわれわれの実現に本質的である，自己明晰のより高い段階へ，理性が発展したことの代償だったからである。そのことはシラーがそれを（『人間の美的教育について』第六書簡，一一節），「知性は不可避的に……正確な逐歩的理解に到達しようと企て，感情や直観との関係を絶つように強いられた」と言い表わし，またその後で（一二節），「かりにも人間の中の多様な可能性が展開されなければならないとすれば，それらを互いに敵対させるしかありませんでした」と言い表わしていることからも分かる。[3]

言いかえれば，美しいギリシャ的綜合は，人間が成長するためには内部で分裂しなければならなかったから，死ななければならなかったのである。とくに理性の成長は，したがってまた徹底的自由は，自然的で感覚的なものからの離別を要求した。近代の人間は自分自身と戦わなければならなかった。表現的模範の完成だけでは十分でなく，それは徹底的自由と一つになるべきであろうという感慨が，原初的統一の喪失は不可避であり，〔それへの〕復帰は不可能である，という実感によるこの歴史描写の中にはっきり認められた。失われたギリシャの美に対する抵抗しがたい郷愁は，絶えずその境界からあふれ出て復帰計画に流れこむのを阻止された。

人間をその最も充実した自己意識と自由な自己規定へ発展させるには、犠牲が必要であった。しかし、復帰の希望はなかったけれども、人間がその理性と諸能力を十分に伸ばしたあかつきには、調和のとれた統一も十分な自己意識も一つにされるような一段と高い綜合の希望があった。初期のギリシャ的綜合が非反省的であったとすれば――そして、反省は人間が自分自身の内部で分裂することから始まるのだから、〔自己分裂のないギリシャ的綜合は〕そうであるはずであった――新しい統一は獲得された反省的意識を十分に取り入れるであろうし、この反省的意識によって全く十分に達成されるであろう。ヘルダーリーンは『ヒュペリオン断片』の中で、それを次のように言い表わしている。

> われわれの生存には二つの理想がある。一つは最も偉大な単純性の状態であり、この状態にあってはわれわれの諸要求は、互いに一致し、われわれの諸力と、またわれわれに関係のあるすべてのものと、われわれの側のどんな働きかけもなく、自然の組織化によってのみ、一致する。他の一つは最高の教養の状態であり、この状態にあってはこの一致は、無限に多様化され強化された諸要求と諸力との間に、われわれがわれわれ自身に与えることができる組織化によって、起こるであろう。

人間は、これらの状態の最初のものから二番目のものに至る道を、歩むように求められている。われわれは出発点にではなく、より高い別の形の統一に帰るというこの螺旋型の歴史観は、二つの理想の間の対立感を表現すると同時に、その二つは統一されるという希望にまで燃え上る要求を表現していた。思惟と感性の第一の課題は、必然的ではあったが、しかし今や乗り越えられるべきである、深刻な対立の克服と見なされた。これらは徹底的自由と統合的な表現という二つの理想間の分裂を最も鋭く表現する対立であった。

これらは一方の側の思惟、理性および道徳性と、他方の側の欲望および感性との間の対立、一方の側の最も充実した自己意識的自由と、他方の側の共同体における生活との間の対立、自己意識と、自然との親しい交わりとの対立であった。またこのほかに、自然を貫いて流れる無限な生命からの有限な主体性の分離や、カントの主観とスピノーザ哲学の実体との間の障壁もあった。

この大きな再統一は、どのように遂行されるべきであったか。最大の道徳的自律を、われわれの内外における大きな生命の流れとの十分に回復された交流と、どのように結合すべきであったか。結局、この目標には、われわれが自然そのものを精神の中に一種の基礎をもつものと考える場合にのみ、到達することができる。もし人間の最高の精神的側面、彼の道徳的自由が、彼の自然的存在との一時の偶然的調和以上のものになるならば、自然そのものが精神的なものに向かわなければならない。

われわれが自然のことを盲目の力とか無情な事実とか考える限り、それは決して人間における理性的なもの、自律的なものと融和することができない。われわれは自然主義に組みして降服を選ぶか、われわれ自身の内部での時たまの、部分的な和合で満足するかしなければならず、しかもこの和合は休む間もない努力によって得られるものの、われわれが不断に不可避的にやり取りする、われわれの周りの変容されてない自然の、どっしりした現前によって絶えず脅かされる。もし徹底的自由への願望と、自然との完全な表現的統一への願望とが、ともに全面的に満たされるべきであるならば、またもし人間がこの上なく十分に自己規定的な主体でありながら、自分自身の中でも世界の中でも、自然と一致すべきであるならば、まず私の根本的な自然的傾向が自発的に道徳性と自由へ向かっていることが必要である。そればかりでなく、私は自然のもっと大きな秩序の依存的部分であるから、私の内外にあるこの秩序全体が、ひとりでに精神的な諸目標のほうへ向かうこと、またそれが主体的自由と一つになれるような形式の実現へ向かうことが必要である。もし私が精神的存在でありつづけ、しかも自然とのやり取りのうちにあって自然と対立すべきでないとすれば、このやり取りは、私がある精神的存在もしくは力との関係にはいることになる交流でなければならない。

しかし、このことは精神的な諸目標の実現に向かう精神性が、自然の本質に属する、ということを意味する。根底にある自然的実在は、自分自身を実現しようと努力する精神的原理である。

ところで、自然の根底に横たわる精神的原理を立てることは、宇宙的主体を立てることに近づく。そして、これがいろいろなロマン主義的世界観の基礎となり、その中のあるものが、若いシェリングの思想展開のうちに表現されたのである。

しかし、宇宙的主体性の定立だけでは十分ではない。例えば、いろいろな汎神論的見解は、世界を精神もしくは魂から発現するものと見なす。ところが、汎神論は自律と表現的統一とを結合するための根拠を提供することができない。

それというのも、人間は自然の全体を貫いて流れる神的生命の無限小の部分にすぎないからである。自然＝神との親しい交わりは、生命の大きな流れへの随順と、徹底的自律の放棄とを意味することしかできないであろう。それゆえ、この世代の見解——それはこの世代がヘルダーやゲーテから取り出したものである——は、単純な汎神論ではなく、むしろルネッサンスの人間の理念、小宇《ミクロコ》宙《ズム》の一変形である。人間は宇宙の一部であるばかりではない。彼は他の点で全体を反映する。自然の外的現実の中にそれ自身を表現する精神は、人間において意識的表現となる。これがシェリングの初期の哲学の基礎であって、その原理は自然の創造的生命と、思惟の創造力とが一つである、ということであった。[4] ここからホッフマイスターが指摘しているように、ゲーテからロマン派の人々をへてヘーゲルに至るまで、さまざまな形で繰り返されるのが見られる、二つの根本的な理念が出てくる。すなわち、〔第一に〕われわれが〔自然と〕同じ実体であるゆえにのみ、われわれは本当に自然を知ることができるのであり、われわれが本当に正しく自然を知るのは、われわれがそれと親しく交わろうと努める時だけであって、われわれがそれを支配したり、分析的判断のカテゴリーに従わせるために、それを解剖したりしようと努める時ではない、ということである。[5] 第二に、われわれが自然を知るのは、ある意味でわれわれが、自然を作ったものに、自然の中で自分自身を表現する精神的な力に触れるからである、ということである。

しかしそうすると、有限な精神としてのわれわれと、全自然の根底にあるこの創造的な力との関係はどうなるか。それがわれわれの中の思惟の創造的な力と一つであると言うことは、何を意味するか。それはただ、この思惟の力はすでに自然の中で完成している生命を意識の中に反映する力である、ということを意味するのか。しかしそれでは、どんな意味でこのことは徹底的自由と両立するであろうか。理性はわれわれに対する規範の自律的源泉ではないであろう。むしろ、われわれの最高の達成は、われわれが所属するもっと大きな秩序を忠実に表現することであろう。もし徹底的自律への願望が保たれるべきであるならば、小宇宙の理念はさらに押し進められて、人間の意識は自然の秩序を反映するだけでなく、それを完結もしくは完成するという考えになるべきである。こうした見解によれば、自然の中に展開する宇宙的精神は、意識的な自己知識においてそれ自身を完結しようと努力しているのであり、この自己意識の場所が人間の心である。

こうして人間は、それ自体で完結した自然を反映する以上のことをするのである。彼はむしろ、宇宙的精神が自己表現――その最初の企てはわれわれの眼前の自然である――を完結させる際の媒介物である。ちょうど表現主義的見解では，人間は自己充実を，自己直覚の表現でもある生命の形式の中でなしとげるように，ここでは精神として自然の根底に横たわる力が，自己直覚においてその最も充実した表現に到達する。しかし，これは人間を越えたどこかの超絶的な国でなしとげられるのではない。もしそうであるならば，宇宙的精神との合一は，人間が自分の意志をより高い存在に従属させること，彼が他律を受けいれることを必要とするであろう。むしろ，〔宇宙的〕精神は人間においてこの自己直覚に達するのである。

それであるから，自然が精神を，すなわち自己意識を実現する傾向にあるのにひきかえ，意識的存在としての人間は，自然を精神として，また自分自身の精神と同じものとして見ようとする自然把握に向かう。この過程において，人々は新しい自己理解に到達する。彼らは自分自身を宇宙の個々の断片としてだけでなく，むしろ宇宙的精神の媒介物として見るのである。したがってまた，人々は自然との，すなわち自分自身を自然の中で展開する精神との，最大の統一と同時に最も充実した自律的自己表現をなしとげることができる。この二つは，人間の根本的一体性が精神の媒介物としてある以上，相伴なわなければならない。

このような宇宙的精神の考え方は，われわれがその意味を理解することができるならば，いわば円を四角にすることができる，――有限な精神と宇宙的精神との合一の根拠を提供することができる、唯一の考え方であり、人間が全体と結ばれながら、しかも自分自身の自己意識や自律的意志を犠牲にしないようにという要望に応える唯一の考え方である。そして、ロマン派の世代が苦闘しながら求めたのは、またシェリングが自然における創造的生命と思惟の創造的な力との同一性に関する彼の考えの中で、さらに「自然は目に見える精神であり、精神は目に見えない自然である」という定式の中で、定義しようと欲したのは、この種のものであった。

さて、ヘーゲルがついに打ち出したのは、この種の考えであった。ヘーゲルの精神、すなわちガイスト(Geist)は、しばしば「神」と呼ばれているけれども、またヘーゲルはキリスト教神学を純化していると公言したけれども、伝統的有神論の神ではない。それは人々と全く無関係に、創造以前のアブラハム、イサク、ヤコブの神のように、たとえ人間が存在しなくても、存在することができるような神ではない。それどころか、それは精神として人々を通してのみ生きる精神である。人々は意識、理性的思考、意志として、それの精神的現存の媒介物、しかも不可欠の媒介物である。しかし同時に、ガイストは人間に還元されるものではない。それは人間の精神と同一ではない。それはまた宇宙全体の根底に横たわる精神的実在であり、精神的存在として、それはもろもろの意図をもっていて、もろもろの目的——有限である限りの有限な諸精神のものとされるはずがなく、かえって有限な諸精神が奉仕する目的、を実現するからである。大成したヘーゲルにとって、人間はついに、自分自身を自分より大きな精神の媒介物と見なす時、自分自身に到達する。

こうした見地にとって、ヘーゲルの綜合はロマン主義的世代の根本的熱望の実現と見なされることができる。そして、これは最初は少し意外なことと思われるかも知れない。当然なことだが、われわれはヘーゲルをロマン派の人とは見ていないからである。むしろ、われわれは彼がロマン主義的世代の最も鋭い批判者の一人であることを知っている。

しかし、この逆説はここで急速に追い払われることができる。最も充実した理性的自律と最大の表現的統一とを結びつけるこの熱望は、ヘーゲルの哲学的努力にとっても中心をなすものであった、と私は言いたい。この点で、彼は同時代のロマン派の人々と一致していた。彼らを分けるのは、ヘーゲルがこの目標に達するために別の道を取ったということである。そして、このおそらく不可能な綜合をなしとげようとする彼の企てを、当時の最も感銘の深い、またいつまでも実りの多いものにしているのは、まさにこの相違である。

ヘーゲルを同時代のロマン派の人々から引き離すのは、綜合が理性によってなしとげられることを、彼が執拗に主張したことである。ロマン主義的世代の多くの思想家には、これは不可能な要求のように思われた。なぜなら、現実を分かりやすいものにするために、それを分析したもの、分断したものこそ、理性であったからである。理性的思惟はもともと、分割して区別を示すことに関心があるように思われる。有限な主体と無限な主体とを結びつけるためには、われわれの希望を直観に、全体についてのある直接的な綜合的把握にかけるほうが、あるいはこの新たに始められた綜合の表現を、切り裂かれた哲学の論議の中より、むしろ芸術の中に捜すほうが、適切であるように見えた(例えばシェリングは彼の定式化の一つでそうしたようである)。

理性的思惟が主体と全体との綜合にとって不可能な媒体のように思われたが、それはまた別の見地からは主体的自由にとって不相応な媒介物のように思われた。確かに、それは制限しすぎた。理性的なものは思惟をある一定の境界内に閉じこめておく。主体の無限かつ無制限な自由の最も充実した実現は、むしろ奔放な想像力、すなわち自分の創作物のいずれからも後退し、何かそれ以上のものを考案して〔以前の〕創作物を超越する能力であった。フリードリヒ・シュレーゲルの「イロニー」の観念には、その根底にこのような何かがあった。またノヴァーリスの「魔術的観念論」の中にも、同じ果てしのない転換の創作力が現われているようである。

ヘーゲルはこれらの理性を放棄させる誘惑を二つともきっぱり拒絶した。彼はこれらの誘惑に負けることが、自由と表現的統一との綜合を、最初から望みのないものにすることを見抜いている。もしわれわれと宇宙的原理との統一が、理性を放棄し、理性の言葉にはっきり言い表わせない何かの直観によって、なしとげられるべきであったならば、われわれは本質的なものを実際に犠牲にしたのである。理性的理解が十分に明晰であることが、自己規定的自由の本質であり、この自由は結局、純粋な理性が法則を与える場合に成り立つからである。われわれが理性的説明を与えることができない直観、純粋な直観において、自然との統一をなしとげることは、生命の大きな流れの中に自分自身を見失うことであり、そしてこれは自律と表現との綜合ではなく、われわれが自律を引き渡すことになる降伏である。それは螺旋が一段と高くなる綜合であるより、むしろ反省によって引き裂かれてしまった最初の統一への復帰と区別しがたいものである。

さらに、主体の自由はある永久に独創的な創造力のものであるという考えは、主体性の自由および表現と自然との完全な合一に関する諸要求と矛盾する。倦むことなく新しい諸形式を創造するように激励される主体性は、〔永久に独創的な創造力という〕定義によって、決して完璧な表現をなしとげられない、また決して真に自分自身を表現する形式を見出せない主体性である。無限な変化を求めるこのロマン主義的理想は、結局、フィヒテの果てしのない努力の哲学から示唆を得ており、ヘーゲルがやがて「悪無限」の言葉で酷評する同じ欠陥を共有している。

ヘーゲルが『美学講義』[6]で論ずることになる、このロマン派のイロニーの観念は、精神の外的表現のどれかが根本において本気であることを否認する。それらはすべて、果てしなく創造する「自我」の前では、意味がないからである。しかし、この「自我」は同時に外的表現を求め、本当に切望しており、こうしてイロニーの勝ち誇る自己肯定は、喪失感やあこがれ(Sehnsucht)[7]の思いに、精神に見捨てられた世界からの退去に、負けるのであって、多くのロマン派の人々はそれを経験したし、またヘーゲルもそれを「美しい魂」の描写の中で特色づけている。ヘーゲルの見解によれば、限りなく創造するというロマン主義的主体の主張と、同主体が世界を神に見捨てられたものとして経験することとの間には、内的なつながりがあり、ヘーゲルはそのような経験と、現実は理性的であるという彼自身の透察の名において、絶えず戦っている。

ある意味でわれわれは、このように理性を置き去りにしたことが、一方の端では自然、歴史または神との親しい交わりにおける半ば汎神論的な〔理性〕放棄と、他方の端では神に見捨てられた世界にある主体の孤独な運命に関する鋭い感覚との間で、ロマン派の思想が揺れ動くことの説明になる、と論ずることができるであろう。ヘーゲルは両方の現象を強く攻撃することになる。

しかし、ロマン派の解決が実行可能でないということを示したことは、問題を解決したことではない。それどころか、これらの反省は人に綜合をなしとげることを安易にあきらめさせるかも知れない。ロマン派の理性放棄に対するヘーゲルの異議が、説得力があるように思われるにしても、理性に対する彼らの最初の異議は、やはり有効であるように思われるからである。

しかし、ヘーゲルはこれらの異議に答えることを企てる。そして、彼のそれらの異議との苦闘が、彼の著作の重要な、繰り返される主題のいくつかに現われる。一方では無限な活動としての、他方では理性によって命ぜられたものとしての、自由の〔対立する〕諸要求は、彼の無限——有限なものを取り入れ、円のように自分自身に復帰する無限、についての考え方の中で和解させられる。

また、分析し分割するものとしての理性と、表現的統一の諸要求との間の不一致は、ヘーゲルの悟性と理性との区別を引き起こす。ヘーゲルにとって、「悟性」はロマン主義的論争において理性的思考に帰せられたすべての特色をもつ。それは区別し分割する。ところが理性は、これらの〔悟性による〕区別をすべて何らかの仕方で再び運動の中へ戻し、そうしてわれわれを包括的統一へ連れて行く、一段と高い思惟様式である。

ここでヘーゲルの解決は、理性的思考が主体と客体、自己と他者、理性的なものと感情的なもの、との区別に関する明白な意識を含む、ということに同意することである。しかし彼はロマン派の異議に、究極的綜合は統一のみならず分裂も取り入れなければならない、と主張することによって、答えようとする。一八〇一年の『差異』の言葉の中に次のものがある。「絶対者は……同一と非同一との同一である。対立と統一とはともにその中にある」(七七ページ)。

しかし、どうしてこれが解決であるか、と尋ねたくなる人もいるであろう。そんな解決は、この問題が解決不能であることの承認と、区別しがたいように思われる。対立と統一とを結合することは、何を意味するか。ヘーゲルは彼の敵対的批判者の一人が主張したように、考えられないものをあたかも必然的な真理であるかのように見せるために、ここで言葉で手品をしているだけであるか。これに答えるために、われわれは今度はヘーゲルの哲学的綜合の大筋を見ることに取りかからなければならない。

2　具体化した主体

理性的自律と表現的統一との綜合を実現しようとする試みとして、ヘーゲルの著作は両項がいずれかの形で互いに向かい合っている対立、例えば、われわれの中の自由と自然との対立、あるいは個人と社会との対立、を克服することを目ざす。また知る主体とその世界との間の見たところ橋渡しできない深淵、あるいは有限な精神と無限な精神、人間と神との間のもっとはるかに橋渡しできない深淵、を克服することを目ざす。

前章で述べられた螺旋型歴史観に沿って、ヘーゲルはこれらの対立のおのおのは、人間がそれを展開するにつれて、初めのうちは一段と鋭くなるが、しかし対立がその最高度の展開に達すると、両項はひとりでに和解するようになる、と考える。そして「和解」は単純に「元通りにすること」を意味しない。主体と自然との分離以前のわれわれの原始的状態に復帰することは、論外である。〔ヘーゲルの〕願うところは分離の果実、自由な理性的意識を統一と、すなわち自然、社会、神と、それどころか運命もしくは事態の推移と和解させながら、それを保持することである。

このことは、この和解を開示し、それを意識にもたらすにあたって、したがってまた、それを実現するにあたっても——この場合、われわれが後でもっと詳しく見るように、実現と自己意識とは分けられないからである――哲学が決定的な、本当に不可欠な役割を演ずるだけに、ますます必要である。

しかし、どうしてこれらの対立は、各項がその他者と対立する時に存在するようになるというのに、和解させられるだろうか。というのも、これは実際にわれわれの問題だからである。人間は自然、社会、神および運命から分離する時にのみ、自己意識的な、理性的な自律を達成する。彼は自分自身の中の自然的衝動を訓練し、社会的慣習の深く考えない風潮と訣別し、神や君主の権威に挑戦し、運命の命令を受けいれることを拒絶することによってのみ、やっと内的自由を手に入れるのである。ヘーゲルもこのことを実にはっきり知っており、彼が対立をただ元通りにして原始的統一に帰ろうとするどんな企てにも反対するのは、そのためである。

ヘーゲルの解答は、これらの基本的二分法における各項が、すっかり理解された時には、自分の対立者に対立しているばかりでなく、またそれと同一であることを示す、ということである。そして、われわれが事態をもっと深く吟味する時、そのとおりであるのは、対立と同一との関係そのものが、根底において互いに不可分に結びついているからである、ということを、われわれは知るであろう。対立と同一との関係は、どちらの関係もそれだけで存在すること、すなわち与えられた一《いっ》対《つい》の項の間に成り立つ唯一の関係として自分自身を維持すること、ができないので、はっきりと区別されることができない。むしろ、それらは一種の円環〔循環〕関係である。対立はそれ以前の同一から起こる。そして、これは必然的である。その同一はそれだけで自分自身をささえることができず、対立を生まなければならなかったのである。これから当然の結果として、対立はただ単に対立ではないということになる。各項とその対立者との関係は、とりわけ親密なものである。各項はただある他者にではなく、その〔自分の〕他者にかかわっているのであって、この隠れた〔自分と他者との〕同一性が、統一の回復の際に必ず再び頭をもたげるであろう。

このようなわけであるから、ヘーゲルは普通の同一性の見地は、哲学においては弁証法的思考法のために放棄されるべきであり、この思考法が弁証法的と呼ばれることができるのは、それがわれわれに、無矛盾の原理、すなわち$-(p \cdot -p)$[1]を犯さない一個の命題または一連の命題ではとらえられないものを与えるからであると考えるのである。〔ヘーゲルにとって〕現実を本当に正しく取り扱うことができる最小限の原理群は、次の三つの命題である。AはAである、Aはまた−Aである、−Aは自分自身が結局Aであることを示す。

ヘーゲルはこの思弁の真理をとらえることは、どのように自由な主体性が自然、社会、神および運命との対立を克服するかを見ることであると主張する。これはむしろ面くらわせる提言である。初めは言葉の手品にそっくりであるものに乗せられて進むことが、人間にはとても大事であるように思われる。「同一」と「対立」、「同一」と「差異」をもてあそぶことが、何を意味するか。提言は正確には何を主張し、人はそれをどのように支持するか。

ヘーゲルがここで何について語っているかを知るために、われわれは彼のガイストの観念、もしくは宇宙的精神を理解しなければならない。われわれが「同一」と「差異」について何もつけ加えずに(tout court)語る時、抽象的であるので奇妙に思われることも、われわれがそれを神に適用する時には、それほどには思われないであろう。ところで、大成したヘーゲルにとって、無限な精神の根本的な原型は主体によって与えられている。

この術語がどのように神に適用されるかを見る前に、ヘーゲルの主体の観念が何であったかを吟味することは有益である。そして、これは彼の〔主体の〕観念がそれ自身の権利において、すなわちデカルト以来、合理論者の間でも経験論者の間でも、支配的になった二元論と訣別する人間的主体の考え方として、哲学的にも重要であるので、なおさらそうするだけの価値がある。(2)

ヘーゲルの考え方は、ヘルダーや他の人々によって展開された表現主義的理論に基づいている。われわれが見たように、この理論はわれわれが主体、すなわち人間をある一定の形相を実現するものと見なす拠りどころである、アリストテレスのカテゴリーを思い出させた。しかし、それはまたこの実現された形相を、主体が何であるか〔主体の本質〕の——それを明らかにする意味における——表現、前もって知られることができないような何かの表現、と見なすという点で、別の次元をつけ加えた。ここでわれわれが自己実現について語ることを可能にしているのは、この二つの原型、アリストテレスの形相と近代の表現との合体である。

ヘーゲルの主体論は、自己実現論であった。そして、それはそのようなものとして徹底的に反二元論的であった。というのは、この表現主義的理論はデカルト以後の哲学(経験論も含む)の二元論と、しかもその系譜の両方の側で、対立しているからである。この〔デカルト以後の〕二元論は主体を、外部の世界と自分自身とを知覚する意識の中心と見なした。この中心は非物質的であり、したがって主体自身の身体も含めて、物体の世界とは異質なものであった。思惟、知覚、理解などの「精神的」作用は、この非物質的な存在に帰せられる。そしてこの「心《マインド》」はしばしば全く自己透明なもの、すなわちそれ自身の内容もしくは「観念」をはっきりと見ることができるもの(これはデカルトの見解であったように思われる)として考えられている。

さてまず、こうした見方にはアリストテレス的伝統のもとに理解された生命――自己を組織し、自己を維持する形相、自分の物質的体現の中でのみ働くことができる、したがってまたそれから切り離されない形相、としての生命――を容れる余地がないのである。この種の生命は二元論において消える。それの本性はもっぱら、二元論が広げる裂け目をふさぐことだからである。それは物質的なものであり、しかも形相を維持しながら意図性のようなものを発揮し、そして時おり、われわれが心と結びつける知能さえ発揮する。われわれはもろもろの生物について、自分たちの環境を「考慮している」と考えたくなるが、それはまさにそれらの生物が新奇な状況に対処できる知能的適応のゆえである。

これに反して、二元論はこれらすべての知能作用を、身体と異質である心のせいにする。したがって、物質は純粋に機械的に理解されるべきあるものとして置き去りにされる。こうして、デカルト的＝経験論的二元論は機械論と重要なつながりをもつ。デカルトは生理学の機械論的説明を与えがちであったし、また近代の機械論的心理学は歴史的に経験論と密接に提携している。それは一つの項〔合理論〕を隠した二元論である。

しかし、近代の二元論への誘いは、実にさまざまな哲学的風土の中で、アリストテレスのそれから起こっている。それは一部は、ユダヤ＝キリスト教的根元からわれわれに伝えられてギリシャ的思惟には無縁である、意志の観念によって育てられている。それは自己限定的主体という理念とともに成長する。手短に言えば、それは純粋な理性的思考と徹底的自由への近代的没入と堅く結ばれている。そして、われわれが見たように、ヘーゲルはこれらを一掃して初期の段階に帰ることは望んでいない。

また実際に、心が外部の支配から最も自由であるように思われるのは、われわれが純粋思惟に、すなわち心の反省的活動に、それが科学とか数学とかの何かの問題を深く考えている際に、またそれが道徳の何かの原理をとくと考えている際に、関心を集中する時である。――どう考えても、例えばわれわれの情緒的生活の中に、そうしたことがあるようには見えない。二元論の提言がはなはだもっともらしく思われるのは、この〔純粋思惟の〕領域においてである。私が私の身体の中に「感ずる」ことができる、敵に対する私のはげしい怒りを、身体から離脱したどこかの避難所〔心〕に位置づけることを私はためらうかも知れないが、私は論理学の問題とか道徳的行為の疑問とかに関する私の純粋に内的な反省を、〔心以外の〕他のどこにおくことができるか。

ここが表現的理論の他の一面が適切になる点である。われわれはヘルダーが表現的人間論とともに、しかもその本質的な部分として、表現的言語理論を展開したことに驚く必要はない。この理論によれば、もろもろの単語が意味をもつのは、単にそれらが世界または心の中のある諸物を指示または言及するからではなく、もっと基本的には、言語使用者としての人間に特有な、われわれ自身および諸物についてのある種の意識——ヘルダーはこれに「反省態」(Besonnenheit)という語を用いた——を表現もしくは具体化するからである。言語は一組の記号と見なされるだけでなく、見ることや経験することの一定の仕方を表現する媒体と見なされる。言語はそのようなものとして芸術とつながる。そこで、言語なしの思惟はありえないことになる。しかも、さまざまな民族の言語は、それらの民族のさまざまな諸物の見方を反映する。

したがって、表現説はまた反二元論的である。言語、芸術、身ぶりもしくは何かの外的媒体がなくては、思惟は存在しない。そして思惟がその媒体から切り離されないのは、前者が後者なしにはありえないだろうという意味においてだけでなく、また思惟がその媒体によって形づくられるという点においてである。すなわち、一つの見地から同じ思想として記述されるかも知れないものも、新たに一ひねりされて、新しい媒体の中で表現されると、例えば一つの言語から他の言語へ移されると、変わってしまう。論点を別の仕方で述べれば、われわれは思惟の内容と、媒体によって「つけ加えられた」ものとを、はっきり区別することができないのである。

そんなわけで、質料と形相に関するアリストテレスの考え方、あるいは従来の呼称によれば、質料形相説が、魂と身体とが切り離せない関係にある生物の観念を与える場合に、この〔近代的〕表現説はわれわれに、思惟とその媒体とが切り離せない関係にある思惟的存在の見方を与える。したがってまた、表現説はまさに人がつい身体を離脱した心に帰したくなるような作用――純粋思惟、反省、熟慮――を取り上げ、それらに必然的に外的媒体で表わされたものとしての具体化した現存を取り戻すのである。

それゆえ、質料形相説と新しい表現観との合体としての表現主義的理論は、徹底的に反二元論的である。そして、ヘーゲルの主体論もそうであった。主体とそのすべての作用は、どれほど「精神的」であっても、不可避的に具体化している、というのがヘーゲルの思惟の根本的原理であった。そして、これは二つの関連した次元においてそうであった。主体は「理性的動物」、すなわち思惟する生きた存在として。次に表現的存在、すなわち思惟することがつねに必然的に自分自身を媒体の中で表現することである存在として。

われわれがこう呼んでよければ、この必然的具体化の原理は、ヘーゲルのガイストもしくは宇宙的精神の考え方の中心をなすものである。しかし、われわれは引きつづきこのガイストの観念を考察する前に、どうしてこの表現主義的主体論が今でもすでにわれわれに、同一と対立との統一について語るためのある根拠を与えるか、を見ることにしよう。

ヘーゲルの表現論は、われわれがデカルト的＝経験論的二元論の中に見出す、生命と意識との間の割れ目を知らない。後者にとってもろもろの生命作用は、延長した物質的存在の世界に委ねられており、機械論的に理解されなければならない。ところが一方、心の諸作用は別個の、非物質的なものに属する。それゆえ、デカルトは動物を複雑な機械と見なすことができた。しかし、アリストテレスのどの信奉者にとっても、この種の二分法は支持しがたいものである。というのは、生きているものは作用する統一であって、単に部分の連鎖ではないからである。その上、生きているものは変化する状態を通じて一定の形態を保ちながら原初的意図を、それどころか新奇な境遇に適応しながら一種の原初的知能を——すなわち自己意識的存在が目標を目ざす努力において、またそうしながら自己と環境とを考慮する能力において、明白な形で発揮するものに類似した知能を示す。言いかえれば、生きているものは作用する統一であるだけでなく、またどことなく行為者の性質をもつものである。そして、このことがそれを人間的主体において頂点に達する発展線上に置くのである。

こうしてヘーゲルは、デカルト哲学によって損なわれた生きているものの連続性の感覚を取り戻した。しかし、われわれ自身と動物との間に連続性があるだけではない。連続性はわれわれ自身の中に、生命作用と心的作用、生命と意識との間にもある。表現主義的見解によれば、これらは切り離されて、人間における二つの部分、あるいは能力に帰せられることができない。〔しかし〕ヘーゲルはヘルダーと一致して、われわれは決して人間を理性的思考がつけ加わった動物と解することはできない、と考える。それどころか、人間は全く別種の統体であって、その中では反省的意識の事実が他の何物をも変わらないままにはしておかないのである。彼の態度、身体の構造、かかりやすい病気などは言うまでもなく、もろもろの感情や欲望は、自己保存の本能でさえ、他の動物のそれらとは異なっているはずである。生きている存在を統体と見なす誰にとっても、これ以外に事態を考察する方法は存在しない。

したがって、この見解は生きているものの連続性ばかりでなく、それらの間の質的非連続性をも断言する。生きている存在としての人間は、他の動物と徹底的に異なっているわけではないが、しかし同時にただ動物プラス理性ではない。人間は全く新しい統体である。そして、そのことは人間が全く異なった諸原理に基づいて理解されなければならないことを意味する。ここからわれわれは、連続性の理念とともに、存在の水準の階層性のそれをもつことになる。われわれがここで語ることができるのは、階層性であって単にさまざまな類型ではない。「より高い」水準のものは、より低いものが不完全に具体化するものを、より高度に実現していると見なされるからである。

ヘーゲルは意識的主体性において頂点に達する、このような存在の階層性を固守する。より低い種類の生命は、主体性のいわば原初的形態を示す。というのは、それらの生命は程度が高くなるにつれて意図、生命形態としての自己維持、自分を取り囲むものについての知識を示すからである。要するに、ますます行為者のようになり、最高の動物〔人間〕はもっぱら自己であるための表現力を欲する。ヘーゲルはわれわれが後で見るように、この階層性を、生きている存在を越えて創造物の全体に拡大する。ちょうど動物がはるかかなたの人間的主体性をさし示すように、より高い段階の生命をさし示す無生の現象の間に、われわれは階層性を見ることができる。それゆえ、ちょうど生きているものが意識の原初的形態であるように、例えば太陽系の統一は生きているものの原初的形態と見なされるべきである。

これまでのところ、ヘーゲルの理論は他の表現主義的思想家たちの、例えばヘルダーのそれと余り異なっていない。しかし、彼はまたその中にカント観念論からの寄与を組み入れる。意識は前述した仕方で生命と連続的あるいは非連続的であるばかりでなく、またある意味で生命を「否定する」。なぜなら人間は、意識している、知っている、理性的な存在として、われわれが見たように、理性的思惟の明晰性と自足性を目ざし、彼はそれを自然——外部のばかりでなくまた内部の——から自分自身を切り離すことによってのみ達成するからである。それゆえ、彼は理性的思惟を彼の欲望、性癖および好みから切り離し、それをいわば隔離するように、また無意識に押し流す傾向からできるだけそれを自由にしようと努めるように、しむけられる。理性的意識は人間を分裂させ、それ自身を生命に対立させる使命をもつ。そしてとりわけ(inter alia)、デカルトの二元論において表現されているのは、もちろん、こうしたことである。

それゆえ、人間は不可避的に自分自身と不和である。彼は理性的動物であり、それは生きている、〔ともに〕思惟する存在を意味する。彼はまた生存しているゆえにのみ、思惟する存在であることができる。それにもかかわらず、思惟することのはげしい要求にせきたてられて、彼は生命と、彼の中の自生的かつ自然的なものと対立する。その結果、彼は自分自身を分裂させ、もともと統一があった自分自身の内部に、区別と不和を作り出すようになる。

進展した理性的思考は、したがってまた不和は、彼が出発の際にたずさえる何かではなく、彼が到達して得る何かである。そして、これは二つのことを意味する。まず、生命の諸形態の階層性を越えて、思惟様式の階層性がある。人間の自分自身に関する理性的意識が成長するにつれて、この自己意識に関する彼の表現様式も変わるはずである。というのは、思惟はその媒体の変容なしには変われないからである。したがって、高い表現様式には低いそれより、正確な、透明な、そして首尾一貫した思惟が可能になるような表現様式の階層性がなければならない。

この種の階層性の概念が、ヘーゲルの思想において重要な役割を演ずる。そのことは芸術、宗教および哲学に関連して最もよく知られている。これらは理解する精神〔絶対的精神〕のための媒介物であるが、しかし順位は同じではない。ある意味で、われわれは同じ真理をこれら三つの様式で表現する。それらはただ〔真理にどの程度相応しているかという〕相応性の水準が異なっているだけである。それは低い水準が高い水準の原初的形態を包含している、すなわち同じ種類の統一の貧弱な別形を提示している、他の種類の〔すなわち生命形態の〕階層性に似ている。

第二に、理性的思考は人間が出発の際にたずさえるものであるより、むしろ達成するものであるという事実は、人間が歴史をもつことを意味する。明晰性に到達するために、人間は努力して進み、より少ない、よりゆがんだ意識のいろいろな段階を苦労して通過しなければならない。彼は幼稚な存在として出発し、文化と理解を苦労して徐々に獲得しなければならない。そして、これは偶然的な不幸ではない。思惟もしくは理性は、われわれが見てきたように、生きている存在の中で具体化してのみ現存することができるからである。しかし、生命そのものの過程は無意識的であり、非反省的衝動によって支配されている。それゆえ、意識的生命の潜在力を実現することは、努力、内的分裂および時間のかかる変容を必要とする。したがって、われわれはこの時間のかかる変容には意識様式の階層性を登ること以上の意味がある、ということを知ることができる。それはまた、人間が衝動と争い、彼の生命に形を与え、その生命が衝動を、理性的思考と自由の諸要求を表現することができる文化に、作り変えることを必要とする。こうして、人間の歴史はまた文化の諸形態の梯子を登ることでもある。

おそらくわれわれは今や、前節の終わりになされた当惑させる主張に、すなわち同一と対立とはつながれており、両者は同じ一対の項に適用されうるという主張に、いくらか光を投ずることができるであろう。ヘーゲルの主体の観念は、このこととの意味を明かしはじめる。

思惟する理性的主体は、具体化してのみ現存することができる。この意味でわれわれは真に、主体は自分の具体化〔身体化〕である、例えば、思惟する存在としての私は、私の生きている身体である、と言うことができる。けれども同時に、この具体化は生命にあっては、傾向や衝動の流れに沿ってわれわれを、われわれ自身と自然との非反省的統一のほうへ押しやりがちである。理性は自分自身を実現するために、これと戦わなければならない。そしてこの意味において、理性の具体化〔生命〕は思惟する理性的主体と違っているばかりでなく、理性の対立物、限界、反対物である。

われわれはそんなわけで、主体は自分の具体化と同一でもあれば対立してもいる、と言うことができる。こんなことがありうるのは、主体がヘーゲルによっていわば一次元において、いくつかの特性をもつ存在としてでなく、二次元において定義されているからである。主体は現存の諸条件、具体化の諸条件をもっている。しかし同時に、主体は目的論的に一定の完全性、理性と自由の完全性に向かうものとして特色づけられていて、これはアリストテレスとも表現主義的理論とも一致する。そして、この完全性の諸要求は、少なくとも初めは、主体の現存の諸条件に逆らう。

主体の自分自身との、あるいは自分の他者との関係を可能にするのは、この内部の複雑な構造である。いやしくも意識的存在としてあるためには、主体は生命において具体化していなければならない。しかし意識の完全性を実現するためには、主体は制限としての生命の自然的性癖と戦って克服しなければならない。主体の現存の諸条件は、自分の完全性の諸要求と衝突する。しかも主体が現存することは、完全性を求めることである。主体はこうして必然的に内部抗争の、――あるいはこう言ってもよいかも知れない――矛盾の分野である。ヘーゲルはそのように言うことをためらわなかった。

そんなわけで、両者の関係、同一と対立はつながれている、と言われることができる。しかし、一方は現存の不変の諸条件に基礎をおいているのに、他方は主体が時間をかけて達成する主体実現の必要から生ずるので、われわれは二つの関係を時間形式においてつながれていると考えることができる。最初の同一は分裂に譲歩しなければならないが、これは主体が自分自身の中に分裂の種子を含まざるをえないので、不可避的に起こる。

しかし、この時間形式における第三の段階、和解についてはどう考えたらよいか。私は前節の終わりで、ヘーゲルは十分に理解された対立は統一の回復を示すと考えていると言った。そして、このこともまたヘーゲルの主体論を見れば分かる。人間は思惟と生命、理性と自然との対立の段階に、永久に留まりはしない。それどころか、両項は変容されて、より高い統一に達する。粗野な自然、衝動の生命は作り変えられ、洗練されて、人間のより高い願望を反映するようになり、理性の表現となる。そして、理性は理性で、自然を寄せつけないために戦う、より高いと思われている〔反自然的〕自己と、ぴったり一体になることをやめる。反対に、理性は自然そのものが理性的計画の一部であること、人間をより高い合一に向かって備えさせ教化するためには、分裂がなければならないことを知る。理性的主体はこのもっと大きな理性、全体の根底に横たわる理性的計画、と一体になり、そしてそのようなものとして自分自身を、もはや自然――〔今や〕この自然そのものが変えられて、理性的思考の適切な表現となっている――と対立するものとは見なさない。

それであるから、人間の歴史は分裂で終わりはしない。それは分裂を越えて、もっとずっと高い文化的形式へ移り、この形式において、われわれの自然は、すなわちわれわれの環境とやり取りするわれわれの個人的および集団的生命は、自律的な個人の計画より大きい理性的計画を表現する。また、もっとずっと高い意識様式へ移り、この様式において、われわれはこのより大きい計画を見て、それと一体化するようになる。ヘーゲルはこの高い様式のために「理性」(Vernunft)という術語を用意し、事物を分裂もしくは対立したものとして見ることを「悟性」(Verstand)と呼ぶ。

この統一は端初の未分化のものとは非常に異なっている。それは「媒介されて」いる。それは自然の教化と理性の展開における必然的な段階であった、分裂の意識を保持している。それは十分に意識的であり、また(言われているところでは)本質的に理性的である。

それゆえ、人間的主体は同一と対立との関係に関するヘーゲルの提言の原型である。人間的主体は、自分の本質的具体化と同一であるとともに対立しているばかりではない。この二重の関係はまた、時間形式において表現されることができる。最初の同一から、必然的に対立が成長する。そして、この対立そのものが、この対立の不可避性と理性的必然性との承認に基づく、より高い統一に通ずるのである。

3　主体としての絶対者

しかし、どうしてこの人間論が「同一と非同一との同一」のような驚くべき定式のおのおのを正当化するのか。たとえわれわれが、ヘーゲルの主体論はわれわれに、人間における免れがたい抗争への洞察を与え、われわれはそれを「矛盾」と呼びたくなる、ということを認めるとしても、どうしてこれが「何もつけ加えない、ただの」(tout court)同一と対立との間のつながりについて語ることを正当化するのか。

答えは、この主体論は人間ばかりでなく、宇宙的精神もしくはガイストにも適用される、ということである。そして事実、われわれはすでに前節の終わりで、人間における対立の解決は、われわれが人間を越えてガイストの理性的計画であるもっと大きな理性的計画に言及することを必要とする、ということを知ったのである。

ところでヘーゲルにとって、絶対者は主体である。根底にあって自分自身をすべての現実の中に現わすもの、スピノーザにとって「実体」であったもの、そして「疾風怒濤」に示唆された人々にとって万物を貫いて流れる神の生命と見なされるようになったものを、ヘーゲルは精神と解したのである。しかし、精神もしくは主体性は必然的に具体化している。したがって、ガイストもしくは神は、それがささえ、それが現われる宇宙から切り離されて現存することはできない。これに反して、この宇宙はそれ〔精神、神〕の具体化であり、この具体化がなくてはそれは、私が私の具体化〔身体〕なしには存在しないであろうと同様に、存在しないであろう。われわれは早くも、ヘーゲルがスピノーザ主義もしくは汎神論の非難を浴びなければならなかった理由を知ることができる。そしてこの点で、彼は「疾風怒濤」もしくはロマン派の思想に影響された時代に属する他の多くの思想家の仲間であった。彼の応答を正しく評価するために、われわれはもっと綿密に、本当に彼に特有であったガイストに関する彼の考え方を吟味しなければならない。

　われわれは具体化の二つの原型があり、それらが表現主義的主体論の中に集まっており、ヘーゲルはそれを基礎としている、ということを知った。一つは生きている身体の中にだけあることができる生命形態に関する、アリストテレスに由来する考えであった。もう一つは媒体を必要とする思惟の表現という考えである。それらは私が人間として、あるいはもっと適切に表現主義的見地から言えば、この人間、この共同体の一員として何であるかを正しく表現する生存様式という考えの中で合流する。生き方は生命の必要な機能、栄養、生殖などを行なう仕方であると同時に、われわれが何であるかを、われわれの「一体性」を開示し決定する文化的表現でもある。ある一組の婚姻関係、ある社会の経済上の生産様式は、こうした二つの次元において見られることができるし、——表現主義的見地からは——そうでなければならない。それらは生命と生殖をささえる交換様式である。しかし、それらはまた役割、価値、願望、成功と失敗、公平などに関する定義を取り入れる。そして、われわれが人間の結婚あるいは生産様式として承認しようとするもので、このような定義を取り入れないものは何もありえないであろう。あるいはそれを別な形で言い表わすならば、これらの関係は言語なしには不可能であろう。

しかし、具体化のこの二つの次元は、人間を理解するのに必須のものであるけれども、全面的に合致するわけではない。人間にはわれわれが単純に生命機能と解さなければならず、そして文化的表現と解してはならない諸相——例えば消化——がある。また、われわれはとにかく、生命の諸機能と関連させなくても、理解されることができる文化的表現がある、と論ずることもできる(マルクス主義者やフロイト信奉者は賛成しないであろうが)。そうして、これらの表現は、両者(生命機能と文化的表現)と解されなければならない結婚の慣例とか生産様式とかと、同列におかれるべきである。

けれども、両者はガイストとは完全に一致する。宇宙は神の「生命機能」の統体性の具体化、すなわち神の現存の諸条件である。それはまた至る所、神の表現、すなわち神が何であるかを表わすために神によって定立されたものである。それゆえ、宇宙は生命形態に類似したものとして、とらえられなければならず、したがってアリストテレスに由来する「内的目的論」のカテゴリーによって理解されなければならないとともに、神が何であるかを神が語っているテキストに類似したものとして読まれるべきである。

神における生命と表現とのこの完璧な一致が、無限な精神としての神を有限な精神としてのわれわれから遠ざけるものである。われわれは宇宙を神の現存の諸条件と、そしてまた、そのようなものとして定立されたものと、見なさなければならない。神は自分自身の現存の諸条件を定立するものと考えられることができる。この意味で宇宙は、自分の創造物と別個に現存することができるような設計者の表象を取り除くようにわれわれが注意する限り、あたかも設計されているかのように、眺められることができる。こう言ってもよいと思うが、宇宙は必然的な構造をもっている。われわれが独立した設計者なしに設計された宇宙というこの難しい観念の考察に移る前に、この必然的な構造の輪郭を見ることにしよう。

もしこの宇宙が神もしくはガイストの現存の諸条件として定立されているならば、われわれは宇宙の一般的構造をガイストの本性から演繹することができる。ところで、ガイストもしくは主体性は、われわれが見たように、理性と自由と自己意識の、あるいは自由における理性的な自己直覚の、実現に向かうものとして目的論的に理解されるべきである。われわれはこれら三つの術語〔理性、自由、自己意識〕が、表現主義的主体論において、どのように互いにつながれているかを見ることができる。理性的な自己直覚は、生命において表現された、したがってまた限定された自己、についての理性的な直覚である。自己直覚の充実は、この表現が自己に相応するものとして承認された時に、達成される。もしそうでなくて、表現が切りつめられたりゆがめられていたりして、さらに変化を必要とすると見なされるならば、自己直覚は、どれほど不相応性の知覚が明らかであっても、完全ではない。表現主義的見解によれば、われわれが本当に何であるかは、その表現より前に知られはしないからである。切りつめられた存在は、その時、自分が本当に何であるかを知るために、もっと充実した表現を目ざして進むことしかできない。

しかし自由は、表現主義的見解によれば、自我が相応して〔ふさわしく〕表現されることになる条件である。したがって、充実した自己直覚は自由なしには不可能である。もしわれわれがこれに、自己直覚は主体の本質に属するという観念をつけ加えるならば、逆の命題もまた真理である。自由(すなわち充実した自己表現)は自己直覚なしには不可能である。ところで、ヘーゲルは表現主義的理論のこの共通の根拠に、主体性の本質は理性的な自己直覚であり、自己意識は概念的思惟という明晰な媒体の中にあるはずであって、ぼんやりした直観とか言い表わしがたい直視とかの中にあるはずがない、という提言をつけ加えようとした。それゆえ、理性的思考もまた彼にとって完全な表現もしくは自由の条件であり、逆も成り立つ。

さて、こうしたことを人間からガイストに移し、それがわれわれに世界の必然的構造について何を示すかを見ることにしよう。もし主体としてのガイストが自由における自己直覚に到達すべきであるならば、宇宙はまずもろもろの有限な精神を含まなければならない。ガイストは具体化されなければならない。ところが、具体的現実は外的現実であり、空間と時間の中に広がった「互いに外的な諸部分」(partes extra partes)である。したがって、意識が存在するためには、それは位置を占めなければならない。それはどこかに、あるとき存在しなければならない。しかし、もしある意識がどこかに、あるとき存在するならば、それはほかのどこかに、ほかのあるとき存在するのではない。それゆえ、それは自分自身と自分自身でないものとの間に限界をもつ。それは有限である。

こうして、われわれは有限な精神の必然性を、ガイストが具体化されよという要望から、そして外的な、空間＝時間的現実における具体化の本性から、示すことができる。しかし、意識そのものの要望からなされる別の議論もあり、ヘーゲルはそれをしばしば用いている。ヘーゲルはカントとフィヒテから、意識は必然的に二極的であり、主観と客観との区別を必要とする、という考えを引きついだ。この考えはカントの先験的演繹において重要な役割を演じており、その演繹は一つの形では、客観性の要望に、すなわち私の経験の中だけで結び合わされている現象と、普遍的かつ必然的に結び合わされている現象との間に、区別があるべきだという要望に依存している。カントの第一「批判」のいちじるしい功績は、この主観的と客観的との区別を、物自体とは異なったものと考えられた経験の内部に回復させることである。また、経験にこのように客観的な支柱を立てなければならないということが、カントの観念論反駁の根底にある。

フィヒテは同じ原理を取り上げた。自我は非我を定立するが、これが意識の条件だからである。ヘーゲルはこの原理を自分のものとする。また、それは彼が全般的に擁護する見解、すなわち理性的直覚は分離を必要とするという見解の一部である。意識は主体が対象に対立させられる時にのみ可能である。しかし、対象に対立させられることは、他の何かによって制限されることであり、したがってまた有限であることである。そこで当然、もし宇宙的精神が充実した直覚に達するべきであるならば、それはもろもろの有限な精神という媒介物を通してのみありうる、ということになる。それゆえ、もろもろの有限な、制限された主体は必然的である。もろもろの有限な主体の基本的述語である対象との対立なしに、自分自身をじかに直覚するであろう宇宙的精神という考えは、首尾一貫しない。このような精神の生命は、せいぜいものうい自己感情のそれであろう。その中には「意識」の名に、まして「理性的直覚」の名に値する何物もないであろう。これはロマン派の直観熱中者にふさわしい汎神論者の夢想であるが、ヘーゲルのガイストとは何の関係もない。

そんなわけで、ガイストは必然的にもろもろの有限な精神において具体化される。これはこの議論のつながりから見て、ガイストは対立と分裂から自分自身に帰る、あるいは精神の自己意識は意識を取り入れる、という提言と同じである。ヘーゲルはまたしばしば「意識」という語を、ガイストの生命におけるこの二極的次元をさすために用いる。[1] そして、彼はこの二極性を避けようと努めるどんな人間論も、登りつめて自己合致に終わるような意識についてのどんな理論も拒否しようとする。[2]

それゆえ、ガイストは有限な精神の中に媒介物をもたなければならない。これはガイストがもつことができるたった一種類の媒介物である。その上、このような媒介物はたった一つであるはずがない。なぜなら、ガイストはどれか一つの有限な精神の特殊な場所と時に閉じこめられるはずがないからである。それはいわば自分の必然的な局地化を、多くの有限な精神を通して生きることによって、埋め合わせなければならない。

それゆえ、ガイストは自分自身をもろもろの有限な存在、宇宙のいわば断片において具体化しなければならない。また、これらのものは精神を具体化することができるようなものでなければならない。それらは生きている存在でなければならない。なぜなら、生きている存在だけが、表現活動、すなわち意味を表現することができる外的な媒体——音、身ぶり、しるし等々——の展開、ができるからである。また表現活動ができる存在だけが、精神を具体化することができる。したがって、われわれはもしガイストが存在すべきであるならば、宇宙はもろもろの理性的自己を含まなければならない、ということを知ることができる。

生きている存在でなければならない、もろもろの有限な精神、したがってもろもろの有限な生きている存在が、存在する。有限な諸存在は自分の外部の世界とやり取りする。それゆえ、宇宙はまた無生の自然のほかに、多種多様な生物も含まなければならない。別種の無生の自然は、有限な生命の現存を可能にする背景および基礎として必要である。しかし人はおそらくヘーゲルの中に、多くの種と無生の自然の必然的現存を支持する別な議論を見つけることができるであろう。ガイストが具体化されることは、われわれが見たように、外面性を、すなわち空間と時間における延長、生命および意識的生命を必要とする。もちろん、これらはすべて人間の中に現存する。しかし、もろもろの有限な意識的精神だけが現存して、全く相互のやり取りだけで生きている宇宙は、生命もまた意識をもたずに独立して現存し、外面性も両者〔生命と意識〕をもたずに独立して、無生の自然の形をとって存在する宇宙ほど、決して豊かでも多彩でもないであろう。最も豊かな宇宙は、これらすべての水準〔に属するもの〕(またヘーゲルがその『自然哲学』において無生の自然の内部で区別する他の水準)〔天体、元素、光、音、熱、電気など〕が、独立して現存する宇宙である。

現実の世界は考えられる限り最も豊かなものであろう、というこのライプニッツの原理が、ヘーゲルの中に再び出てくるのを見るのは、奇異に思われるかも知れない。しかし、それは実際に彼自身の立場に基礎をおくことができるのである。われわれが見たように、宇宙はガイストの具体化、現存の諸条件の実現であるとともに、それの表現、ガイストが何であるかの陳述である。この後者の点で、もろもろの差異が最大限に展開される世界がすぐれていることに疑いはない。この世界のほ

うが、〔ガイストが何であるかの〕陳述として、一段と充実しており明晰である。(3)

宇宙の一般的構造(これについてはここで、ほんの暗示が与えられただけである。詳細は『自然哲学』と『精神哲学』の中で仕上げられている)は、そんなわけで、それがガイストの具体化および表現であることによって決定される。それは最も低い無生の諸形態から、生きているさまざまな種をへて、人間に至る階層制を含んでいる。そうして、もちろんガイストの実現のために、人間は、われわれが前節で見たように、成長しなければならない。それであるから、文化形態や意識様式の階層制もあって、それらが時間の中で互いに継起し、そうして人間の歴史を作り上げるのである。空間と時間における宇宙の分節化は、その中で具体化され表現されなければならない宇宙的精神の諸要件から演繹されることができる。人間の歴史のいろいろな段階でさえ、粗野な、無教養な現存における人間の出発点と、彼が向かっている極致との本性から、必然的なものとして導出されることができる。(4)

では、ガイストが自由において理性的な自己直覚に到達するとは、どういうことであるか。もし宇宙の構造が現にあるとおりのものであるのは、ガイストの具体化もしくは表現が存在するためであるならば、ガイストはこのことが承認された時に、自己直覚に到達する。もちろん、このことはわれわれ自身、すなわち有限な精神によってのみ承認されることができる。なぜなら、われわれが直覚の唯一の媒介物だからである。しかし、このことがもろもろの事物の構造であることを承認することにおいて、われわれは同時にわれわれ自身の一体性の重心を移動させる。われわれは、われわれに関する最も基本的なことは、われわれがガイストの媒介物である、ということを知っている。したがって、十分な洞察を達成すると、宇宙に関するわれわれの知見は一変する。それは有限な精神としてのわれわれが、われわれとは異なっている世界についてもつ知識であることから、われわれを媒介物とする普遍的精神の自己知識となる。

また、〔われわれが〕十分な自己直覚に達すると、ガイストもその最も充実した自己表現に、したがって自由に到達したのである。ガイストはその媒介物を自分自身の完璧な表現に形づくったのである。そして、あの媒介物、人間の本質はガイストの媒介物となることであるから、人間もまた十分に自己表現をしたもの、すなわち自由であり、また自分自身をそのようなものとして知っているのである。

しかし、ガイストの自己表現と自己直覚は、われわれ自身のそれより無限に高いものである。人間が自分の完璧な自己表現の十分な直覚に達する時、彼はこのことの中に、〔自分に〕究極的に与えられているあるものを認める。すべての人間に共通である人間的本性は、その場合、あらゆる人間の独自の創造分野を制限する土台として、あるいは限定されるものとしてある。そして、私の独自の創造物、すなわち私の生命の中で、人間一般に対して私を表現するように思われるもの――これらのものでさえ、私が十分に見抜けない、まして制御することができない霊感として、私に到来するように思われる。これが、われわれが見たように、人間的生命のすべてが表現とは見なされがたい理由である。

しかし、われわれがなすことや、われわれの中で進行することの多くは、ちょうどわれわれが表現力をもたない動物を相手にするように、単にわれわれの生命形態の見地から理解されなければならない。われわれの表現活動でさえ、この生命形態によって制約されている。

ガイストにあっては事情は異なる。その具体化の全体が、それの表現でもあると思われる。宇宙は、こうした具体化として、ガイストによって定立されると考えられる。ガイストは自分自身の具体化を定立する。したがって、単に与えられたものは何もありえないことになる。人間的存在としての私は、与えられている本性を実現する使命をもつ。そして、たとえ私が独創的であるように、また私自身に比類なくふさわしい仕方で私自身を実現するように、要請されているとしても、やはりこの独創性を許す範囲は、私の独創性の基礎をなす私の比類のない特色がそうであるように、それ自身、人間的本性の不可欠な部分として与えられているのである。それゆえ、自由は人間にとって、大部分は与えられている使命の自由な実現を意味する。ところが、ガイストは徹底した意味において自由でなければならない。それが実現するもの、および実現されたと認めるものは、与えられるのではなく、それ自身によって決定される。

そんなわけで、ヘーゲルのガイストは、単に与えられた何物からも徹底的に自由に、自分自身の本性を選ぶ独創的な実存主義者であるように思われる。そして実際に、ヘーゲルはキェルケゴールからサルトルに至る、「実存主義者」と呼ばれたすべての近代人の見解に、概念的基盤を築いたのである。しかし、ヘーゲル自身は実存主義者ではなかった。それどころか、もしわれわれが彼の徹底的自由を実存主義的意味において理解すべきであるならば、ヘーゲルのガイストがいったいどのようにして始まることができたのか、また、それはいったいどうして他方の世界よりむしろ一方の世界を選ぶことができたのか、を知ることは困難である。なぜなら、ガイストは人間的行為者がするように、状況から出発しようとはしなかったからである。

しかし、ヘーゲルにとっては、ガイストの徹底的自由は諸物の必然的な構造と両立しないものではない。それどころか、二つの観念はもともとつながれている。ガイストは世界を定立するにあたって理性的必然性によって、つまりガイストが存在すべき限り必然的な諸物の構造によって拘束される。ところが、これはガイストの自由に加えられる制限ではない。主体性としてのガイストは、本質的に理性だからである。そして理性は、人が思惟と行為において理性的な、すなわち概念的な必然性の筋道を追う時に、最も十分に実現される。理性的な、概念的な必然性にすっかり基づいて、与えられているだけのどんな前提にも依存しない行為の進路を、もし人がもつならば、われわれは理性としての主体性の純粋な表現、すなわち精神が自分自身を全面的な、純正な仕方で表現されたもの、したがってまた自由なものと認めることになるような表現、をもつであろう。これは有限な諸精神の自由より、測り知れないほど大きいものである。これは世界を自分自身の本質的具体化として理性的必然性に従って定立するガイストの自由である。

しかし、ここでは何かが間違っているように思われる。全く理性的必然性に基づいている行為の進路などがあるだろうか。なるほど、出発点と見なされるある目標があるに違いない、――たとえなされるあらゆることがこの根本的目的から厳密な推論によって決定されるとしても。さもなければ、いったいどうして推論がそれだけで、どんな行為をなすべきであるかについて、何らかの結論に達することができるであろうか。しかし、そうすると、この根本的目標は単に与えられているだけではないか。

答えは、ある意味で、そうだということである。しかし、ガイストの徹底的自由を否定する必要がある、という意味においてではない。なぜなら、ガイストは精神もしくは理性的主体性が存在することだけを、自分の根本的目的としてもつ、と考えられることができるからである。そして、その他のことは必然的につづいて起こると考えられることができる。もしこれまで、この点について論拠なしに言明されただけである具体化の原理が、必然的に真理であると証明されることができるならば、また、もし私が前にざっと概略を述べた、具体化の原理からもろもろの有限な精神の現存、もろもろの生物、無生の自然などに至る論拠が、有効であるならば、宇宙の設計図は唯一の根本的目標から、すなわち理性的主体性が存在するためという目標から、必然的に出てくる、と証明されることができるであろう。言いかえれば、もし自分自身を理性的に、すなわち概念的意識において、知っている主体性が、存在すべきであるならば、こうしたことがすべて必然的であることを、われわれは示すことができるであろう。

しかし、そうするとこの理性的必然性の巻線《スケイン》に入れる唯一のインプット〔入力情報〕は、理性的主体性を存在させよ、という目標であろう。ひとたびこの「決定」がなされると、その他のことは、ひとりでに生ずる。しかし、この「決定」が遂行されることは、ガイストの自由に加えられた制限とは考えられない。主体性が存在すべきであるということは、主体性の自由に加えられた制限ではなく、かえってそれの根拠である。また、それが理性的で――概念的意識において表現されて――あるべきだということは、ヘーゲルによって主体性の本質そのものに属すると考えられている。もしわれわれが意識、自己意識、知りつつ行動する力を含ませなければ、いったいわれわれは主体性ということをどういうつもりで言うのであろうか。ところが、意識や知識は概念的思惟においてのみ完結性に達することができる。

したがって、ひとたびわれわれが理性的主体性を存在させるという根本的目標を抱いて出発するならば――これはガイストの自由に加えられた制限ではない――、その時から、世界を定立するガイストの「活動」が、全く理性的必然性の筋道を追うという事実は、ガイストに加えられた抑制ではない。それどころか、それこそガイストを無制限な、したがってまた無限な仕方で、徹底的に自由にするものである。理性的主体性としてガイストは、理性的必然性に従いながら、自分自身の本性よりほかの何物にも従っていないからである。ガイストを限定する外部の要素も所与も存在しない。もし世界の根本的構造が偶然的であることが示されるならば、(5)理性的必然性、すなわち理性的主体性の本質そのもの、とは異なる他の何かが、それをBよりむしろAであるように決定したのであろう。しかしそうすると、それは完全にこの主体性の本質の表現ではないであろうし、またガイストは無限に自由ではないであろう。

しかし、存在するあらゆるものが最初の「決定」から理性的必然性に従って出てくるのであるから、われわれはガイストが何かの所与に直面しているとは実際には言えないのである。人間は所与である本性をもつ。われわれには性欲がいつもあって動物のように周期的ではないこと、われわれが一定範囲の気温内でしか生きられないことなどは、非常に多くの他の事実とともに、世界の人々に関する事実である。われわれにとって自由は、こうした本性を引き受け、そうしてそれが許す独創性の範囲内でそれを更新することを含んでいる。ところがガイストにとっては、何物もこの意味において、すなわち粗野な事実として与えられていない。唯一の出発点は、主体性を存在させよ、という要望である。そして、この主体性に付与された唯一の「積極的な」内容は、理性的思考のそれであり、これが主体性の本質そのものに属する。

その他のことについて言えば、実際に現存するとおりの世界の全構造は、この要望から理性的必然性に従って生じているのである。

われわれは余りにも安易にここで起こりかねない誤解を避けなければならない。ヘーゲルは現存し生起するあらゆるものが必然的に生じてくるとは言っていない。彼は諸物の根本的構造、諸存在の水準の連鎖、世界史の一般的輪郭について語っている。これらは必然性の現われである。しかし、この構造の中には偶然性を容れる余地があるばかりでなく、偶然性がいわば必然的に現存するのである。なぜなら、われわれは存在のすべての水準が独立に現存することを知っているからである。ところが、より低い諸水準のいちじるしい特徴の一つは、それらが諸物の根底にある必然性を不完全に表わすにすぎず、それを粗雑な外的な仕方で示すにすぎない、ということである。それらの中には、全く偶然的である多くのものがある。それであるから、物の特性の多くは、例えばオウムの種の正確な数は、世界の概念から演繹されるわけにはいかないのである（『大論理学』第二巻、四六二ページ）(6)。人間の文化の高度な実現においてのみ、必然性は十分に明白であり、すべての現象《マニフェステイション》は必然性の反映である。

しかし、この割れ目をなす偶然性のたわむれは、ガイストが自分自身から演繹しなかった全くの所与という要素を導き入れはしない。それどころか、偶然性と宇宙におけるそれの位置は、それ自体、絶体的主体性の諸要望から必然性に従って引き出される。

4　理性的必然性

この理性的必然性の本性は何であるか。さきほど、私は「概念的意識」とか「必然性」とかについて語りながら、「概念的」という表現を「理性的」に相当する語として用いた。この相当性はヘーゲルにおいて重要であるが、しかしそれは現代のアングロ＝サクソン哲学の文脈においては、容易に誤解されかねないであろう。われわれは概念的必然性の観念を経験論的および実証主義的根元から展開した。この観念は決して今日の英国哲学に流行している唯一の考え方ではないが——後退すらしているかも知れない——しかし人を惑わすほどよく知られている。これは偶然的、因果的必然性と対立するものとしての、また語の意味に基盤をおくものとしての、概念的必然性の観念である。ある陳述が必然的であって他の陳述が矛盾的であったのは、それらの陳述がもろもろの語を、語の意味によって真でありえないような、あるいは偽であらざるをえないような仕方で結合したからである。分析的陳述はこの型の真の陳述であると考えられた。しかし、分析性について疑いをもつ人々にとって、論理的真理(例えば「馬は馬である」)はその例証となりうるだろう。

〔分析的陳述の〕理念は、これらの必然的真理は世界に関する事実に対立するものとしての語の意味によって有効である、ということであった。語の意味は記号に帰せられた指示および構文上の力であった。もちろん、この意味は変えられることができたし、またある変更とともに、いくつかの形式上は必然的な真理も有効であることを止めるであろう。「独身の男性は結婚してない」は今でも有効である。しかし、もしわれわれが「独身の男性」という語を、たとえ彼らが〔教会の儀式によらず、役所に届け出るだけで成立する〕略式結婚をしていても、教会で結婚しなかった人々をさすために用いることを決定したならば、有効ではない。すべてこうしたことにおいては、世界の中の何物も変わる必要がなかったのである。

もちろん、これは概念的必然性に関するヘーゲルの考えではなかった。われわれはこのことを、もしわれわれが例えば、これこれの構造的諸条件が具体化されたガイストには必要である、ということの証明を目的とした前述の議論を考察し、そうして〔分析的陳述との〕どんな類似点がその議論の説明となるかを考察するならば、知ることができる。多くの議論と同じように、その議論は、もちろん演繹的形式で組み立てられることができるが、しかし、この形式はその議論の実際の構造を表わしはしない。実際の形式はむしろカントの先験的演繹に似ている。われわれは所与――カントの場合では経験、ここではガイストの現存――から出発し、それの必然的な諸条件へと後戻りして論ずる。しかし、カントの先験的な議論にとってと同様に、必然的な諸条件は、出発点で使用された術語から、単純な演繹によって、またもちろん因果関係を吟味することによっても、引き出されないのである。

それゆえ、カントは経験の事実から出発し、次にわれわれが客観的にそうであるものと、われわれに対してのみそうであるものとの区別を容認しなければ、われわれは世界について経験をもてないであろう、という論旨に移る。そして、さらにつづけて、カテゴリーが有効でなければ、われわれはこの区別をもつことができないであろう、ということを示す。ところが、この議論の歩みは単純に演繹的でもないし、因果的推論に基づいてもいない。経験が「客観的に、あるいはわれわれにとって」という区別を必要とすることは、われわれが「独身の男性」から「結婚してない」を導き出すように、経験の概念から導き出すものではないのである。導出はカントの意味において分析的ではない。もちろん、われわれは「経験」を、その意味の中にこの導出を取り入れるものとして受け取るように、そうしてこの議論を分析的導出に転換するように決定することはできるであろう。しかし、これはその議論に関する重要な点を、すなわちわれわれはこの場合、この〔客観的に、あるいはわれわれにとってという〕区別を取り入れない経験については、首尾一貫した観念をつくれないような極限概念(1)に出会うということを、見落とすであろう。〔この区別を取り入れなければ〕、主体にとって、何かについて〔陳述する〕というごとき経験の構造全体が崩壊するであろう。これは「独身の男性、ゆえに結婚してない」場合とは、われわれが上に見たごとく、われわれは推理が失敗するように、独身の男性の概念に手を加えることができるという点で、根本的に違っている。ところが、先験的な議論は「経験」に適切な仕方で手を加えて、何か首尾一貫したことを言いつづけることは、誰にもできないと主張する。

われわれが上述したごときヘーゲルの議論、例えば、ガイストは有限な精神なしにはありえないという議論は、いくらかこの型に属する。ここで決定的な一歩は、具体化されたガイストはどこかに置かれなければならず、したがってまた制限されて有限でなければならない、ということである。しかし、これは「具体化された」ということから分析的に導き出されない。それどころか、それは「具体化されているが、とくにどこかにではない」ということを首尾一貫して理解することが、われわれにできなくなるような、別種の極限概念に訴えている。

しかも、この二つの場合に、「概念的必然性」について語ることは、おかしくはない。というのは明らかにわれわれがここで取り扱うのは、因果的不可能性ではなく、極限概念だからである。「概念的」必然性について語るということが、このことを強調する。

ところで、この種の極限概念は、われわれに術語の意味以上のことについて語る。それはまた諸物の構造についてわれわれに語る。それが述べることは、正しいけれども、論争する余地が大いにある。カントのように、それはわれわれに、われわれの心の限界について何かを語る、と論ずることもできる。しかし、世界はガイストによって理性的必然性、すなわちこのような極限概念によって押しつけられた必然性、に従って定立されていると考えるヘーゲルは、これらの極限概念をむしろ宇宙の輪郭を描くものと見なしている。概念的必然性に従って構成された世界は、概念的必然性の陳述においてのみ、〔それに〕相応して開示される。ヘーゲルの言葉を借りれば、諸物の構造は概念から演繹される[2]。

もし世界が概念的必然性に基づいて定立され、必然的な概念的思惟においてのみ、〔それに〕相応して理解されるならば、ガイストの完全な自己理解――これは世界に関するわれわれの全く相応する理解と同じである――は、概念的必然性の透察であり、理性的思考の一種の継ぎ目のない衣服であるに違いない。

ところで、こうしたことは、ここまでわれわれについてきた人々によってさえ、不可能と考えられるかも知れない。われわれの〔これまで述べてきた〕世界の見方は、単に理性的必然性の透察であるはずがない。なぜなら、われわれは理性的主体性を存在させるという目標の中に、出発点がなければならないことを見たからである。そして、このことがガイストの無限な自由の軽減を含まなくてもよい限り、確かにそのことは諸物に関するわれわれの最終的透察における、それ自体は推論によって確立されていない、根本的前提と見なされなければならない。

しかし、ヘーゲルはそれをこのようには見ていない。ガイストが自分自身についてもつ透察の中には、絶対的出発点は存在しない。むしろ円環がある。それゆえ、われわれはガイストが存在すべきであるということを出発点としてただ仮定して、これから世界の構造を導出することはしない。われわれはまたこの命題を証明しなければならない。そして、もしわれわれがちょっとでも反省するならば、われわれはそうすることが一つ以上の見地から必要である、ということを知ることができる。それは単に必然性の継ぎ目のない衣服を手に入れる問題ではなく、われわれの提言が妥当であることを証明する問題である。

それと言うのも、もしガイストが存在すべきであるならば、世界は、われわれがこの世界はガイストによってその具体化として定立されていると結論しようと思う場合に、それが実際にもつ設計図をもたなければならない、ということを示すだけでは十分でないからである。諸物があたかも設計図によるかのように配列されているという事実は、設計者を、したがってまた設計作業を証明するのに決して十分ではないのである。われわれがここで到達することができるのは、せいぜい高い蓋然性であるだろうが、われわれは必然性に関心をもっているのである。もっと必要なことは、この世界を吟味するにあたって、それが実際にガイストによって定立されていることを示すことが、われわれにできる、ということである。

ヘーゲルはこれをしていると主張する。確かに、それは彼のもろもろの大著の大筋である。彼はわれわれが世界の備品を吟味する時、それはガイストからの発現として以外にはありえない、ということを知らなければならないと主張する。そして、われわれはこのことを弁証法的議論によって示す。われわれは〔弁証法によって〕世界の中の諸物が、矛盾的であるので独力で現存することができないことを知るようになる。そこで、われわれは諸物を、それらが頼りにしている、あるいはそれらを一部もしくは一面としている、もっと大きい、またはもっと深い実在の部分としてのみ理解することができる。弁証法はわれわれが次々と登るにつれて、いくつかの段階を通り抜け、この自己存続的もしくは絶対的実在が何でありうるかに関する不満足な諸観念を越えて、ついにわれわれはそれをガイスト、すなわち永久に世界を自分の具体化として定立し、同様にまた自分自身に復帰するために永久にそれを否定する精神的実在、と見なす唯一の満足すべき考え方に到達する。

われわれは弁証法的議論をあとで吟味するであろう。さしあたり、矛盾をよりどころにする議論は、当面する現実におけるある内部の複雑さのゆえに有効であり、だから現にあるものとあるべく予定されているものとの間に抗争がありうる、と言っておくことは有益である。ヘーゲルの議論の偉大な才能の一部は、見たところどんなに単純で貧弱であろうとも、ありとあらゆる出発点の中にこの種の複雑さを見出すことであろう。われわれはもっと後で多くの実例を見るであろうが、われわれはすでにヘーゲルの主体観の中にこの種の抗争を見ているのであって、主体は自分の現存の諸条件が自分の終極目的《テロス》と衝突するゆえに、自分自身との対立もしくは「矛盾」に陥るのである。

そんなわけで、ヘーゲルは有限な現実から出発しながら、理性的必然性に従って世界を定立する宇宙的精神の現存を論証することができると主張する。これは、もしそれが堅固なものでありつづけるならば、確かに彼の証明における裂け目をふさぐであろう。われわれはもはや蓋然的な「設計図からの議論」に頼らないだろうからである。しかし、それはわれわれを、どこまでも理性的必然性に基づいた諸物の透察に、少しでも近づけるであろうか。確かにわれわれは今しがた、われわれの導出〔すなわち演繹〕されてない出発点を置きかえた。存在するために世界を定立するガイストの現存から、われわれは出発点を、ある有限な事物の現存へ——われわれはこれから弁証法的な議論によってガイストに到達することができる——後退させた。しかし、われわれはまだこの有限な事物を、諸物を出発させるための所与と解さなければならない。

　ところが、ヘーゲルの見解では、この出発点も究極的なものではない。われわれが見たように、この有限な現実の現存は、それ自身論証されることができるからである。これは証明においてわれわれが際限のない後退を強いられる、ということを意味しないか。これは確かに、全面的に理性的な透察というわれわれの目標に添わないであろう。われわれが止まらなければならない所はどこにもないけれども、われわれはどこかに、導出されてない前提とともに止まらないわけにはいかないだろうからである。

　しかし実際には、われわれは際限のない後退を円環によって避ける。われわれの上昇する弁証法において、われわれは有限な現実がガイストの発現としてしか存在することができないこと、したがって所与の有限な現実は自己定立的なガイストでなければならないことを示す。しかし、それからわれわれはまた、さきに略述したように、自己定立的なガイスト、すなわち自分自身の現存の諸条件を設定する宇宙的精神が、われわれの知る有限な諸物の構造を定立しなければならない、ということを論証することができる。上昇と下降のこの二つの運動（これらは実際にはヘーゲルの解説において織り合わされている）において、われわれの議論はその出発点に復帰する。最初にわれわれがただ所与と解した有限な現実の現存は、今や必然的であることが示される。最初にはただ与件であったものが、今や必然性の円環の中で一掃される。

しかし、これが何らかの解決であるか。円環〔循環〕は無効な議論の模範ではないか。こうした反発は見当違いである。われわれが円環において議論していると言うのは、結論を導出することを本質とする前提の中に、結論が現われる時である。円環が悪いのは、直接に確立するほうがもっとやさしい何かから、あるいはすでに知られている何かから、結論が出てくることを示すことによって、結論を確立することを議論の主眼点とするからである。それゆえ、われわれが前提を結論そのもので補う場合にのみ結論が出てくることに気づく時、われわれはその企ての全体が間違っていたことを知るのである。

ところで、ヘーゲルの議論はこんな仕方での円環ではない。自己定立的なガイストの必然性は、われわれがガイストを仮定しなければならないとか、少なくともそうする意図をもつとかということなしに、弁証法において有限な諸物の現存から出てくる。そうして、有限な諸物の必然性は、〔両者〕相互の出発点を確立したり、相互の検討を引き受けたりする議論を、われわれが仮定することなしに、ガイストの諸要件から出てくる。

しかし、実際にはこれでさえ全く正しいわけではない。というのは、〔上昇と下降の〕二系列の議論は、本当は似ているのではないし、円環は正確にはその出発点に復帰しないからである。われわれは上昇的弁証法を有限な現実から始める。われわれは円環を、この有限な現実が必然的に現存することを示すことで閉じる。「必然性」は二つの局面において異なった意味をもっている。

上昇する弁証法において、われわれは推理の必然性を取り扱う。もし有限な諸物が現存するならば、それらはガイストに依存しており、またそれによって定立されている。これは仮説的命題である。これと対称的《シンメトリカル》にわれわれは、もし宇宙的主体性が存在すべきであるならば、世界の備品は一定の種類のものでなければならない、という趣旨の別の仮説的命題を提出してもよいかも知れない。ところが、ヘーゲルの円環はただこの二つを合わせることより多くのものを含む。

それというのも、ヘーゲルが上昇する運動において示すと主張するのは、有限な現存が認められるならば、ガイストが存在しなければならない、ということだけではないからである。彼はこの有限な現存は宇宙的精神――自分自身の本質的具体化を定立することを本性とする宇宙的精神――によって定立されたものとしてでなければ、存在することができない、ということを示そうとする。したがって、上昇する運動はわれわれに、有限な現実が主体によって必然的な計画に従って定立されている、ということを示す。私が下降する運動と名づけたものは、この計画、すなわち、こうして世界の中に例示される宇宙的精神の十分な諸条件、を詳しく説明する。円環全体の成果は、有限な現実がただ偶然に与えられているのではなく、理性的な必然性によって決定されて分節化する計画を実現させながら存在する、ということが示されることである。

しかし、今や必然性の観念は一変している。われわれはもしAであればBである、という推理の必然性を扱っているだけではない。現存するものは理性的に必然的な計画によって現存すると言いながら、われわれはそれに必然的な現存を付与しているのである。ヘーゲルの議論が結論とする必然性は、諸物の現存の根拠にかかわる。それは存在論的必然性である。

存在論的必然性の概念そのものは、カントが先験的弁証法で攻撃したように、首尾一貫しないものとして攻撃されるかも知れない。これに関する終極的判断は、ヘーゲルの、とくに『大論理学』における、詳細な議論の研究を待たなければならないであろう。しかし、この概念がヘーゲルの結論の中心をなすことは、疑いがない。したがって、ヘーゲルの円環の末端はその出発点より多くのものを含む。われわれは対称的に結びつけられた二つの仮説的判断を取り扱っているだけではない。われわれはむしろ復帰し、初めはただ与えられただけの出発点を取り上げ、それを(存在論的)必然性のために取り戻すのである。

そんなわけで、われわれの上昇する運動は要請から始まり、必然的推理によって進行する。しかし、その推理が目ざすのは存在論的必然性、現存するすべてのものがガイストによって理性的必然性の定式に従って定立されているという命題である。それゆえ、円環は推理のたった一筋の流れではない。それはむしろ出発点の反転を含む。われわれは発見の運動である上昇する運動から始める。われわれの出発点は有限な現存であり、これは発見の順序において最初のものである。しかし、われわれが開示するのは、広く浸透している存在論的必然性であり、そしてこれはわれわれの最初の出発点が実際は二次的であることを示す。有限な現実はそれ自体、ガイスト、神、絶対者によって定立されている。これが存在の順序における真の出発点である。

こうしたわけで、われわれは偶然的な、あるいは単に与えられた出発点の問題を越えて、その上へ上昇することによって、それを包括する存在論的必然性の透察に達する。われわれは継ぎ目のない必然性の透察へ上昇し、われわれはこの有利な地点から、われわれの最初の出発点が、存在するすべてのものとともに、同じ織り物の一部であることを知る。それであるから、何物も外に取り残されていないし、何物も単に与えられていない。そうして、ガイストは全く自己定立するものとして、有限な精神とは比べものにならない絶対的意味において、真に自由、真に無限である。

5　自己定立する神

自己定立する神というこのヘーゲルの理念は、どんな種類の観念であるか。われわれはこれがヘーゲルの(そして結局は表現主義の)主体の理念をわれわれが神に適用することから生ずることを知った。主体というのは、必然的に具体化され、具体化が自分の現存の条件であるとともに、自分が何であるかの表現でもあるもののことである。人間と違って神にあっては、表現は現存の諸条件と同じ広がりをもち、表現されるもの〔内容〕は主体としての神の外に全く決定されたあるものである。それのどの部分も、ただの所与ではない。

この神の理念は非常にとらえにくいし、また整合的に述べにくい。——たとえそれが結局は整合的であるとしても。われわれが神と世界について考えるよりどころとなる、いくつかのすぐ役に立つカテゴリーに、それはぴったり合わないからである。それゆえ、ヘーゲルの見解と誤解されかねない、二つのはっきり限定された、割りあいに分かりやすい見解がある。

第一の見解は、われわれが有神論と呼んでもよさそうなもので、世界を、宇宙から分離し独立している神によって創造されたものと見なす。この見解は、世界が設計されたもの、意図によって命令された構造をもつもの、と見なされるべきである、という考えを理解しやすくする。しかし、これはヘーゲルによっては受けいれられない。それは具体化の原理に違反するからである。世界なしに、何らかの外的具体化なしに、現存することができるような神は、不可能なことである。

それゆえ、ヘーゲルはキリスト教のすべての教義を取り上げるように、創造の観念を取り上げるけれども、彼はそれを解釈し直し、創造を必然的なものと言うのである。世界が神によって創造されたと語ることは、世界はガイストが存在することができるために必然的に現存する、と語ることである。それはガイストが世界を定立することと同じことを言うことであり、果たしてこれが何を意味するかを、われわれは以下においてもう少しはっきりさせるように努めるであろう。しかし、それが意味するはずがないことは、正統的有神論のために意味すること、すなわち神は世界を、そうする必要もないのに自由に創造した、ということである。あるいは彼が『宗教哲学講義』の註解で言い表わしているところによれば、「世界がなくては神は神ではない」(『宗教の概念』一四八ページ)[1]のである。

ヘーゲルの言っていることを理解しようと努めるわれわれのたよりになるかも知れない他の図式は、われわれが自然主義的と呼ぶことのできる図式である。ここでわれわれは、どのように解釈されるにせよ、創造に関するおしゃべりをすべて放棄する。われわれは世界を、事実として現存するものと考えるが、しかし理性的生命の媒介物であり、しかも自分自身を自分より大きくてむしろ全体の生命である理性的生命の媒介物と見なすようになる諸存在が、発展する舞台であるごとき特性をもつものと考える。これはこの理性的生命を、あるいは全体の精神を、世界から切り離された神と考えるあらゆる危険を避けるであろう。しかし、ここでもまた、われわれはヘーゲルには受けいれがたい図式をもつのである。というのは、このような宇宙の現存は、結局は粗野な事実であるだろうからである。なるほど、ある意味で全体の意識と呼ばれることができるような理性的意識を、分泌することが起こるであろう(例えば、人間の心の働きが人間に特有であるものだけでなく、また彼が他のすべての生命と、あるいは他のすべての存在とさえ、共通にもっているものを反映するように。――これは例えばフロイトが一時期もてあそんだと思われる考えである)。しかし、これは偶然的な幸運であるだろう。宇宙はこの理性的意識を具体化するために存在するわけではないであろう。諸物の構造を認めながら、この総括的な心は自分自身のしていることを、すなわち理性的な必然性に、したがってまた理性的主体としての自分自身の本性に、一致するために存在するあるものを認めていないであろう。むしろそれは、ちょうどわれわれが自分自身の本性を凝視する時に、われわれ有限な心がするように、所与を認めているであろう。それゆえ、それは徹底的に自由でも無制約的でもないであろう。われわれはそれを絶対者とは言えないだろう。

ヘーゲルはこれらの見解のどちらも受けいれることができない。彼が必要とするのは、両方の特色の結合みたいなものである。有神論者と同様に、彼は世界を設計されたもの、一定の設立趣意書、ガイストのための具体化の諸要件、を実行するために現存するもの、と見なそうと欲する。しかし、自然主義者と同様に、彼はこの世界を外部から設計することができるような神、世界より先に、また世界から独立して現存することができるような神、を許すことができない。それゆえ、彼の理念は永遠に自分自身の現存の諸条件を作る神の理念である。これこそ私がヘーゲルの常習的な語法に従って、「定立する」(setzen)という術語で表現しようと努めてきたものである。この術語の用法は実際はフィヒテに由来したものであり、フィヒテはほぼ同じ必然的諸条件の自己創造を自我に帰したのである。

事実、このフィヒテとの対比に従うならば、ヘーゲルの理念を次のように表現するのが最もよいであろう。われわれがヘーゲルの見解になぞらえた図式の二つとも、結局は存在命題に依存している。すなわち、ある根本的実在が現存し、他のあらゆるものはこれから説明されることができる。ある場合には、これは神であり、他の場合には、いくつかの特色を備えた世界である。しかし、ヘーゲルの考え方において基本的であるのは、ある実在の現存ではなく、むしろガイストが存在すべきであるという要望である。したがって、他の見解は両方とも偶然性に、世界の現存の偶然性か神の現存の偶然性に、あるいは世界を創造する神の決意の偶然性に行きつくのに、ヘーゲルの見解は徹底した必然性に基づくことになっている。ガイストは存在するばかりでなく、存在しなければならず、また、その現存の諸条件はこの必然性によって押しつけられる。

ヘーゲルの哲学にはどことなく、ミュンヒハウゼン男爵(2)を否応なく思い出させるところがある。男爵は——思い出されるであろう——沼地で馬から落ちたあと、自分の髪をつかんで、われとわが身を馬の背に引き揚げて脱出したのである。ヘーゲルの神はミュンヒハウゼンの神である。しかし、ヘーゲルの偉業がミュンヒハウゼンのそれと同じように懐疑的に扱われなければならないかどうかを、この困難な分野で語ることはむずかしい。

いずれにせよ、ヘーゲルが普通の意味における有神論者でも無神論者でもないことは明らかである。正統的ルター主義者であるという彼の主張の誠実さがどうであれ、彼が自分自身の哲学の媒介物となるように体系的に解釈し直されたキリスト教を受けいれただけであることは、明らかである。とは言え、彼が当時大いに誤解された(ひょっとしたら、よく理解されすぎた)こと、そしてしばしば異端的見解を非難されたこと、あるいは彼の信奉者たちが彼を正統的有神論の方向へ解釈し直したことは、少しも不思議ではない。ヘーゲルの立場はある意味で、有神論と自然主義または汎神論のある形態との間の狭い峰の上にある。頂上では大気が非常に稀薄であったので、それは転落しやすかったが、今でもそうである。

しかし、汎神論の非難についてはどうであろうか。これは有神論者の立場でも無神論者のそれでもなく、一見するとヘーゲルにはむしろ、よくあてはまるように思われる。もちろん、ヘーゲルはこの嫌疑を頑強に否認した。皮肉な人々ならこれを、ちょうど彼のルター主義の言明を、そうしなければベルリンで地位を保っておれないことによって説明したように、彼の就職見込みに及ぼす悪い影響のせいにしたかも知れない。しかし、両方の場合とも、彼らはヘーゲルを公平に扱っていない。ヘーゲルは「汎神論者」という語を、無差別に神性を有限な諸物にあてがう立場に適用するために、使用したのである。この意味において、ヘーゲルは汎神論者ではなかった。世界は彼にとって神的ではなく、そのどの部分もそうではない。神はむしろ世界の中に現われる理性的必然性の主体である。

ヘーゲルの立場と彼自身の考える汎神論とを区別したものは、理性的必然性であって、この必然性は、なるほど、有限な諸物の総和としての世界なしには現存することができなかったが、しかしその構造をそれ自身の強い要求に従って決定したという意味において、世界よりすぐれたものであった。それゆえ、ヘーゲルのガイストは決して、ちょうどわれわれの魂のように、どんなに偉大な、畏敬の念を起こさせるものであっても、所与であるような本性をもつ世界霊魂ではない。また、彼の見方とあるロマン派の人々のそれとを区別するのは、この同じ理性的必然性の強調であって、彼らの深遠な宇宙的精神とか際限のない創造過程とかの観念は、理性的に見通せない世界霊魂に似ているのである。

ヘーゲルの理論はまた、人によっては「万有在神論的」とか「流出説的」とか呼ばれ、この点でプロティノスのそれにたとえられた。確かに親近性がある。また、ヘーゲルはギリシャ人と同様に、いやしくもわれわれが創造の教義に関する彼の解釈のし直しをまじめに受け取るならば、永遠の宇宙らしいものを支持していたように思われる。しかし、ここでも正確な対比はない。流出説的見解によれば、有限な諸物は一者からの落下から生ずる。それらは一者から、有名な比喩において太陽の光線が太陽から流れ出るように、おそらく不可避的に流出する。ところが、有限な諸物のほうは一者の生命において本質的な役割を演じない。それらは一者にとって、一者がそれらにとってのように、本質的ではない。けれども、ヘーゲルにとって、有限性は無限な生命の現存の条件である。

両者の関係は、表現主義的理論が展開される以前に考え出されることができたようなものではない。それは非常に古い説に近似しているが、しかし全く近代的な理念である。

6 抗争と矛盾

しかしどうしてこれが、ヘーゲルのしている同一と差異との同一に関する一般的主張を、われわれが理解する助けになるのか。われわれはこれを明らかにするために、ヘーゲルの主体観を吟味することに取りかかった。そうして、われわれは人間的主体が自分の現存の諸条件と本質的目標とが食いちがっている内的抗争にとりつかれるのを見た時、どんな意味があるかについて多少の指示を得たのである。また、われわれは簡単に、人間が自分自身をガイストの媒介物と見なし、単に有限な精神とは見なさない一段と高い観点へ移ることによって、この内的抗争が解決されるかも知れない、ということを知った。

さて、同じ根本的抗争が絶対的主体をおそう。絶体的主体もまた、自分の終極目的(telos)と食いちがう現存の諸条件をもつ。なぜなら、それは有限な、物質的諸物の世界に生きる外的な、有限なもろもろの現実、有限な諸精神において具体化されなければならないからである。けれども、その生命は無限かつ無拘束である。それの媒介物は有限な精神であって、この精神は初めは自分自身について極めてかすかな意識しかもたず、また決して直ちに透明でない世界、深く隠れている理性的構造をもつ世界に直面する。それにもかかわらず、それの終極目的は理性的に必然的なものに関する明晰な理性的知識である。それは精神と質料、思惟と延長との統一である。しかも、世界の中でもろもろの思惟的存在は他のあるものとしての外的現実に直面する。

もろもろの有限な主体と同様に、絶対的主体は円環を、すなわちそれが統一に復帰するために分裂を経験するドラマを、完了しなければならない。それは内部対立に、それを克服するために耐え、その媒介物を通して理性的必然性としての自分自身の意識へ上昇する。そして、このドラマは人間における対立と和解のドラマに呼応する別の物語りではない。それは別のもっと広い観点から見られた同じドラマである。人間はガイストの精神的生命の媒介物だからである。

二つのドラマは、宇宙的主体における最大の対立が、人間の中に対立が成長する出発点である、というような関係にある。そしてこの対立は、人間が〔宇宙的〕主体と世界とのこの主要な対立を、自分のしていることをはっきり知らないながらも、克服しようと努めるにつれて、彼の中で成長する。主要な対立、ガイストにとって最大の対立点は、ガイストがこの対立を取り消すためにまだ何もなされていない、自分自身と食いちがう世界の中で、具体化されることである。これが人々に関する限り、発端にある地点であり、この地点では彼らはまだ自然の中に埋没していて自分の使命を意識せず、精神の真の理解から極度に遠ざかっている。これは人間にとって原始的統一の地点である。しかし、世界とガイストとの対立を克服するにあたって自分の役割を果たすために、人々は自分自身を訓練し、理性を使える存在となり、自然の中に埋没して衝動に支配される生命から脱出し、自分の直接的で偏狭な観点を乗り越えて理性のそれへ移らなければならない。そうして、そのようにしながら、彼らは自分の内部で分裂し、自分自身の生命の中で精神を自然に対立させる。和解は両者にとって、人間がこの対立の立場を越えてさらに上昇し、もっと大きな理性的必然性とその中での自分の役割とを知る時に、到来する。その地点で、人々が精神と自然との対立を越えているのは、〔対立の〕おのおのがどうして他者にとって必要であるか、どうして両者が同じ理性的必然性──両者の対立を決定するし、また次にこの〔両者の〕根底にある必然性を認めることにおいて両者の和解をも決定する必然性──から生ずるか、を人々が知るからである。

しかし今やわれわれは、絶対者、すなわち万物の根底にあるものが、ガイストもしくは主体であること、そしてこれは単に、例えば世界はその中にわれわれが世界霊魂と呼ぶことができる一筋の生命の流れがあるように造られているという事実の問題ではないこと、を知っている。むしろ、それは理性的必然性によってそうなのである。したがって、主体性における同一と対立の弁証法は、狭小な関心事ではない。ヘーゲルの図式によれば、それは存在論的に重要でなければならない。もし絶対者が主体であり、そして存在するあらゆるものが、この主体と関連があってのみ存在することができるならば、あらゆるものは、この主体の生命をなす、同一と対立との相互作用の中にとらえられているのである。しかし、そうするとこの場合、われわれが〔付帯条件のついてない〕ただの(tout court)同一と対立との必然的関係について語っても、われわれは言葉をひねったり誇張にふけったりすることにはならないであろう。

こうした、またその他のヘーゲルの術語が、この世界観のつながりの中で、どのように一般的適用を見出すか、を見ることにしよう。

究極的に実在である絶対者、あるいは万物の根底にあるものは、主体である。また、宇宙的主体は、世界と同一でもあれば不同一でもあるようなものである。ガイストは世界なしには現存することができないという点で、〔両者の間には〕同一がある。しかもまた対立がある。なぜなら、外面性としての世界は、ガイストが自分自身となるために、自己意識的理性としての自分の目標を実現するために、克服しなければならない分散、無意識を表わすからである。

絶体的主体の生命は本質的に、それが自分自身の現存の諸条件を定立し、次に自己知識という自分の目標を実現するために、これらの同じ諸条件の対立を克服する過程、運動である。あるいはヘーゲルが『精神現象学』の序文で言い表わしているところによれば、次のとおりである。「生きている実体は……それが自分自身を定立する運動(Bewegung des Sichselbstsetzens)、あるいは自己とその自己の他のあるものへの発展との媒介(Vermittlung des Sichanderswerdens mit sich selbst)である限りでのみ……主体である」(二〇ページ)(1)。

それゆえ、ガイストは単純に――ヘーゲルならこう言うであろう、「直接的に」――現存することができない。それは自分の対立者を克服することによってのみ、現存することができる。それは自分自身の否定を否定することによってのみ、現存することができる。これがヘーゲルが『精神現象学』の序文の、ただ今引用したくだりのすぐ後の一節でしている要点であって、その一節で彼は絶対者は本質的に「結果」(Result)であり、「それは結末においてのみ、それが真実にあるところのものである」と言っている。[2] ガイストは自己喪失と復帰の過程から本質的に存在するようになるあるものである。

ところが、ガイストは万物の根元にあるので、媒介が宇宙的原理となる。直接的に現存すると主張することができるのは、質料、すなわち純粋な外面性だけである。しかし、これは吟味にかけられて、自分自身が〔ガイストから〕切り離された現存に耐えられないことを示す。それ自身として考えられると、それは矛盾的であり、したがってガイストの具体化である全体の部分としてのみ現存することができる。

ヘーゲルの語法では、われわれはあるものについて、それが必然的に他の何かに関係することなく、それ自身で現存する時、「直接的な」(unmittelbar)と言うことができる。そうでなければ、それは「媒介された」(vermittelt)と呼ばれる。もし思弁哲学の水準ではなく、日常的話し方のそれで、私が誰かのことを人間と言うならば、私は彼のことを「直接的な」あるものと言っているのである。

というのは、(とにかく話し方のこの水準では)人間はそれ自身で現存することができるからである。しかし、もし私が彼のことを父とか兄弟とか息子とか言うならば、彼は「媒介された」ものと見なされている。なぜなら、彼がこれらの一つであることは、他の誰かに対する彼の関係を必要とするからである。

ヘーゲルの要点は、直接的なものとしての諸物に関するすべての記述は、綿密に吟味すると、不相応であることが分かる、ということである。すなわち、あらゆる事物が他の何かとの、そして最後には全体との、必然的な関係を示す、ということである。全体そのものは直接的なものとして特色づけられることができるのであって、これはヘーゲルが時おりしている要点である。しかし彼は直ちに、この直接性はその中に間接性を含んでいる、ということをつけ加える。そしてこれは、全体が克服している〔部分との〕二元論を述べなくては、全体は述べられることすらできない、という明白な理由のためである。全体を述べるためには、われわれは対立している、しかも必然的な関係にある(したがってまた媒介された)二項を持ち出し、全体をこの対立の克服(したがってまた媒介されたもの)として特色づけなければならない。

それゆえ、あらゆるものが媒介されている。それはそれ自身で現存することができないからである。しかし、それがそれ自身で現存不能ということは、内的矛盾から生ずると考えられている。したがって、ヘーゲルにとって矛盾はまた普遍的に適用されるカテゴリーでなければならない。

ヘーゲルは有名な一節(『大論理学』第二巻、五八ページ)で、矛盾が同一と同じように、現実にとって本質的であると言っている。確かに、もし彼がこの二つの間で、どちらが重要であるかについて、選ばなければならないとすれば、彼は矛盾を選ぶであろう。矛盾があらゆる生命と運動の源泉だからである。

しかし、このこと自体が矛盾的と聞こえるかも知れない。ヘーゲルが矛盾を運動の源泉と考えるのは、存在するものは何でも矛盾において他の何かへと移らなければならないからである――この移行が時を同じくして現存しつづける存在の水準間の存在論的移行であれ、あるいは人間の文明のさまざまな段階間の歴史的移行であれ。しかし、その移行を両方の仕方でもつことは、不可能であるように思われるであろう。もし矛盾が一つの水準から他の水準への移行の源泉であるならば、それは矛盾が現存の継続に致命的だからであり、あるいは矛盾する何物も現存することができないという常識的原理に基づいて、人はそのように考えるだろうからである。ヘーゲルは弁証法的移行をこうした仕方で説明する時、この常識的原理を利用しているようである。けれども他方では、諸物は矛盾を宣告された後でさえ、それどころか矛盾が至る所にあると言われた後でさえ、(歴史においてではないにしても、存在の連鎖の中で)そのまま現存しつづける。われわれはこれらの断言をどのように和解させることができるか。

矛盾は、ヘーゲルがこの術語を用いているところによれば、現存と完全に不両立であるわけではなく、そのようなものとしては、おそらく実際には矛盾の名に値しないだろう、というのがその答えである。全体は矛盾している、とわれわれが言う時、われわれは全体が同一と対立とを合わせもつ、すなわちそれは自分自身と対立している、ということを意味する。外見上の逆説を切り抜けるためには、人はおそらく、矛盾をこんなふうに言い表わすのを改めたいと思うであろう。われわれは例えば、「同一」と「対立」は不両立と考えられるべきではない、と言いたくなるであろう。しかし、それをこんなふうに言い表わすことは、要点の一部を見失うことになるであろう。なぜなら、ヘーゲルはある点で、「同一」と「対立」との間の衝突力をいくらか保持しようとしているからである。それというのも、ガイストは自分自身と、すなわち自分の必然的な具体化と争い、そうしてこの争いからのみ〔自己〕実現に達するからである。それであるから、「対立」は「同一」と両立もすれば不両立でもある、とわれわれは言わなければならないであろう。

ここで「矛盾」を用いることの真意は、いやしくもガイストが存在するために必要なものは、われわれが前に見たように、十分に自己意識〔自覚〕した理性的思考としてのガイストの実現に対する障害である、ということである。われわれはおそらく、これに対して「存在論的抗争」という術語を用いることができるであろう。そうすれば、われわれはこの存在論的抗争が運動と変化の源泉である、ということでヘーゲルと一致することができるであろう。なぜならそれが、何物も争いにおいてでなければ、つまり自分の対立者から自分自身を展開させることによる以外には、現存することができない拠りどころだからである。

ところで全体の水準では，この存在論的抗争は，全体をガイストとして維持するものであるから，致命的なものではない。しかし，〔全体の〕どの部分の水準でも，その部分だけで考えると，この抗争は致命的である。この部分はそれ自身で現存することができないからである。われわれはもっと厳密な意味の矛盾があって，それが全体のどれかの部分を――有限な精神にしろ事物にしろ――自足的なものとして特色づけるどんな試みにもつきまとう，と言うことができるだろう。部分的なものは本質的に全体と関係しているからである。それは全体の，したがってまた自分の対立者の，表現としてのみ存在することができる。それゆえ，われわれは有限なものの自己同一性を固守してのみ，本質的に存在論的抗争の中にあるものを，あたかもその抗争をまぬがれるかのように，提示するのである。そして，これがもっと分かりやすい意味における矛盾である。ヘーゲルの語法では，諸物を自己同一的と，したがってまた自分自身と対立していない，と見なそうとする，「悟性」論理によるどんな試みも，(致命的な)矛盾を含む。あらゆるものは(存在論的抗争の意味における)矛盾の中にあるので，諸物を単に自己同一的と見なそうと努めることは，われわれを(もっと普通の意味における)諸矛盾に巻きこむ。言いかえれば，われわれが全面的に受けいれる時の矛盾は，われわれが「同一」と「対立」に関するわれわれの古い観念にまだ執着したがっている時に，そうであるような仕方で，致命的ではないのである。

しかし、上述したことはヘーゲルの見方にはまだ不相応である。というのは、すべて致命的な矛盾をもつものは、理論すなわち諸物の部分的な考察の仕方である、という意味も含まれているからである。ところが一方、われわれはヘーゲルの中に、もろもろの現実的現存は矛盾のゆえに亡びる、という何回となく述べられた理念を見出す。これは歴史上の諸形態について真であるが、しかしまた有限な精神、動物、諸物についても真である。けれども、歴史上の諸形態は消滅するのに、これらの後者は現存しつづける、と異議を唱える人があるかも知れない。そのとおりである――とヘーゲルは答える――それらは類型としては現存をつづけるが、個々の種としては亡びるのであって、それらはすべて死をまぬがれない。そして、この死滅性は必然的である。それは存在論的抗争の反映である。

われわれはさきに、有限な事物のために、全体との、したがってまた自分の他者との、関係をもたない独立した現存を主張しようとするどんな試みも、厳密な、したがってまた致命的な意味において、矛盾を含むということを知った。しかしヘーゲルは、われわれが有限な事物、物質的対象、動物または有限な精神の外的現存そのものを、独立した現存への一種の要求と見なすことを示唆している。互いに外的な部分(partes extra partes)として現存すること、そして物質的に現存する諸物が一種の独立した現存をもつことが、物質の特性である。それゆえ、物質的現存がわれわれに独立性を示唆するということは正しくない。物質的現存そのものが独立した現存の一形式、それ自身で存在するという永続的主張である。われわれが見たように、この主張がなされるということが、本質的である。なぜなら、ガイストは存在するために、外的な物質的現存を必要とするからである。しかし、この主張が取り消されるということも本質的である。ガイストは諸部分が本質的にこのような仕方で関連している世界においてのみ、存在することができるからである。そして、これが有限な諸物の運命を決定するものである。それらは現存にはいってこなければならないが、しかし同時にそれらは、それらも消滅することを保証する内的矛盾の犠牲となる。それらは必然的に死をまぬがれない。しかし同時に、それらは亡びながら、他の同じような諸物によって置きかえられずにはいない。

今やわれわれは、ヘーゲルが有限な諸物はそれ自身で現存することができず、より大きな全体の部分としてのみ現存することができる、ということを示すことになる上昇的弁証法の基礎的原理を、より明らかに知ることができる。こうした弁証法の原動力は、矛盾である。そして矛盾は次の点に、すなわち有限な諸物はまさに空間と時間の中に外的に現存することによって、独立性を主張するけれども、それらの現存の根拠はかえって、それらがこの独立性を許してくれない精神を表現することである、という点にある。上昇的弁証法は諸物における矛盾をあばき、そうして矛盾の本性から、諸物が絶対者の自己運動の一部と見なされる場合にのみ、矛盾の理解と和解がありうる、ということを示す。

そんなわけで、矛盾は存在論的抗争とその否認との結合を含む強い意味において、死をまぬがれない。しかし、この「否認」は単に観察するわれわれによる知的な誤りではなく、存在論的抗争そのものの中にある全体にとって本質的であるので、われわれは強い意味における矛盾が諸物を運動させ変化させるものであることを知ることができる。それは諸物の固有の変化性(Veränderlichkeit)である。ところが一方、存在論的抗争の意味における矛盾は、変化性の源泉である。

それゆえ、矛盾はもろもろの部分的現実にとって致命的であるが、全体にとってはそうではない。しかし、これは全体が矛盾をまぬがれるからではない。むしろ全体は、ヘーゲルが理解しているように、矛盾で生きているのである。それは実際には、全体が矛盾を取り入れ、そうしてその矛盾を、全体が生きぬく同一性と和解させるからである。部分的現実――物質的対象または有限な精神――は、この同一性を包含することができない。それは自分自身の独立した現存で身動きができない。そして、この独立性が自分の現存の根拠と衝突するので、それは矛盾に巻きこまれて死ななければならないのである。それはたった一つの項、肯定とだけ一体化されていて、否認を包含することができないので、死ななければならない。

全体はそうではない。絶対者は有限な諸物の肯定も否認も切りぬけて生きつづける。それはこの肯定と否認の過程によって生きる。それは有限な諸物における矛盾を通して生きる。それゆえ、絶対者は本質的に生命、運動および変化である。しかし同時に、それはこの運動の間じゅう、自分自身、同じ主体でありつづけ、同じ本質的思惟が表現される。それは存在論的抗争で養われている生命過程の中で自分自身を維持することによって、同一と矛盾とを和解させる。この絶え間のない変化と不動性との結合が、ヘーゲルによって『精神現象学』の序文に出てくるあざやかな比喩の中で、こう述べられている。「それゆえ、真なるものは酔っぱらってない者は誰も加わっていないバッコス祭の輪舞である。そして、おのおのは離れるやいなや、直ちに酔いがさめるから——輪舞は透明で単純な安らぎでもある」(三九ページ)。

7　克服された対立

われわれは今や、どうしてこの思想体系が、第一節で述べられた諸対立を、ロマン派の人々が自由な理性的思考を放棄しながら支払いたがっている代償を支払うことなしに、克服する希望を与えるか、を知ることができる。ヘーゲルの絶対者の観念は、「同一と差異との同一」という彼の提言の意味を理解させる。そして、この観念は彼にその提言をいわば二つの仕方で主張すること、すなわち対立の両項を十分に力を発揮するようにしておくこと、それでいて両項を一つのものと見なすこと、つまり両項を対立から統一に至るものと見なすこと、を許すはずである。

われわれが第一節でほのめかした大きな対立は、人間と自然との間のそれであり、人間は知る主体としても行為者としても自然から引き離されることになる。また個人と共同体との間のそれであり、さらに有限な精神と無限な精神との間のそれである。この最後の対立はまた人間と運命との関係に反映されている。

人間と自然との間の認識論上の裂け目は、その最も有名な形では、カントの現象と物自体との区別の中に表現されている。後者は永遠に原理上、知られないものである。ヘーゲルはカントの物自体に強力な論駁を加える。そして、最終的議論は次のとおりである。どうして知識を越えている、すなわち心もしくはガイストを越えている何かがありうるのか、その証拠に、ガイストは結局、全体もしくは現実と同一になるではないか。

もっとはっきり言えば、世界に関するわれわれの知識が最後にはガイストの自己知識に変わるという事実において、対立は克服されているのである。というのは、われわれは思惟を越えていると思われる世界が、実際は思惟によって定立されていること、それは理性的必然性の現象であること、を発見するようになるからである。そして同時に、世界と向かい合っていると思われた思惟、すなわち有限な主体としてのわれわれの思考作用は、われわれを媒介物としている宇宙そのものの、あるいは宇宙的主体、神のそれであることが分かる。思弁哲学のもっと高い透察では、世界は思惟にとって他者であることを止め、主体性は有限性を乗り越えるのであり、したがって両者は合致する。われわれは世界を思惟もしくは理性的必然性の必然的な表現と見なしながら、主体と世界、知る人間と自然との二元論を克服し、また一方では、われわれは自分自身をこの思惟の必然的な媒介物、この思惟が意識的となる地点と見なす。(そして、この思惟は意識的にならなければならない。諸物の理性的に必然的な秩序は、この理性的に必然的な秩序が自分自身に現われるという必然性を含むからである)。

こうしたことは、われわれが自分自身を、いわば自分自身の思惟をもつ有限な主体としてだけでなく、まさにわれわれの思惟よりすぐれている思惟、すなわちある意味で、宇宙全体の、あるいはヘーゲルの語法で言えば神の、思惟の媒介物として見るようになることを意味する。

それゆえ、カントの物自体(Ding an sich)の説に対するヘーゲルの答えは、有限な主体の知識を無限な主体の自己知識へと登りつめさせながら、人間と世界との間の障壁を取りこわすことである。しかし彼はこの障壁を、主体と客体とが最後には一種の名状しがたい統一直観において合致することが感得されるロマン派の〔理性〕放棄によって、突き破ることはしない。

むしろヘーゲルは、自由を失わずに有限な精神を無限な精神と合体させる問題を、彼の理性の観念によって解決する。われわれが第一節の終わりで見たように、ヘーゲルと同時代のロマン派の人々の誰も、このジレンマを解決しなかった。彼らは次のどちらかであった。彼らは無制限に自由な創造的主体の幻想にしがみついたが、神に見捨てられた世界に追放されるという代償を支払った。さもなければ、彼らは理性を越えた神的なものとの統一を求めたが、彼らの自律を彼らの理解を越えたもっと大きな秩序に委ねるという代償を支払ったのである。ヘーゲルにとっても、有限な主体はもっと大きな秩序の一部でなければならない。しかし、これは無制限な理性的必然性によって繰り広げられる秩序であるから、それはいかなる点においても、理性的主体としてのわれわれ自身に無縁ではない。その中の何物もただ単に粗野な、「実証的な」事実として受け取られてはならない。理性的な行為者は、宇宙的必然性の媒介物としての自分の使命を受け取るようになっても、自分の自由を少しも失わないのである。

この宇宙的精神との合一はまたわれわれを、われわれの卑しい、経験的な、欲望する本性を犠牲にして、理性的思惟の主体としてのみ迎え入れるわけでもない。この本性も諸物の必然的な秩序の一部だからである。無限な主体は、存在するために外的な具体化をもたなければならないものである。そして、外的具体化は空間と時間における具体化、どこかにいつか、特定の生きている存在の中に、この存在が伴なうすべてとともに、存在する具体化、を意味する。無限な主体は有限な主体を通じてのみ存在することができる。

それであるから、われわれがガイストの媒介物として十分な役割を引き受けるようになる時、われわれの何物も放棄されはしないのである。われわれを一部として含む秩序は、真正の理性的必然性を本性とする精神によって繰り広げられるので、また、この精神は必然的にわれわれを有限な主体として定立するので、われわれはそれと余すところなく一体となることができる。単に与えられたもの〔所与〕に基礎をおいていないこの絶対的理性観によって、ヘーゲルはロマン主義時代のジレンマをみずから解決したと信じている。

ヘーゲルの解決の二つの関連した本質的特色は、これから出てくる。第一は、人間と世界、有限な主体と無限な主体との統一が、差異を廃止しない、ということである。統一は差異から苦心のすえ――人間は統一がとらえられる水準まで登ろうと苦闘するからである――得られるばかりではない。究極的統一はその中に差異を保持している。われわれは世界と神に対して有限な主体でありつづけ、われわれがこの特殊な現存をもっと大きな計画の一部と見なすようになる時でさえ、われわれがもっと大きな自己意識の媒介物、ガイストのそれであるようになる時でさえ、われわれの時代、場所および境遇のすべての特殊性を備えた人間のままである。精神の統一への復帰は、必然的に二元性を取り入れるのである。

第二に、絶対者は、ヘーゲルが『精神現象学』の序文で主張しているように(一三ページ)、諸概念(Begriffe)において理解されなければならず、感情や直観(Gefühl und Anschauung)においてではない。人間は悟性を、すなわち人々が自分の世界を分析し、自己を自然から分離し、諸物間の区別を固定する拠りどころとなる「恐ろしい力」(ungeheure Macht――『精神現象学』二九ページ)を、放棄することができない。これはある意味で、諸物を生命の流れから取り除く死の力のようなものである。しかし、われわれはそれから逃げることによっては、それを克服することができず、この明晰な思惟の力を、分裂が理性の弁証法的思惟において克服される限界まで、押し進めることによってのみ克服することができる。悟性の偉大な力は「死んだものをしっかりつかんでいること」(das Tote festzuhalten)である。精神の生命は「死を耐え忍び、死を貫いて自分自身を保持する」生命である。それは「絶対的自己分裂」(absolute Zerrissenheit——二九—三〇ページ)[1]の中にのみ自分自身を見出す。一種の「無力な美」(kraftlose Schönheit)はこれをすることができず、したがって統一に関する真の透察となることもできない。それは決して「否定的なもののきびしさ、苦痛、忍耐、労苦」(二〇ページ)を取り入れないからである。

ヘーゲルは思惟の明晰な区別を放棄しようとはしない。しかし、彼は彼のケーキを食べること、そしてそのケーキを彼の新しい理性概念によって持ちつづけることを要求する。[2] これは次の存在論的提言に、すなわちこれらの対立そのものは同一から出てきてそれに帰るのであり、だから最も明晰な区別を明示する思惟は、それを結合させる思惟でもある、という提言に基づいている。対立そのものが、限界まで推し進められると、同一へ転化する。人間は理性的存在としての自分の使命を実現する間に、自然から分離する。人間を人間自身にガイストの媒介物として示し、こうして対立を和解させるのは、まさにこの十分に実現された使命、理性的思考の十分な展開である。

廃止されずに克服されるこの二元性の理念は、ヘーゲルの二つの重要な術語に表現される。第一は Aufhebung〔止揚〕である。これは低い段階が高い段階において抹消されるとともに保存される弁証法的移行に対するヘーゲルの術語である。ドイツ語の aufheben は、実際にこれらの意味のいずれをもつことができる。ヘーゲルは自分の専門用語を作るために、これらの意味を結合したのである。

第二に、統一は区別を単に廃止するのではないので、ヘーゲルはしばしば解決を「和解」(Versöhnung)と言っている。この語は両項が残ること、しかし両者の対立が克服されていることを意味する。

この「和解」という語は、容易に想像されることだが、人間と神、有限な精神と無限な精神との対立に関連して、しばしば前面に出てくる。理論的対立に関する限り、その解決はすでに前述の人間もしくは神の二元性に関する論議の中に含まれている。というのも、この後者はわれわれが神の自己知識と宇宙に関する人間の知識との究極的同一性を示すことによって、克服されたからである。すなわち最後には、ヘーゲルが「絶対的精神」と呼んだ芸術、宗教および哲学が、われわれにガイストの自己知識を与えるのである。それゆえ、必然的に隠れていて不可知なものとしての神の理念は、Ding an sich〔物自体〕の理念と同様に、人間の必然的な発展段階に属するけれども、克服されているのである。

行為者としての人間と自然、人間と国家、人間とその運命との実践的対立については、どう考えたらよいか。

人間は内外の自然にそむき、自分自身の内部の本能をおさえ、自分の周りの諸物を自分の意志に従う道具として扱わなければならなかった。彼は自然との初期の統一と交流を断ち切らなければならなかった。(3) 彼は世界を「非神聖化」(entgöttern)しなければならなかった。これが自由への本質的な一歩であった。

しかしここでも対立は、その限界まで押し進められると、和解に通ずる。傾向に依存しない純粋な実践理性の命令に基づいて行動しようと努める道徳的行為者は、結局、理性そのものによって自分自身をガイストの媒介物として考えることを、したがってまた思弁的に理解された諸物の本性――これもガイストの表現である――と和解することを強制される。この和解は最初の統一への復帰を意味せず、理性的自由を保持する。

同時に、人間は自分の意図に役立つように外部の自然に働きかけることにおいて、つまり労働することにおいて、自然と自分自身を変容し、双方の側を最終的和解へもたらす手助けをする。マルクスの理論の中心をなす労働のこの決定的重要性の理念は、ヘーゲルから始まる。彼はそれを例えば、『精神現象学』第二部の主人と奴隷に関する論議の中で特別に扱っている。しかし、二人の見解には重要な違いがある。二人の著述家にとって、人間が自分自身を形成すること、自然を支配して変容しようとする企てにおいて、自分自身の本質を実現するようになることは明らかである。しかし大きな違いがあって、マルクスにとっては、自然の中に造られた変化とそれにつづく人為の環境が、大きな意味があったのに、ヘーゲルにとっては、労働とその生産物の役割は、主として人間の中に普遍的意識を創造し、それをささえることである。もちろんこれは、マルクスにとっては産業革命が人間の歴史の重大な事実であったのに、ヘーゲルの思惟はまだ、多分に産業化以前の世界であったものにかかわっている、という事実を反映している。しかしそれはまた、言うまでもなく、それぞれの著述家が人間の本質であると考えたものの間の(関連した)大きな違いを反映している。

人間と国家との対立に関しては、われわれはすでに、これがヘーゲルの体系においてどのように克服されるかを知ることができる。国家は普遍者の人間的生命における具体化として重要な役割を演ずる。普遍的理性の媒介物としての個人の形成に、国家は不可欠な役割をもつ。個人は国家に所属することにおいて、すでに自分自身を越えて、あるもっと大きな生命の中に生きているのである。そして、国家が普遍的理性の表現として、法の形をとっておのれの「真理」に達するにつれて、国家は個人をその究極的使命のほうへ連れて行くのである。

そんなわけで、国家はもっと原始的な形態では、自由な自己意識的個人になろうとあこがれる人間と対立することがありうるし、また事実そうである。自由な個人は最後には、自分自身を普遍的理性の媒介物と見なさないわけにはいかないからである。そして、国家がこの理性の具体化として十分な発展をとげるようになると、両者は和解させられる。確かに、自由な個人は国家の外部では、自分自身を自由なものとして実現することができない。なぜなら、身体を離脱した精神的生命はありえないというヘーゲルの原理から、自由な個人は、自由を自分の外的運命に影響されない人間の内的状態と見なすストア派の定義のような自由の定義を、受けいれることはできない、という結論が出てくるからである。純粋に内的な自由は、願い、影にすぎない。人間がこの願い、この理念をもつようになる時、それは人間の発展の重要な一段階である。しかし、それは現実的なものと取り違えられてはならない。自由は生命のある形式の中に表現された場合にのみ、現実的(wirklich)である。そして、人間は自分だけでは生きられないのであるから、この形式は生命の集団的形式でなければならない。ところが、国家は共同体の十分な力によって支持される生命の集団的様式である。したがって、自由は国家において具体化されなければならない。

最後の実践的対立は、有限な生命と無限な生命とのそれであり、これは運命を考慮することによって最も痛切に感じられる。われわれは理性的動物である人間を、普遍的理性の媒介物と見なしながら、人間の生命に、われわれの欲するだけ多くの意義を与えることができる。これは人間が全力を尽くしてすることにあてはまる。しかし、あらゆる不条理の中の最大のもの、死をも含めて、本当にたまたま起こることは、どうであろうか。われわれはこれを、どのようにして有意味な全体へ取り入れるか。あるいはそれを違ったふうに言い表わすならば、われわれはどのようにして神の人間に対する処し方を(神に運命の責任を負わせながら)正当化するか。

ヘーゲルはこうしたことを喜んで取り上げる。彼は自分の「歴史哲学」のことを「神義論」と言っているが、われわれにはその理由が分かる。人間の運命には、彼の達成と全く同様に、必然性の道筋の中である位置が与えられることができる。[4] 死そのもの、個々の人間の死は、どんな動物の死もどんな外的現実の究極的消滅もそうであるが、諸物の企画において必然的である。すべてこれらのものは、外的なものとして、自分自身と矛盾して破滅しなければならないからである。

しかし、ヘーゲルはその『歴史哲学』において、人間の死以上に諸文明の死を説明している。無意味で最後まで正当化されないように思われるもの、非常にすぐれた初期の諸文明のいくつかの破壊と衰退は、法治国家と理性においてガイストが実現される途上の必然的な段階であることが示される。[5] すなわち、死そのものばかりでなく、歴史における運命の特殊な発生も、理性としての人間が十分に和解することができる、有意義な計画の一部であることが示される。

ヘーゲルの神義論を前にして、確信の手前で人が立ちどまるのは、もっともである。どうして人間が運命と和解することができるか、どうして人間はそれを「否定」と見なさないでいられるのか、を知ることは本当に困難である。たとえわれわれが歴史の一般的計画を受けいれ、文明の死と和解するとしても、どうしてわれわれは、例えば全く非世界史的な個人や子供たちの早死にを、有意味なこととして理解するか。ヘーゲルがこの困難に直面しなかったことに気づくためには、人はイワン・カラマーゾフまで引き合いに出して、純真な子供の涙に、世界史より大きい重要性を与える必要はない。

ところがヘーゲルの見解では、個人的運命のこのような事例は、必然性の範囲内にある。それらは、われわれが見てきたように、必然的な現存をもつ、あの割れ目をなす偶然性(6)の領分に属する。もしわれわれが本質的にあるところのもの、すなわち普遍的理性と、われわれが一体になるならば、われわれは世界史とはもちろんこの偶然性とも和解することができる。もしわれわれが実際に自分自身を普遍的理性の媒介物と見なすようになるならば、死はもはや「他者」ではない。それは計画の一部だからである。われわれはその意味で、すでに死を越えているのである。それはもはや限界ではない。それはそれを乗り越えて行く理性の生命の中へ取り入れられている。

8　弁証法的方法

私はここまで、ヘーゲルがその時代に最も深い関心を喚起し、また彼自身の哲学的努力に最も有力な動機づけを提供した二元論を、解決したと信じている事情について、つまり、どうして彼が最大の理性的自律を、自然との最も充実した表現的統一と結合しながら、時代の願望に応《こた》えると考えたかについて、はなはだ手短にあらましを述べただけである。ヘーゲルの著作の最も深味のある数節が、これらの解決に関する詳細な論議を提供する。

今まで、私はヘーゲルの体系の大筋を提示しようと努めてきただけである。しかし、大きな対立ここで提示されたような体系の本性そを理性自身によって和解させることを主張する体系として、ここで提示されたような体系の本性そのものから、当然それは単に提示されてはならず、論証されなければならない、ということになる。むしろわれわれは、それに相応する提示のみが論証である、と言ってよいかも知れない。

われわれは論証をどう考えたらよいか。論証はわれわれを諸物に関するわれわれの日常的理解から連れ出し、そうしてこれが支持されないものであること、それは諸物に関するヘーゲルの透察に譲歩せずにはいられないこと、を示すことができなければならない。したがって、それはわれわれが世界と見なす、ばらばらの外的乱雑とともに底辺から出発し、われわれを強いてガイストを頂点とする必然性の体系の透察へ移らせようとするであろう。

それゆえ、論証に向かう一つの明白な道は、われわれの誰もが観察する存在の階層制から出発し、それがさきに略述された仕方で体系的に〔整然と〕つながっていることを示すであろう。われわれはこの諸存在の階層制が、うちに含むそれぞれの水準に必然的な位置を占めさせる、理性的必然性の定式の具体化および現象であることを示すであろう。われわれは最低の最も外的な水準、時間と空間に広がった物質から出発するであろう。われわれは物質の根底にある諸概念を、また物質とそれより高い水準との連結を露呈するであろう。こうして、われわれは生命のない存在のいろいろな段階を通り、生命のいろいろな水準を通って精神に達するであろうし、精神はまた精神で人間の歴史において発展を示すであろう。

これが『自然哲学』と『精神哲学』がもっぱら扱っている論証である。したがって、それは『エンチュクロペディー』の終わりのほうの二節で、そしてこの部分を敷衍《ふえん》したいろいろな著作、例えば『法哲学』、『歴史哲学』、『宗教哲学』、『哲学史』、『美学』などで述べられている。

　しかし、われわれはある意味でこの論証に先立つもう一つの論証について考えることができる。われわれが上述の論証において通り抜ける存在の全連鎖は、ヘーゲルの名づけているような理念に表現される定式をもつ、理性的必然性の連鎖の現われである。それでは、なぜこの論証に、上述の論証におけるようないろいろな種類の現実の研究によってではなく、われわれが世界について考える拠りどころとなるカテゴリーだけの研究によって、もっと直接的に取りかからないのか。これらのカテゴリーのおのおのを吟味すれば、われわれはそれがそれ自身では矛盾的であること、われわれをそれ自身を越えたところへさし向けること、最後にはそれ自身を維持できる唯一のカテゴリーは、理念であるだろうということ、を見出すであろう。そこで、われわれは次のような論証を、すなわち最も貧しい、最も空虚なカテゴリー、存在から出発し、その内的矛盾を示し、このことから他のもろもろのカテゴリーに進み、今度はこれらのカテゴリーが矛盾的であることが示され、絶えずますます高くなる複雑性の水準へ進み、ついにわれわれが理念に達する論証を、考えることができる。これが『大論理学』の中で、したがってまた『エンチュクロペディー』の第一部の中で、われわれが見出す論証である。

もっと別の論証を容れる余地があるだろうか。ある意味では、すなわち同じ水準においては、余地はない。先の二つの論証が、完全な円環を形づくるからである。『大論理学』はわれわれが理念に達するまで、われわれのカテゴリーの理解を展開し、理念はわれわれにこれらのカテゴリーが必然的に外的現実の中に具体化されていることを示す。だから、われわれはこの外的現実を、最初はその最も「外的な」形式において吟味することに向かい、『自然哲学』の段階を、それから『精神哲学』の段階をよじ登る。この段階の頂点で、われわれは絶対的精神の直視に、全体の完璧な自己知識としての神の生命の直視に達する。しかし、神は自分自身を知ることにおいて何を知るのか。明らかに、『大論理学』で述べられていて、理念において頂点に達する理性的必然性の連鎖である。これで、われわれは円環を完了したことになる。

しかし、この推論の価値が何であれ、実を言えば、ヘーゲルはわれわれに三番目の論証、われわれが『現象学』の中に見出すものを与えたのである。われわれは同書を一種のプロレゴメノン、大体系の序説と考えることができる。ヘーゲルは同書を、彼の体系の決定的形態を公表する数年間、一八〇六―七年に著わした。それゆえ、人は彼が回顧した折りにそれにどんな役割を与えたかと不審に思うかも知れない。それというのもとくに、『現象学』の題名が再び現われるのは『精神哲学』の一章を示すためであり、またこの章は初期の著作では隠されていた論拠のいくつかを綿密に検討しているからである。

しかし、これに対する答えは思弁的(普通のいささか軽蔑的な意味においてであって、ヘーゲルの意味においてではない)でしかありえない。われわれは事実、『精神現象学』において、ヘーゲルの著作のうち最も力強くて刺激的な著作をもつのである。その原理は存在の諸形態から、あるいはカテゴリーからではなく、意識の諸形態から出発することである。同書はその意味で、ヘーゲルの主要な目標の一つを最もよく達成し、われわれが現にある所からわれわれを連れ出し、われわれを体系の透察へ連れて行く論証である。

そんなわけで、同書の構想は意識が何であるかに関する最も貧しい、最も初歩的な観念から始め、この観念がもちこたえられないこと、それは内的矛盾で引き裂かれていて一段と高い別の観念に譲歩しなければならないこと、を示すことである。今度はこのより高い観念が矛盾的であることが示され、われわれはこうしてさらに先へとさし向けられ、ついにわれわれは自己を知るガイスト、あるいは絶対的知識としての意識の真の理解に到達する。

ここで、ヘーゲル哲学のこれら三つの重大な論証に深く立ち入る余裕はない。しかし、論証としてのそれらの本性について少しばかり言っておかなければならず、それは弁証法に関するヘーゲルの考え方についてである。

弁証法はヘーゲルにとって「方法」もしくは「接近法」ではない。もしわれわれがヘーゲルの偉大な論証におけるその方法を特色づけようと思うならば、われわれはケンリー・ドーヴ(Kenley

Dove)に従って[1]、それを「記述的」と言ったほうがよいかも知れない。ヘーゲルの目的はその研究対象における運動について行くことにすぎないからである。哲学者の課題は「彼の自由を(内容)に沈潜させ、内容をそれ自身の本性によって運動させること」である(『精神現象学』四八ページ)。もし議論が弁証法的運動に従うならば、この運動は厳密にはわれわれが諸物について推論する仕方の中ではなく、諸物そのものの中になければならない。

ところで、われわれはすでに、諸物は矛盾で引き裂かれているので、それらの中に弁証法的運動がある、ということを知っている。あらゆる部分的現実は、全体もしくは絶対者によって、絶対者の現存の必然的条件として定立されている。なぜなら、この絶対者はもろもろの外的な、物理的事物や有限な精神の世界の中で具体化されたものとしてのみ、存在することができるからである。それにもかかわらず、これらの部分的現実は、外的に互いに並んで現存するからこそ、全体の定立された媒介物としての自分の地位を裏切る独立性を絶えず主張するのである。

諸物について語る時にわれわれは主張と否認という言葉に意味を与えることができるから、われわれは「矛盾」ということを以上のようなつながりにおいて言うのである。しかし、われわれが諸物を単にそこにあるものとしてでなく、ガイストを具体化し表現するために定立されたものとして見るから、われわれはこの言葉に意味を与えることができる。言いかえれば、存在論的矛盾の説に意味を与えるのは、意図の、しかも表現的意図のカテゴリーの究極の存在論的地位である。世界のすべての備品は、ガイストを具体化し、そうしてガイストが本質的に何であるかを、すなわち自己を知る精神、自己を思惟する思惟、純粋な理性的必然性を明示するために存在する。

ところが、この思惟の表現の不可避的媒体は外的現実であり、これは思惟の知らせをそっくりそのまま伝えることができない。それは知らせを必ずゆがめ〔曲解す〕る。まさにこの現実が外的であり、それの諸部分が互いに独立していて偶然性に従属しているからである。そういうことが、外的現実が理性的必然性の思惟を、永続する諸物のある安定した連鎖によって表現せず、むしろ諸物が存在するようになるとともに消えて行く過程によって表現する理由である。それらは消滅しなければならない。理性的必然性を表現することであるという自分の現存の根拠そのものに、それらは矛盾するからである。ところが、精神は自分が定立したものを取り消しながら、結局、自分の欲したことを告げることになる。外的現実に表現されることができなかったものは、これらの現存物が存在するようになるとともに消えて行く運動に表現される。外的現実が精神の知らせに押しつけた「曲解」は、それの必然的な死去によって訂正される。精神は決して自分をすっかり告げる一つの変わらない表現に達することはなく、肯定と否認のしぐさにおいて自分が何であるかを明らかにする。

そんなわけで、われわれが現実を、ヘーゲルの理論に基づいて、何事かを言ったり示したりするために定立されたものと見なすから、われわれはそれの広く浸透している、のがれられない特色のあるもの——例えば互いに外的な諸部分(partes extra partes)の現存——について、「曲解」として、それらが告げることになっていることとは異なった何事かを告げているとして、したがってまた「矛盾している」として、述べることができるのである。

しかし、こうした洞察はわれわれが証明しなければならないことをすでに取り入れているので、上昇する弁証法においてわれわれの助けにはならないであろう。いったんわれわれが世界をガイストの具体化および表現として受けいれるならば、どうしてすべての部分的現実が矛盾的でなければならないかを示す代わりに、われわれはまず有限な現存物における矛盾を指摘し、そこから、どうしてこの矛盾の意味が、われわれがこれら有限な現存物をガイストの具体化の一部と見なす場合にのみ、分かるようになるのか、を示すことに移らなければならない。ガイストが有限な現存物を必要とする、ということを示すだけでは不十分である。われわれはまた、これらの現存物がガイストを必要とすることを示さなければならない。綿密に吟味するならば、それらは全体に依存していることを示さなければならない。そうでなければ、ガイストの自分自身についての知識でもあるヘーゲルの概念的思惟は、信仰に、あるいは全くのもっともらしさに基づいたもう一つの幻想にすぎない。そしてこれは、ガイストが理性であるならば、受けいれられないものである。

しかし、どうしてわれわれは有限な諸物の中に矛盾を発見することができるか。普通の意識が諸物を見るように、それらだけを考えるならば、物質的対象とか有限な精神とかは単に与えられたもの〔所与〕である。われわれはついさっき、それらを矛盾の中にあるものと見なすためには、それらを定立されたものと見なさなければならないことを知った。ところが、これこそわれわれが端初において、してはならないことであり、さもなければ論点先取の誤りを犯してわれわれの方法に違反することになる。われわれは悪循環にとらえられているように見える。われわれはどのように始めたらよいか。

ヘーゲルの主張は、われわれが考察するどんな現実でも、たとえどんなに区切られていて見たところ独立であっても、矛盾を避けられない内的分節化を示す、ということであろう。この分節化は、われわれが一方では、当の事物が何を目ざしているか、あるいは何になるべく定められているかを、他方では、それが実際に何であるか、を見分けることを可能にするものである。分節化がそういうものであるからには、実際の現存と目標もしくは目ざされた標準との間に不一致がありうるし、したがって事物は矛盾に陥りがちである。それゆえ、われわれが識別する目標は、まず第一にガイストを表現するものである必要はない。われわれはもっと劣った標準から始め、そうして実際の現存がどうしてこの標準に応じられないかを示すことによって、矛盾を明らかにすることができる。

ヘーゲルは『精神現象学』において、弁証法的矛盾をこう説明している。われわれは次のようなあるもの、すなわちそれが実現する傾向にある意図によって、またはそれが一致すべき標準によって真に特色づけられるものから始める。それからわれわれはその事物について、それが実際にはこの意図を達成したり標準に一致したりすることができないことを示す(そして、ここの「できない」は概念的必然性のそれである)。われわれは矛盾に直面する。

これは二つの形態を取る。意図がありのままの事物において、実際に実現されていないことがありうる。そしてこの場合には、現存する現実は必然的に滅ぶか、さもなければ意図がさらに自分自身を追求しながら自分の不相応な遂行を取り消すので、現実は変容されるであろう。あるいは標準がすでに満たされていることがありうる。その場合には、矛盾はわれわれを強いて標準または意図に関するわれわれの考え方を変えさせるか、さもなければ標準もしくは意図が遂行されている現実に関する考え方を、この遂行に一貫した説明を与えるために、変えさせるであろう。

われわれは事実、ヘーゲルにおいてこの二種類の弁証法を見出す。彼の歴史的弁証法は第一の形態を取る。生命のある種の歴史的諸形態は、次のいずれかの理由によって、すなわちそれらが自分の現存するための意図そのものを挫折させるように定められているので(例えば、主人と奴隷の関係)、あるいは意図の遂行に同等に本質的であるさまざまな条件の間に抗争を生み出さざるをえないので(ギリシャのポリスがそうであって、ヘーゲルは『精神現象学』の第六章でポリスの運命を論じている)、内的矛盾の餌食《えじき》となる。それゆえ、これらの形態は滅んで他の形態によって取って代わられる運命にある。

ところが、ヘーゲルはまた他の種類の弁証法を提示しており、われわれはそれを「存在論的」と呼ぶ。われわれは『精神現象学』の最初の章において、また『大論理学』においても、実例をもつ。ここでは、われわれは歴史的変化を、少なくとも主目的としては、取り扱いはしない。むしろ、われわれは一定の標準とそれに応ずる現実に関するわれわれの考え方を深めることになる。また、弁証法的議論に本質的であるのは、標準がすでにかなえられているという観念である。意図もしくは標準について、それを実現されないものとして示すどんな考え方も、間違った考え方でなければならない、ということをわれわれが知っているのは、われわれがこの観念を知っているからである。そして、われわれを弁証法の段階から段階へと連れて行くのは、この観念である。

この〔歴史的と存在論的の〕区別は、弁証法的議論が始まる根拠にかかわるにすぎない。それは弁証法的議論が取り扱う矛盾の種類とは何の関係もない。それゆえ、この区別を、現実における諸矛盾を取り扱う弁証法と、現実に関するわれわれの考え方における諸矛盾を取り扱う弁証法との区別と見なすことは、ひどい間違いであろう。なぜなら、ヘーゲルの最も重要な存在論的弁証法、『大論理学』では、われわれが追い求める弁証法的運動をする、もろもろの矛盾した考え方が、実際に〔現実に対して〕適用されるからである。それらはもろもろの矛盾した現実に対応し、これらの現実はそのようなものとして、より高いカテゴリーが描くより大きな全体に依存していることを示す。換言すれば、現実に関するわれわれの考え方における諸矛盾は、それらを矛盾のない空想へ解消することによってではなく、むしろそれらが、もっと大きな綜合において和解させられる、現実における諸矛盾を反映していることを知ることによって，克服されるであろう。

同様に，『精神現象学』における意識の弁証法はわれわれに，標準を実現したものと見なされた知識に関する，もろもろの不相応な考え方の批判を，つぶさに経験させる。しかし同時に，われわれが吟味するすべての定義は，最も不相応なものでさえ，人々によっていずれかの時に(ある人々の場合には現在を含めて)，真であると考えられたのである。それゆえ，それらの定義は必然的に実践を形づくったのである。そして，このことは，世界についての知識が自己知識を伴なっているという知識の完成態が，つねに実現されたわけではないことを意味する。知識の実践は，例えばホッケーをする場合のそれとは違って，それに関するわれわれの考え方から引き離されるわけにはいかないのである。知識は，もしそれがそれ自身の本性について誤っているならば，その事実によって(ipso facto)不完全である。したがって，完全な知識は人々が知識に関する十全な考え方に達する場合にのみ，獲得可能である。(2)

そんなわけで，知識の諸説に関する弁証法は，意識の歴史的諸形態に関する弁証法と結びついている。

逆に言えば，歴史的弁証法がある歴史的諸形態と，それらの形態において追求されたもろもろの根本的意図との矛盾を取り扱っている一方で，この弁証法はまた人々の諸理念における矛盾とも密接に結ばれている。確かに，人々が人類のもろもろの根本的意図を考える仕方は，どれか特定の歴史的形態とその〔形態の根本的意図に対する〕不相応性の特徴づけにとって本質的である。人々が歴史の初期に人間の可能性を実現することができないのは、彼らが人間（とガイスト）の諸目標をそれに相応して考えることができないことと結びついている。

また、人々がこの段階でこれらの意図を必ず挫折させるのは、特定の歴史的生命形態についてまわる、人々のもろもろの根本的意図に関する考え方が、不相応だからである。それゆえ、この不相応な考え方は、矛盾にとって本質的である。それというのも、矛盾は人々のもろもろの意図がうまく行かないという事実からではなく、人々がそれらをなしとげようと努めながら挫折させるという事実から生ずる。したがって、矛盾はどんな歴史的社会または文明においても次のことに、すなわちこの社会の言葉づかいで考えられた、人々のもろもろの根本的意図が、自己挫折的であるように運命づけられていることにある、と言われることができる。こうして、変化する考え方のたわむれが、歴史的現実の変化と同様に、歴史的弁証法にとって本質的であり、しかも一方は他方と密接に結ばれている。

われわれはこうしたことから、二種類の弁証法がヘーゲルの著作において、どんなに密接に連関しているかを知ることができる。おのおのは他方の説明の中に姿をあらわす。ヘーゲルの歴史哲学は、われわれを彼の存在論へさし向ける。そして、彼の存在論は歴史的発展を必要とする。

私はさきに、ある意図もしくは標準とその企てられた実行との衝突によって生み出されたものとしての弁証法的運動について語った。しかし、われわれは上述したことから、二項だけでなく三項を含む関係としたほうが、それをもっとよく理解するかも知れない、ということを知ることができる。三項とは、根本的な意図もしくは標準、不相応な現実、現実と結びつけられている意図に関する不相応な考え方である。これは歴史的弁証法の場合に明らかである。意図に関する不相応な考え方――これは生命の一定の歴史的形態から不可避的に起こる――によって挫折させられる意図がある。

ところが、存在論的弁証法も三項を含む。われわれは分かりにくい標準に関する不相応な観念から始める。しかし、われわれはまた最初から、標準もしくは意図が何であるかについて、ある非常に根本的な、正しい諸観念を、つまり標準もしくは意図が満たすべきいくつかの基準となる特性をもっている。標準に関する特定の考え方が不相応であることを示す力を実際にわれわれに与えるのは、基準となるこれらの特性である。なぜなら、われわれはこの考え方が、基準となる特性にかなうような仕方で実現されることができないこと、したがってまた、この定義は当の標準もしくは意図の定義として受けいれられないことを示すからである。しかし、われわれは間違った定式の不相応性を、それを「実現」しようと、すなわち現実をそれに従って構成しようと努めることによって示す。これこそ標準との抗争をもたらすものである。それであるから、現実がわれわれの第三項である。

われわれはこの点を例解し、同時になぜヘーゲルがこの種の議論を、ちらっとプラトンをふりかえりながら「弁証法的」と呼んでいるかを示すことができる。というのは、プラトンの議論はしばしばこの原型に基づいて、すなわちもろもろの定式――これはあるイデアもしくは標準の定義として提出され、それから次々ともっと相応する定義を求めて破棄される――における矛盾の発見として、理解されることができるからである。

そんなわけで、『国家』第一巻において、ケファロスが正義〔正しいこと〕の定義を、真実を語り、返すべきものを返すこととして提示すると、ソクラテスは一例をあげて、すなわち武器の保管を誰かに頼んでおいて、狂気の状態でそれの返還を求める男の例をあげて、その定義を反駁する。この例はケファロスの定義を破棄するのに十分である。これは〔次に〕「真実を語り、君の借りているものを返せ」という定式が正義の定義として提示されるからである。ところで、われわれは対話のこの段階では、まだ正義に関する真の定義を知らない。しかし、われわれはそれの基準となる特性のいくつかは知っている。われわれは例えば、正しい行為は善い行為であり、なされるべき行為であることを知っている。そこでわれわれが、狂人に武器を返してはならないことが明白であるように、上記の定式には一致するが、なされるべきではないある行為を示した時、人はその定式を正義の定義としては支持しがたいものと見なす。それを主張しつづけることは、その行為は正でも不正でもあると述べる矛盾に、人を巻きこむことになりかねないからである。ソクラテスがしたことは、ケファロスの定式で定義されたような標準を満たすとは、どのようなことであるか、すなわち全面的にそれに基づいて行為するとは、どのようなことであるか、を示すことである。そして、彼はこうした例から、ケファロスの原理が正義のもろもろの基準的特性と両立して実行されるわけにはいかないことを示す。こうして、それは正義の定義ではありえないことになる。

そんなわけで、この弁証法は三項を含む。それは㈠正義の定義と㈡正義のある基準的特性から始め、そうしてわれわれが㈢一般的実践において定義を実現しようと努める時、これらの特性が抗争することを示す。われわれは〔ここに〕ヘーゲルの歴史的および存在論的弁証法の議論との類似性を見ることができる。ヘーゲルの議論はつねに三つの項で進められる。すなわち真の意図もしくは標準、それに関する不相応な考え方、それら〔標準とその考え方〕が合ったり離れたりする場所としての現実である。

それゆえわれわれは、どうしてヘーゲルの弁証法が、われわれが最初にヘーゲルの見方の全体を受けいれなくても、開始されうるかを知ることができる。われわれはある有限な現実が、ある目標の(試みられた)実現もしくはある標準の充足と見なされるようになる出発点を見出しさえすればよい。われわれが初めに確認するこの目標なり標準なりが、自分自身に復帰する精神のそれである必要はない。歴史の意図が人々の、自分自身の諸目標に関する主観的理解を越えること、したがって後者が前者の自己挫折的誤解として示されうること、あるいはいくつかの基準的特性を、実現されたガイストと共有する標準を、われわれがもつこと、だけで十分である。

それから(われわれの議論が有効であるならば)、弁証法が進行しはじめ、われわれの最初の考え方(あるいは最初の歴史的形態)が、不相応であることが示されると、他のそれによって置きかえられる。ヘーゲルはひとたび弁証法的議論が進行をはじめると、それには気ままな遊びがなく、各段階は前の段階によって決定されるという点を強調する。われわれの最初の段階もしくは考え方をおそう矛盾は明確な形をもっているから、それを克服するために、どんな変化が企てられなければならないかは明らかである。そして、これが次の段階の本性を決める。ところが、この第二の段階そのものが、矛盾の餌食であることが示されるかも知れない。というのは、その第二段階の実現が、もろもろの基準的特性と〔第一段階とは異なる〕もう一つの仕方で結びつかないかも知れないし、あるいはそれらの特性を具体化しようと試みているうちに矛盾に陥るかも知れないし、あるいはそれ特有のやり方で歴史の意図をくじくかも知れないからである。そうすると、弁証法は新しい段階へ移る。それゆえ、弁証法的運動に従うことは、ヘーゲルの主張によれば、〔議論の〕ある形態が矛盾していることを証明すると、われわれを空虚の中に置き去りにする懐疑的議論を繰り広げることとは違うのである。おのおのの矛盾は明確な成果をもつ。それはわれわれに積極的な結果を残して行く(『精神現象学』六八ページ)。

それゆえ、実現された標準もしくは意図である現実において出発点が与えられ、そしてすべての議論が有効であることが認められるならば、われわれは段階から段階へと登って、ガイストとしての全体に関する考え方――これだけが矛盾を首尾よく取り入れる――に達することができるであろう。

しかし、こうした説明はヘーゲルの上昇的弁証法の見込みについて、われわれを大して楽観的にさせないかも知れない。なぜなら、われわれがあるものを本来の目標の実現と見なすことが**できる**ということ、これがわれわれが諸物を考察することが**できる**一つの仕方であるということ、だけでは十分ではないからである。このような疑わしい出発点は、もっともらしさでわれわれを納得させるかも知れない諸物の見方を、弁証法的議論によってもたらすことができるであろうが、拘束する議論とはならないであろう。それはどんなに厳密であっても、われわれの同意を得られないであろう。ヘーゲルの望む作業をするためには、この出発点は否認しがたいものでなければならない。そして、これはむずかしい注文であるように思われる。

しかし、それはヘーゲルがかなえようと企てている注文である。『精神現象学』も『大論理学』も事実、疑いのない出発点をもっていることをいくらか主張することができる。『精神現象学』において、われわれは意識から始める。そして、われわれの出発点〔意識〕は、知る主体になろうとしている。ところが、これはすでに石とか川とかと違って、実現された意図の見地、達成の見地から定義されなければならない何かである、――「自然的」意識から見てすらそうである。「知ること」

は、われわれはこう言ってもよいと思うが、達成を示す動詞である。しかし、その場合この意識に関するわれわれの粗雑な、普通のとらえ方が、弁証法の出発点となりうるのである。なぜなら、普通のとらえ方が解釈するような知識は、実際には(必然性によって)実現されないものであり、普通のとらえ方の定式にかなうものは、そのとらえ方自身の基準によって知識と呼ばれるわけにはいかないということを、われわれが示すことができたと仮定してみよ。われわれはこの場合、普通の見方における深刻な矛盾と不整合――これは普通の見方の是正を必要とするであろう――をあばいたであろう。

同様に、『大論理学』では、カテゴリー的諸概念を吟味し、「存在」から始め、引きつづいて「質」、「量」、「本質」、「原因」などを取り上げる。そしてここでもヘーゲルの考えでは、これらをカテゴリー的概念、すなわち現実そのもののある一般的特徴に適用される概念、と見なすことは、われわれが現実的なものもしくは現存するものをそれらで特色づけることができるということを、それらに代わって主張することである。

さて、われわれが実際にそうしようと試みる時、われわれはそれらが不相応であること、これらの概念によって特色づけられた現実が、何か本質的に不完全なもの、それどころか不整合なものを含んでいることに気づく、とヘーゲルは主張する。

それゆえ、最も有名な例をあげるならば、ヘーゲルは『大論理学』を存在の概念で開始する。しかし、もしわれわれがこの概念だけを、どんな規定もなしに、受け取るならば、それは空虚であること、「無」と同意義であることが分かる。すなわち、単に「存在」として特色づけられる何物も、存在することができないであろう。存在するどんなものでも、またある意味で規定されていなければならず、ある質をもたなければならない。

そこで、ヘーゲルの主張するところでは、「存在」は、われわれがそれをカテゴリー的概念と考える時、すなわち、われわれがそれを現実のある一般的特徴を描写するのに十分であると考える時、矛盾――それが無と同意義であること――を開示することが分かる。なぜならその時、それは現実的なものの基準的特性の一つ――この場合には、現存するものは規定されていなければならないということ――と衝突するからである。

他の場合には、ある概念の全面的適用は、現実に関する不整合な描写を生む、とヘーゲルは主張する。ヘーゲルがここで念頭においていたようなことは、われわれがある概念を適用可能な限度まで適用しようと試みる時に諸矛盾が生ずる、有名なカントの二律背反において、すでに例解されていたのである。これらの概念の論理は、二つの矛盾する断言を許すように思われる。こうして、空間と時間の分割の観念を秩序立ったやり方で適用すると、あるいは限界の観念を全体に適用すると、あるいは因果関係と自由という関連した観念を許されるぎりぎりまで使用すると、われわれはこれらの概念に関するわれわれの理解に追い立てられて、両方とも同等にしっかりした根拠があるように見える、二つの全く和解しがたい断言をするように思われる。

ヘーゲルはこの点について、カントが二律背反を四つに限ったのは間違っていたと考えているけれども、カントのおかげを受けていることを、はっきり認めている。「生成、定在など、またその他のどの概念も、それぞれそれ特有の二律背反を提供することができるであろうし、また概念が提出されると同じ数だけの二律背反が組み立てられるであろう」(『大論理学』第一巻、一八四ページ)。

そんなわけで、これらの弁証法は少なくとも弁護せられる出発点をもっている。すなわち知識の事実と、いくつかのカテゴリー的概念の適用可能性とである。ところが、ヘーゲルの歴史的弁証法は、そうなっていない。これは典型的に、一定の歴史的形態における人々に(あるいはガイストに)一定の意図を負わせることから始める。この意図は歴史的形態の実状によってくじかれ、その結果は抗争、崩壊、そして最後には現実がもっと相応する現実によって取って代わられることである。ヘーゲルは人間の歴史の大きな推移、ギリシャのポリスの衰亡、近代ヨーロッパ諸国の興隆、アンシァン・レジームの終わりなどを、こうした仕方で説明しようと試みる。

しかし、こうした推移の説明は、意図の負荷がある場合にのみ妥当である。この説明を受けいれるにあたって、われわれを第一に正当化するのは何であるか。

もしわれわれがヘーゲルの最も成功した歴史的弁証法、最も啓発的かつ説得的であるものを考察するならば、われわれはそれが解釈としてうまく「適合」するから、すぐれたどの歴史的説明もそ

うであるように、実際に説得力があることが分かる。(3)

すなわち、〔一般に〕われわれが一定の時代について知っていることは、意味が取れて首尾一貫するようにし、しかもそのために受けいれにくくならず、とにかく他の競争相手の説明より受けいれにくくならないようにすることができる。しかし、これらの解釈的説明に関する問題点は、それらが絶対的に確実な出発点をもたないことである。初めにある一定の意図を行為者たちに負わせることにしろ、ある一定傾向の出来事にしろ、状況に関するある一定の論理にしろ、それ自身では全く根拠づけられていない。われわれがそれらを受けいれるのに確信がもてるのは、それらがどこまでも追求され、それらに伴なう他のすべての〔意図〕負荷と関係させられ、そうして、これらが他のもろもろの事実ともっともと思われる仕方で適合し、全般的に意味をなすと見られた時だけである。

そんなわけで、ギリシャの都市国家崩壊に関するヘーゲルの説明は、〔都市国家に〕普遍的である意識や生活様式を実現するという〔都市国家の〕根底にある意図にかかわる。ポリスはこの意図を満たすと同時に、その偏狭な性質のゆえに、それをくじく。しかし、もろもろの出来事の主要原因として人間に(あるいはガイストに)このように意図を負わせることを容認するように、何がわれわれを確信させるのであろうか。それはたった一つ、それが当代のもろもろの出来事をわれわれに理解可能にする意味であり、それがソフィストたちの人気、ギリシャ文学および文化の発展、ギリシャ宗教における諸変化、都市国家の衰退などを、ある全体――もっともであるとともに、起こったことを意味づける全体――へと関連させる仕方である。ヘーゲルの歴史的解釈の多くが〔われわれにとって〕永続的関心事であるのは、まさにそれらが出来事の相互の連関を十分に明らかにするので、たとえわれわれが(最もあざやかにマルクスがしたように)それらの解釈を転換しなければならないとしても、われわれはそれらをまじめに受け取りたくなるという事実にある。しかし、意図の負荷は決して出発点として自己確証的ではありえない。

この問題はヘーゲルの歴史的弁証法一般につきまとう。存在論的弁証法は、実現された目標もしくは標準から始める。最初の任務は、問題とする対象が目標の見地から理解されるべきである、ということを示すことである。ひとたびこのことが確保されるならば、弁証法は目標を限定するために進むことができる。われわれは標準が満たされることを知っているので、実現されないことが分かる目標に関するどんな考え方も、われわれは無視することができる。われわれはどんな定義からも始め、どうしてそれがそれ自身の充実と衝突するかを示すことによって、十分に相応する考え方に到達するまで、もっと相応する考え方へ移ることができる。あるいは論点を別な仕方で言い表わすならば、われわれは研究中の対象の本性から、その基準的特性のいくつかを知るのである。われわれは意図をどのようにもっと正確に明細化することが、実際にこれらの特性を提示するだろうか、ということを学びさえすればよい。

しかし、われわれの歴史的弁証法については、こういうことはありえない。歴史の全体的伸展に先立って、われわれは仮定によって(ex hypothesi)われわれの前に実現された意図をもちはしない。それであるから、われわれは歴史のどんな論文も〔意図の〕充実として扱うことができず、われわれはそれを取り扱う標準を発見しなければならない。われわれはまた、歴史のどんな論文からも、人間が究極的に何を目ざしているかに関する一般的記述すら確実に読み取ることができない。われわれは人間の究極的充実に関するいくつかの基準的特性すら拾い集めたという確信がもてない。

そんなわけで、ちょうどわれわれが存在論的弁証法と歴史的弁証法とを、弁証法的展開の二つの種類として区別したように、われわれは弁証法的解明がわれわれの同意を得られる二つの仕方を区別しなければならない。厳密な弁証法があり、その出発点は否認されないものであり、あるいはそうであることを正当に主張することができる。次に解釈的もしくは解釈学的弁証法があり、それが与える解釈の総体的もっともらしさによって、われわれを納得させる。ヘーゲルは第一の部類への候補作品をいくつかもっているものの――最も注目に値するのは『大論理学』――、彼の歴史的弁証法は第二の部類に属する。それらは厳密な議論によってではなく、その解釈のもっともらしさによって納得させるように思われるであろう。

ヘーゲルはこれに何と言うであろうか。彼はこの種の区別を認めるであろうか。ここで提示された形では、確かにしないであろう。また、ヘーゲルは彼の体系のいずれかの部分が、厳密な議論に比べてもっともらしい解釈に基礎をおいている、ということに決して同意しなかったであろう。これは完全な理性的思考としてのガイストの考え方を放棄することになりそうだからである。しかし私は別の形で、〔厳密な弁証法と解釈的弁証法との〕区別がヘーゲルの体系の中にあると信じている。『精神現象学』はさしあたり考えないことにすると、『エンチュクロペディー』の最終的体系は厳密な弁証法、『論理学』から始める。これは独立した有限な存在はないこと、あらゆるものが理念の中に、すなわち自分自身の外的現象を創造する理性的必然性の定式の中に、統括されていることを確証する。次にこの結論は後続する「自然哲学」と「精神哲学」の弁証法にあてはまる。そして、ヘーゲルは実際にこれらの弁証法において、その結論を利用している。

それであるから、われわれはこう言えるであろう。すなわち歴史のもろもろの意図は、どんな形においても歴史の最初期からは引き出されるはずがなく、〔歴史の〕ドラマの全体から大なり小なりもっともらしさを伴なって探り出せるにすぎないのに、ヘーゲルにとっては、これらの意図が厳密な弁証法によって前もって確立されているので、歴史の端初に関するわれわれの吟味に対してさえ、意図についての確実性が得られるのであると。それゆえ、それらの意図は確実な出発点として、われわれの歴史の理解にとって有効であり、その結果として起こる弁証法は、絶対的確実性を伴なって進行する。

そんなわけで、ヘーゲルは『歴史哲学』の序論の講義において、「理性が世界を支配し」(『歴史における理性』二八ページ)、世界の終極的意図は自由の現実化である(同書六三ページ)という原理について語り、この原理は歴史研究において前提されなければならないが、しかし「哲学において証明ずみ」(同書二八ページ)であると言っている。ヘーゲルがここで『論理学』をさしていることは明らかである。証明されると見なされる諸提言は、同書の頂点をなす概念、理念にかかわるからである。それゆえ、その諸結果は『歴史哲学』へのインプット〔入力情報〕である。それらは歴史哲学の開始を可能にする前提である。

ところが、この節のすぐ後で、ヘーゲルは歴史の中に理性があるという信念について、「それは単に研究の前提ではない。それは私がすでに全体を知っているから、たまたま私自身に知られる結果である。それゆえ、世界史そのものの研究のみが、世界史が理性的に進行したこと、それが世界精神の理性的に必然的な歩みを表わすことを示すことができる」(『歴史における理性』三〇ページ)[(4)]と言っている。そして彼はつづけて「歴史そのものは、ありのままに受け取られなければならない。われわれは歴史的に、経験に基づいて進まなければならない」と言っている。

この一節は理性が歴史の中で働いていることを示すのに、「論理学」の厳密な概念的証明とは異なる仕方があることを暗示している。そして、これは歴史の全体を「ありのままに……経験に基づいて」吟味することによるのである。これはおそらく、ある提言の証明に二つの異なった種類があり、一つは否定されない出発点から組み立てる厳密な証明であり、他の一つはその提言を全体の吟味から、この全体の意味を理解する唯一の結論として引き出す「経験的」証明である、ということと

の部分的承認であろうか。(5)

そうすると、厳密な哲学的証明は、われわれに歴史を理性の目で考察させるという意味において、歴史研究の前提となるであろう。また、これが必然的であるのは、何が歴史において実体的なものであるかを知るためには、「人は歴史に理性の意識を、単に自然的な目もしくは有限な理解ではなく、表面を突き抜け、出来事の多種多様なごった返し(die Mannigfaltigkeit des bunten Gewühls der Begebenheiten『歴史における理性』三二ページ)を押し分けて通り抜ける概念の目、理性の目を持ちこまなければならない」からである。しかし、ひとたびわれわれが歴史をこのようにして眺めるならば、われわれは理性が世界を支配するという提言について独立した証明を提供する、歴史の歩みに関する整合性、納得させる説明をもつことになる。

もし私の言うとおり、ヘーゲルは体系において『論理学』の「後に」くる弁証法のために、それの結論に頼っているならば、われわれはさらに、否定されない端初から出発するゆえに、自己確証的であって自分自身の足で立つ弁証法的議論と、自分の解釈を確証するために他の議論の結論を利用せざるをえない、他者に依存するそれとを区別しなければならない。われわれが「厳密な」弁証法と呼んだものは、この意味で自己確証的であるだろうし、またわれわれが「解釈的」と呼んだものは、依存的であるだろう。そして、われわれが「歴史的」弁証法と呼んだものは、(自然哲学と同様に)依存的部類にはいるであろう。

9　間違った証明

われわれはヘーゲルの弁証法的議論をどう考えるべきであるか。彼は有限な諸物における矛盾を示すことに成功しているか。ヘーゲルの論証は結局、本当に説得的ではない、ということを学ぶことは、現代の読者を驚かせないであろう。

私が前節の初めに述べたように、ヘーゲルの論証の細部に立ち入る余裕がなく、ましてどこでそれらの論証が、うまくいっているかいないかを示す余裕はない。しかし、これまでに言われたことから、これだけは推察されることができる。すなわち、論証は厳密な弁証法の妥当性しだいで有効にも無効にもなるであろう、ということである。そして事実、『精神現象学』はこの点で多くの欠陥でそこなわれているので、議論の組織としてのヘーゲルの全体系に対する決定的な著作は、『大論理学』である。本当にそうであるからこそ、ヘーゲルはそれにあれほど多くの時間を費やしたのであるし、それをやり直すことにあれほどしばしば腐心したのであるし、またそれの定式化に絶えず不満を表わしたのである。

ヘーゲルが彼の存在論的透察の全体に対する鍵である、有限な諸物における矛盾もしくは存在論的抗争を、論証しようと実際に試みるのは、『大論理学』、もっと詳しく言えば、その第一巻においてである。そして結局はこれ〔矛盾もしくは存在論的抗争〕こそ、われわれが前に見たように、もし上昇的弁証法が有効であるべきであるならば、またもしわれわれがもろもろの部分的現実は、精神の発現としてのみ現存することができる、ということを証明すべきであるならば、立証されなければならないものである。

これは次のようにして立証されるはずである。ヘーゲルの『大論理学』は、私が前節で説明したように、われわれのすべてのカテゴリー的概念の不相応性を、すなわち、それらの概念はそうするとは言うものの、その主張どおりには現実を特色づけないこと、あるいは言いかえるならば、それらによって特色づけられた現実は、本当は現存することができないであろうということ、を暴露しようと試みる。しかし彼はまた、これらの同じ不相応な概念が、適用されなければならないこと、したがって不相応性に苦しむもの、そして本当に現存すること、すなわち自分自身を現存において維持すること、ができないものは、それらが適用される現実的なものであること、を示すと主張する。

換言すれば、不可欠なカテゴリー的概念とは、現実をあるべきとおりに記述し、またそれをありえないままに、あるいは少なくとも存在の中にとどまれないままに記述する概念である。そこでヘーゲルは、矛盾が現実の中にあると考える。

この事物における(in re)矛盾の決定的な証明は、定在(Dasein)もしくは規定された存在に関するヘーゲルの論議の中に出てくる。これは次のようなカテゴリー、すなわち不可欠であって、しかも不整合であり、したがってまた適用されるものは何でも矛盾に陥ることを、ヘーゲルが示すことができると信じているカテゴリーである。

このカテゴリーが不可欠であることの証明は、私が前節で略述した、「存在」と「無」に関するヘーゲルの有名な弁証法の中に出てくる。彼はその中で、さらに進んだ規定なしに考えられた単なる「存在」は、空虚な概念であることを示している。何かを確認するためには、われわれはそれを、いくつかの規定された特性によって引き立てなければならない。したがって、あるものが存在するためには、規定されていなければならない。

ヘーゲルはさらにつづけて、規定された現実は、その現実の限界をなす、他の両立しがたい種類の規定された現実とは対照的に、本質的に限定されているものとして、それ自身の否定を含み、したがってそれ自身との矛盾の中にあることを示す。しかし、「規定された存在」は、不可欠な概念である。どんなものでも存在するためには、規定されていなければならない。もしそれがまたそれ自身の否定を含むならば、現存の諸条件を満たすものは何でも、それ自身の滅亡の諸条件をも満たすのである。それゆえ、規定された、もしくは有限な存在は、矛盾の中にある。それは自分自身を破壊し、本質的に死すべきものであって、現存の中で自分自身を維持することができない。

この重要な議論は、現代の大部分の哲学者を納得させることができない。確かに、ヘーゲルのここの議論は、反対者を決して納得させないであろう。人はむしろそれに、近代のある人々がアクィナスの神の存在証明に与えている位置を、与えたくなるであろう。アクィナスの証明は、懐疑論者を納得させるために計画されたものの、反駁しがたい論証とは見なされず、むしろ信者が何を信じているかの表現と見なされることができる。同様に、ヘーゲルの定在(Dasein)の矛盾の証明は、厳密な証明より、むしろ彼の透察の鋭い表現であるように思われる。

しかし、もちろん彼はそれを、このように見たのではない(トマスが彼の証明をそのように見なかったのと同様に)。厳密な証明の必然性は、ヘーゲルの体系にとって、トマスの体系にとってより、はるかに不可欠であった、とわれわれは言えるかも知れない。証明は他の人々に、彼らが信仰によってとにかく信じたかも知れない、また、たとえ信仰の対象にすぎなくても、申し分なく真理であったかも知れない、一連の命題を確信させるために必要であったばかりではない。具体化して世界となり、理性的必然性を本性とするガイストは、信仰の対象とはなりえなかったのである。理性的必然性についてのある自己意識、したがって自分自身の本性に関するある厳密な証明は、ガイストの必然的特色の一つであった。したがって、『論理学』の証明の失敗は(同じ目的を達成する他の証明によって置きかえられない限り)、ヘーゲルの体系に対するわれわれの信頼をくつがえすだけではないであろう。このような失敗はそれを反駁するであろう。

そこでもし、私の言うように、『論理学』におけるヘーゲルの決定的な証明が、今日、説得力をもたないようであるならば、また、このことが彼の存在論の反駁を構成するならば、彼の体系を研究することに、どんな意義があるだろうか。私は次の章でこの問題を吟味することに取りかかりたいと思う。

第二章　政治と疎外

1　永続する抗争

なぜヘーゲルの哲学が、たとえ彼のガイストの存在論はほとんど信じられないとしても、今日でも依然として興味があり適切であるのか、を理解するためには、われわれは最初の節の論議に帰らなければならない。

私はそこでヘーゲルの著作活動がロマン主義的時代の二つの願望、一方では徹底的自律への願望、他方では自然との、および社会における表現的統一への願望、を結合しようとする試みから生じたと論じた。ところが、この二つの願望とそれらを結合する希望とは、われわれの文明においても相変わらず重要である。

これは驚くべきことではない。この二つの願望は、われわれが見たように、啓蒙主義的思惟と感性の主流に対する反発として生じたのである。これは倫理的見解において功利主義的、その社会哲学において原子論的であった。それは自然と社会を道具的意義しかもたないものと見なした。それらは人間の欲望を充足する有力な手段と見なされ、それ以上の何物でもなかった。そして、その希望は科学的社会工学の諸原理に従って人間と社会を再編成することによる完璧な相互調整を通じて、人々に幸福をもたらすことであった。

ところが、十八世紀から発達した産業主義的、科学技術的な、合理化された文明は、ある重要な意味で、もろもろの実践と制度において、啓蒙主義の中心的動向に属していた人間観を強化したのである。そしてこれは、啓蒙主義に反発する表現主義的および自律主義的思潮を自分自身の中で何らかの形で結合したロマン主義の抗議に、いわば対抗するものであった。産業社会の科学技術は、ますます広範囲にわたる自然征服に向かって突き進む。しかし、はるかにもっと重要なことであるが、産業文明は効率と高度生産の名において、社会と人々の生き方とのたび重なる再編成を強要した。都市化、工場生産、田舎の、そしてしばしば地方全体の過疎化、大量移民、以前の季節のリズムを犠牲にして合理化され、精密に測定された生活のペースの押しつけ。すべてこれらの変化やその他の変化は、計画によって引き起こされたにせよ、市場と投資方式の偶然を通じて起こるにせよ、生産目標に応ずる上でそれらのほうが効率が大きいことによって説明され正当化される。この点で、功利主義的考え方が、われわれの実践や諸制度において強化される。それはさまざまな生活様式が、ある想像上の本有的価値によってではなく、またもちろん、それらの表現的意義によってではなく、結局は個人に「消費される」便宜品生産におけるそれらの効率によって、ともに評価される思惟様式である。この文明において、もろもろの社会的関係や実践は、自然と同様に、徐々に客体化される。

この道具主義的評価様式は、近代の産業経済の諸制度に広く行きわたっている。これらの制度を限定する活動は、これらを利益、効率のよい生産または成長のような外的意図に関係づける。そして、すべての進んだ産業社会は、こうしたことによって特徴づけられ、ソビエト連邦でさえそうであって、そこでは消費者を満足させることは、国家の安全とか、「資本主義を追い越すこと」とか、将来の満足とかのごとき、別のある外部的目標の名において犠牲にされる。そうでなくてもよいのであって、例えば中国は、経済的考慮がこうした意味で究極のものではない別のモデルを実現するかも知れない。しかし、それらの国は今までのところ産業文明の中にある。

そして西洋においては、資本主義経済の冷酷なもろもろの帰結を緩和するために招来された、社会に関する補足的考え方の多くは、例えば平等、個人への再分配、弱者の人道主義的保護の諸観念は、それら自身が啓蒙主義から生まれ出たものであった。もちろん、ロマン主義的諸観念も近代の文明に貢献した。例えば、各人の充実は独特であって、他の誰によっても予見されず、まして命令されない、という表現主義的観念は、現代の個人の自由に対する信仰の本質的部分である。われわれはまた、こうしたつながりを、近代的自由の自他ともにゆるす理論家たちの数人の中に、フォン・フンボルトやド・トクヴィルやJ・S・ミルの中に見ることができる。

しかし、ロマン主義的気風は、近代の西洋文明の中にいわば含まれてきた。重要な共通の諸制度は、それらの定義的理念において、むしろ啓蒙主義の考え方を反映している。これは経済上の諸制度について、明らかに真理である。しかし、それは増大する、合理化された官僚制についても同じほど真理であり、また大体において、(投票による)個人的決定の結集と団体間の交渉とから、またはそのどちらかから、集団的決定を作り出すために組織されている政治構造についても、それほど劣らない程度において真理である。進んだ産業社会の重要な集団的構造は、せいぜい生産または決定の諸手段として、(最悪の場合には脅迫的抑圧者として)現われがちであり、それらの手段の価値は、結局それらが個人の状態にどんな衝撃を及ぼすかという点で測られざるをえない。もろもろのロマン主義的理念は、主として、これらの大きな構造が運営される目的である、個人の充実に関する定義に影響を及ぼしたのである。

こうして、近代文明は集団的構造の増大する合理化と官僚化、自然に対するあからさまな収奪的姿勢のほかに、私的な生活と充実に関するロマン主義的見解の急増を見たのである。こう言ってもよいと思うが、近代社会は、その私的な想像上の生活においてはロマン主義的であり、その公的な実際上の生活においては功利主義的もしくは道具主義的である。後者の生活を形成する上で最後に重要であるのは、その諸構造が何を表現するかではなく、それらが何をさせたかである。近代社会の傾向はこれらの構造を中立の、客体化された領域として扱うこと、最大の効果のために再組織されることであるが、そうは言っても、これは阻止されることも、それどころか強力な集団的情緒によって、とくにロマン主義時代に胚胎するナショナリズムによって、周期的に踏みにじられることもありうる。しかし、これらの集団的構造が私的なロマン主義を日ごとに圧倒することは、産業回転の輪を保つために、〔自己〕充実というロマン主義的イメージを収奪することに、例えば現代の多くの広告に明らかである。

それゆえ、近代の産業社会の傾向に対する抗議が、これら二つの根本的願望――これらの最初の綜合が、われわれがロマン主義として知っているものであった――をさまざまな仕方で取り上げたとしても、驚くべきことではない。これは右翼からの抗議について真理であったと同様に、左翼からの抗議についてもそうであった。ファシズムのロマン主義的起源は、広く認められており、ひょっとしたらしばしば余りにも安易にたどられたであろう。マルクス主義もヘーゲルとの親子関係によって、今や個人のためではなく人間の「類的存在」(Gattungswesen)[1]のために主張された、根本的自律と表現的統一への一対《いっつい》の願望を、独特な仕方で取り入れる。私は後段でこのことに再び触れるであろう。

われわれはまた、一九六〇年代の終わりを特徴づけた「新左翼《ニュー・レフト》」の波と「左派《ゴーシスト》」の異議の中に、科学技術的、官僚的、資本主義的文明の限界を、根本的自由と完全な表現との綜合によって突破しようとする別の試みを見た。それゆえ、一九六八年五月、パリにおける希望[2]は、まさに職業間(学生と労働者)や生活の異なった次元間、すなわち仕事と遊び、芸術と日常生活、知的労働と手仕事、の垣根を取り払うことによって、徹底的自由を回復することであった。こうした隔壁除去(décloisonnement)への要求は、まさに表現主義的伝統の中にあり、その起源はすでに、啓蒙主義の人間観の中心をなしていた、理性と感性、身体と魂との分析的分割に関するヘルダーの拒否に明らかである。

われわれの文明におけるこの永続的緊張のゆえに、ロマン主義時代の著作や音楽や芸術は、今でもわれわれに強く訴える。ヘーゲルの哲学が適切で重要であるのも、同じ理由からである。

確かに、ヘーゲルの哲学はロマン主義の思想家たちではありえない仕方で適切である。なぜなら、ヘーゲルはロマン主義の一対の願望を取り上げたばかりでなく、理性に全く透明な仕方でそれらを実現することを主張したからである。もちろんこのために、われわれはヘーゲルをロマン主義者と考えないわけではない。〔しかし〕理性の本質的役割を強調することにおいて、彼はちょうど同じほど啓蒙主義の後継者であった。けれども、われわれの今日の文明における緊張は、啓蒙主義に由来するわれわれの社会の合理的な科学技術的傾向を、われわれは全面的に放棄することができず、またそうしようともしないのに、徹底的自律と表現的統一への願望の訴えを絶えず感じている、という事実からきている。それゆえ、三つをすべて結合しようと努めた思想家〔ヘーゲル〕は、われわれに語るべき何かをもっているのであって、これはロマン主義的反乱の単なる主唱者たちにはないことである。

ヘーゲルが今日重要であるのは、われわれが原子論的、功利主義的、道具主義的人間観と自然観から起こる展望の幻想と曲解を批判する必要を繰り返し感じているのに、同時にそれらがロマン主義の反＝幻想をしぼませながら、絶えずそれを生み出しているからである。ヘーゲルがまさにこうした批判をすることに、しかも洞察の例外的な深さと看破力を備えて、絶えずたずさわっているからこそ、たとえ理性の必然的展開に関する彼自身の存在論が、彼の攻撃する諸学説のあるものと同様に、われわれには幻想的に思われるにしても、彼はわれわれに語るべき何事かをもっているのである。

次のページにおいて、私はまずこの点を、ヘーゲルの歴史や政治に関する哲学に関連して、例証したいと思う。そして次に私は、この逆説的状況、なぜヘーゲルの哲学は信じがたいものであると同時に、われわれにとって非常に適切であるのか、を説明する理由のいくつかを吟味することに取りかかるであろう。これはわれわれを不可避的に、自由の本性に関する重要な論争点に導くであろう。

2 理性の諸要求

ヘーゲルの歴史と政治に関する哲学は、彼の存在論的透察に基づいている。彼はこれから歴史の方向と十分に実現された国家形態に関する一定の考え方を展開した。さて私はヘーゲルの今日的重要性の論争点に戻る前に、彼の哲学をこのつながりにおいて吟味しようと思う。

あらゆるものが向かう目標は、われわれが第一章で見たように、精神もしくは理性の自己把握である。人間はこの自己把握の媒介物である。しかし、もちろん絶対的精神の十分な実現は、歴史における人間のある一定の展開を前提する。人間は特殊なもろもろの必要と衝動の中に沈んだ、また普遍的なものについて極めてあいまいな、非常に原始的な感覚しかもたない直接的存在として出発する。これは精神が初めは自分自身から引き離されているが、それにもかかわらず、自分自身に帰らなければならないという要旨を、別の仕方で言い表わすものである。もし人間がこの復帰の媒介物となりうる点まで登るべきであるならば、彼は変容されなければならず、長い教養もしくは形成(Bildung)を忍ばなければならない。

しかし、これは彼の見解の変更だけに終わるはずがない。具体化の原理によって、どんな精神的現実も時間と空間において外的に実現されなければならず、したがってわれわれは、どんな精神的変化も関連した身体的表現の変化を必要とすることを知っている。この場合、精神は歴史における人間の生命形態の変容を通じて、自分自身に帰ることしかできないのである。

それでは、人間が精神の相応する媒介物となるために到達しなければならない生命形態とは、何であるか。第一に、これは社会形態でなければならない。われわれは第一章で、どうして有限な諸精神の現存が、複数において、ガイストの必然的計画の一部であるかを見た。それゆえ、世界において自分自身を知るためには、精神は自分自身を認めることができるようになる人間的生命の中に、〔自分に〕相応する具体化を生じさせなければならない。「世界史の目標は、精神が真に自分が何であるかの知識に達すること、それがこの知識に客観的表現を与えること(dies Wissen gegenständlich mache)、それを自分の前に横たわる世界の中に実現すること、要するに、自分自身を自分自身に対する客観として取り出す(sich als objektiv hervorbringe)ことである」(『歴史における理性』七四ページ)。それが、ヘーゲルの目から見れば国家が、社会の最高の分節化として、一抹の神性をもつ理由である。神の(精神の)充実を実現するためには、人間は自分自身をもっと大きな生命の一部として見るようにならなければならない。そして、そのことは彼が生きている存在として、もっと大きな生命の中へ統合されることを必要とする。国家は絶対者を直視するための必然的な具体化(「物質的基礎」と言っても不適当ではないであろう)である、あの普遍的生命の真実の表現である。換言すれば、国家が存在することが、世界を通る神の進行にとって本質的なことである——もし私に、誤訳されてあれほど多くの紛争の種となった、『法哲学』のあの有名な一行の精神を、このように表現することが許されるならば[1]。

しかし、もちろん、歴史において出発するような国家は、普遍的なもののはなはだ不完全な具体化である。全くどんな国家も不十分であろう。精神が自分自身に帰るために必要とする、十分に相応する国家は、十分に理性的な国家でなければならない。この文脈におけるヘーゲルの「理性」の使用法は全く独創的であって、もしわれわれがそれを実践理性の伝統の重要な目じるしとの関連の中におこうと努めるならば、そのことを明らかにする助けになるであろう。

理性への訴えに関する一つの承認された形式は、プラトンにさかのぼるものである。ここでは、「理性」はわれわれが諸物の真の構造、もろもろのイデアの世界を見る力と解されている。理性に従って行動することは、この真の構造に従って行動することであり、自然に従って行動することと同意義である。

ところでこの見解は、人間が本質的に所属するもっと大きい理性的秩序がある、という考えに基礎をおいていた。なぜなら、もし人間が理性的生命であり、そして理性的であるとは、このもっと大きい秩序に、それについて真の透察をもちながら、結ばれることであるならば、人間はそのようにこの秩序と結ばれることにおいてのみ、自分自身でありうるからである。十七世紀革命の重要な一面は、人間が執着しているこの秩序観を、自己限定的主体の理念を支持して拒絶したことである。

しかし、この新しい見解は、新しい秩序観を、したがってまた理性と自然への新種の訴えを引き起こした。人間は今や理性的な思惟と決定をなしうる主体として、また一定の欲望の主体として定義された。近代的思惟の重要な流れは、プラトンやアリストテレスからの伝統とは対照的に、これらの欲望を道徳的推論のために与えられたものと考える。それらの欲望自体は理性の法廷で判定されるはずがない。この見解の最も重要な初期の主唱者の一人はホッブズであり、その見解は十八世紀の功利主義的思想家たちにも受けつがれている。理性は今や「打算」を意味するようになり、実践理性は理性の裁定を越えている諸目的を、どのように〔理性内に〕閉じこめるべきかに関する賢明な計算である。

これはホッブズの遺産の一側面であった。理性と自然は究極的基準としての王位から退けられた。人間を一部として含む自然の中には、もはや明白な諸物の規範的秩序は存在しなかったので、義務の根拠は自然の中に見つけられなかった。むしろ、政治的義務は思慮(計算する理性)によって命ぜられた、君主に服従するという決心に基礎をおいていた。自己限定的主体にとっては、義務は自分自身の意志によってのみ創造されることができたのである。原契約〔社会契約〕の神話が非常に重要であるのは、ここに由来する。

しかし、この新しい見解は別の仕方で提示されることもできた。もろもろの欲望の主体としての人間には、〔生命運動を強化し助長するものへの〕第一次的諸欲望が満たされるようにせよ、という一つの大きな二次的目標があった。それらの充足が「幸福」(ホッブズの「至福」)によって意味されたことであって、したがって幸福には、それがアリストテレスの伝統においてもっていたとは全く異なる意味が与えられたのである。しかし、そうすると、第一次的諸欲望の細目を作るにあたって、教育(人為)がどんな結果をもとうとも、人間は生まれながら不可避的に幸福を欲する、と言えるであろう。

さて、もし賢明な計算が、人々が幸福を達成し、しかも彼らのすべてがともに、また互いに仲よくそれを達成するためには、人々や環境をどのように形づくるべきであるか、を示すことができるならば、これは最高の目標、理性(賢明な計算)と自然(幸福への普遍的欲望)に従う目標ではないか。

ここには、新しい秩序観がある。自然を有意味な秩序、もろもろのイデアの見地から説明されるべき秩序、を表現するものと見なす代わりに、われわれはそれを、作用的因果性(2)の見地から説明することができる諸関係にある、一組のからみ合っている要素と見なす。諸物における秩序は(無秩序に比べて)、諸物が根底にあるもろもろのイデアを体現していることにあるのではなく、むしろ抗争やねじ曲げもなしに、かみ合っていることにある。人間の領分に適用すれば、これは欲求する主体の一団が、めいめい他のすべての主体と仲よく、十分な満足(幸福)を達成するようになることを意味する。諸欲望の完全な調和が、自然と理性が人間に命ずる目標である。

ところが、行為の基準としての理性に関する三番目の考え方が、十八世紀の末期に起こって、功利主義的見解に挑戦することになった。そして、それはカントの徹底した道徳的自律であった。この見解はある意味でルソーから始まり、ヘーゲルはそれをルソーの手柄にしている。それは善と利害、理性と計算との功利主義的同一視に対する反発である。それはわれわれの義務を意志に、しかしホッブズよりはるかに徹底した意味において、基づかせようとする。ホッブズは政治上の義務を君主に服従する決心に基づかせた。ところが、この決心は思慮によって命令されたので、われわれはホッブズにおける義務の根拠を、死を避けようとする普遍的な欲望と見なすことができる。(3) ここから、「平和のために努力する」という「自然の第一の法」が出てくる。結局、われわれに関するある一定の自然的事実、われわれの欲望や嫌悪が、功利主義的伝統に関する限り、われわれが何をなすべきかを決定するにあたって決定的な役割を果たすのである。

カントの目的はこの自然への信頼からすっかり自由になって、義務の内容を純粋に意志から引き出すことであった。彼は理性的なものとしての意志を拘束した純粋に形式的な基準を将来の行為に適用することによって、そうしようと企てたのである。理性的思考は普遍的条件において考えることと、筋を通して考えることとを含む。それであるから、企てられたどの行為の根底にもある格率は、われわれがそれを矛盾なしに普遍化することができるようなものでなければならない。もしそうすることができなければ、われわれは理性的な意志として、良心的にこの行為を企てることができない。この原理に基づいて働く意志は、自然におけるどんな規定根拠(Bestimmungsgrund)からも自由であるだろうし、したがってまた真に自由であるだろう。(4) こうして、道徳的主体は徹底した意味において自律的である。理性的な意志としての理性は、今や基準であるが、しかし三番目の意味、自然に対立した意味においてそうである。

さて、ヘーゲルはわれわれがここで略述した全発展をまとめ上げる。彼は人間が所属する大きな秩序という観念を、しかし全く新しい基礎の上に再建しようとする。だから彼は中世や初期のルネッサンスに見られたような、自然の有意味な秩序の近代的拒絶に全面的に賛成する。これらの秩序観は秩序を結局、ただ神によって与えられたものと見なした。諸存在の階層制は、それ以上は説明されることも正当化されることもできない究極のものであったし、またこの階層制の中で自分の固有の位置を占めることは、人間の義務であった。ところが、ヘーゲルの自由としての精神の観念は、われわれが見たように、単に与えられた何物をも受けいれることができなかった。あらゆるものは理念、精神もしくは理性そのものから、必然的に出てこなければならない。したがって、精神は最後には、単に与えられたどんなものにも反抗しなければならない。

こうした理由のために、ヘーゲルは自己限定的主体の近代的肯定を必然的な一段階と見なす。そして、彼はそれの必然的な極致を、カントの徹底した自律の観念の中に見るのである。自律は自分の全内容を自分自身から引き出し、外から取り入れられるにすぎない何物も受けつけようとしない精神の要求を表現する。「何が真に正しいかを知るためには、われわれは特殊なすべてのものと同様に、傾向や衝動や欲望を抽象しなければならない。言いかえれば、われわれは意志が即自に(an sich)何であるかを知らなければならない」(『ゲルマン世界』九二一ページ)。さらに、「意志は、それが他の、外的な、無縁な何物をも欲せず、ただ自分自身を、意志を欲する限りにおいてのみ──そうでなければ、それは依存的であるだろうから──自由である」(前述箇所)。ヘーゲルは自然と精神との間の根本的対照を取り上げる。物質的自然の「実体」は重力であるが、精神のそれは自由である(『歴史における理性』五五ページ)(5)。精神の自由は自分自身を中心とすることである(in sich den Mittelpunkt zu haben)。

意志の観念そのものが自由のそれと結びつけられている。第一に、思惟が意志にとって本質的である。それは意志の「実体」であり、「したがって思惟なしには、意志はありえない」(『哲学体系』四六八節、追加)。

意志が本質的に自由であるように運命づけられているのは、意志が思惟の実践的表現だからである。「自由はまさに思惟そのものである。思惟を拒否して自由を口にする者は誰でも、自分が何を言っているかを知らないのである。思惟の自分自身との統一が自由であり、自由な意志である。……意志は思惟する意志としてのみ自由である」(『全集』第十九巻、五二八―九ページ)。

ヘーゲルは『法哲学』において同じ主題を取り上げ、意志を「自己規定的普遍性」として、したがってまた自由として特色づける(二一節)。自由は「意志において思惟しつつ思いどおりにすること」である。ヘーゲルはここで、「意志がまぎれもなく意志であり自由であるのは、思惟する知性としてのみである」ことを繰り返している。彼はこの段落への同じ註の中で、「思惟を追放しようとし、そしてその代わりに感情、熱狂、心と胸に頼る」ロマン主義の自由論を痛罵している。この自由な意志の対象は、自分にとって他者もしくは障壁ではないから、この意志はまた真に無限である(二二節)。それは「他の何かに依存するあらゆる絆《きずな》から解放されている」(二三節)。そして、それは普遍的である(二四節)。

全く自分自身によって、したがってまた思惟もしくは理性的思考によって規定されるこの意志は、何が正しいかに関する究極的基準である。それは『法哲学』(四節)では「法の基礎」(der Boden des Rechts)と呼ばれている。それゆえ、それは十分に実現された国家の根本的原理である。ルソーにこの決定的な原理を最初にとらえた人という功績が与えられる。「ルソーは意志を国家の原理として持ち出すことによって、形式の点でも内容の点でも思想をもつ原理、しかも思惟すること自体である原理を持ち出しているが、形式としてのみ思想をもつ原理、例えば群居本能とか神の権威とかのような原理は持ち出していない」(『法哲学』二五八節)。ところが、ヘーゲルはカントに依拠しながら、この自律の原理を全く新しく編み直す。彼はその原理から、この近代的意識が出発の際に拒絶したもっと大きい秩序の新しい変種を生み出す。彼はこのようにして、カントの理論が陥っている悲しむべきジレンマを克服したと信ずる。

カントの理性的思考の基準に関する問題は、それが根本的自律を空虚性を代償にして獲得したことである。ひとたびその基準がわれわれに説明されるならば、われわれはいかにプラトンの理性の基準が、たとえわれわれがそれに賛成せず、その存在論的基礎の全体を拒否するとしても、ある事物を正として他の事物を不正として選ぶために働いているかを見ることができる。同じことは功利主義的基準にもあてはまる。ところが、カントは諸物が存在する仕方――諸観念の順序にせよ、現実の(de facto)諸欲望の布置にせよ――に少しでも訴えることを避けようと試みたのである。正しいことの基準は、純粋に形式的でなければならない。カントは形式的基準が実際にある行為を是認し、他の行為を除外するであろうと考えたので、この基準が彼に発展性のある理論を与えると信じた。しかし、こういう趣旨の諸議論は非常に不安定であって、誰でもそれらに対する信頼を失うやいなや、どんなことでも道徳的に可能な行為として許せる、全く痛くもかゆくもない基準を押しつけられることになる。道徳的自律は空無性を代償として獲得されたのである。

これはヘーゲルが決して倦むことなくカントに向けている批判である。ところが、彼はカントのジレンマを解決すると公言する。彼は義務の具体的内容がまさに自由そのものの理念から、どのように演繹されるかを示そうとするからである。しかし、引きつづいてこのことをもっと詳細に見る前に、われわれはどんなにこの空無性の非難がヘーゲルのカント批判の、また革命時代全体に関する批判の、中心であったかに注目すべきであろう。

カントは自由について形式的観念しかもっていないので、それから政体の観念を引き出すことができない。彼の政治論は功利主義者たちから借りてくるだけで終わる。こう言ってよければ、そのインプット〔入力情報〕は、めいめい自分特有の仕方で幸福を求める諸個人の社会という功利主義的見方である。政治の問題は各人の否定的自由(Willkür)を制限して、それが普遍的法則のもとで他のすべての人のそれと共存できるような道を発見することである。言いかえれば、カントの徹底的自由の観念は、純粋に形式的であり、したがって空無であるので、徹底的自由が実現されるような政体、本来的に意志そのものの本性から('der Wille …… als an und für sich seiender, vernünftiger ……')引き出された諸目標に基づいた政体、それゆえすべての人に無条件に妥当するような政体について、新しい実体的透察を生み出すことができない。そこで、カントの政治論はその内容をいわば自然から借りなければならない。それは特殊な目標を追求する個人としての人々から始め、道徳性や合理性すなわち普遍性の諸要求は、これらの個人に外から押しつけられた規制や制限(Beschränkungen)としてのみ、はいってくるのである。合理性は内在的なものではなく、外的な、形式的な普遍性――すべての個人の否定的自由がともに成り立つことだけを要求する普遍性である(『法哲学』二九節)。

こうして、カントは道徳性に関する徹底的に新しい考え方から始めるけれども、彼の政治論はがっかりさせるほど、ありふれたものである。それはその主要問題が相変わらず個人の意志を調和させる問題であるという点で、われわれを功利主義のはるかかなたへ連れて行くものではない。

これは疑いもなく、われわれがもっと後で注意するように、カントに対して少し不公平である。しかし、この段落(二九節)でも他の箇所でも、(6) カントと一まとめに取り扱われて同じ批判の的とされたルソーに対しては、もっと不公平であるように思われる。ヘーゲルは二五八節において、ルソーは意志をまだ個人的意志と見なしているし、また一般的意志を「意志における絶対に理性的な要素」(das an und für sich Vernünftige des Willens)としてでなく、意識的な諸個人の意志から出てくる共通な要素(das Gemeinschaftliche)としてのみ考えている、と文句を言っている。その結果は、国家が結局、気ままな決定と同意(Willkür, Meinung und beliebige, ausdrückliche Einwilligung)に基礎をおいているということである。

実際のところ、これは確かにルソーに対する正当な取り扱いではない。彼の一般的意志(volonté générale)は確かにすべての人の特殊的意志の共通な要素以上の別のものであることが意味されていたし、また契約の課題はこれらの特殊的意志を一致させることではなかった。しかし、彼の狙いが何であるかを解く手がかりは、二つの段落(二九節、二五八節)において、フランス革命によってもたらされた恐るべき破壊に言及していることから与えられる。ヘーゲルはここでも他の箇所と同様に、フランス革命をルソーの諸原理に論理的につづくものと見なしている。

それというのも、事実、形式的自由の空無性は、さきにカントのせいにされた結果とは全く異なる別の結果をもつことがありうるからである。われわれはそこでは、自律の理論が政治生活の問題をはっきりさせるために、功利主義まで後退しなければならないことを見た。しかし、徹底的自律の理論家たちがみずからこの欠点を痛感して、特殊的意志の闘争と妥協を乗り越えて自由の完全な表現を達成するような社会にあこがれることは、ありうることである。これこそヘーゲルが『精神現象学』で描写し、また革命のジャコバン派恐怖時代に見た「絶対的自由」への推進力である。

ところが、空無性の呪いはこの企てにもつきまとう。それの狙いは社会を特殊な利害とか伝統となっている既成の原理とかの上にではなく、自由だけの上に建てることである。しかし、この自由は空虚であるので、社会の新しい分節化した構造に対する根拠を与えない。それは現存する分節組織を、また起こってきそうなどんな新しい分節組織をも、破壊することを命ずるにすぎない。こうして、絶対的自由への推進力は、荒れ狂う破壊となり、「実験は最大の蛮行と恐怖に終わったのである」(二五八節)。

けれども、個人を一般的意志のために犠牲にしたこの恐怖時代を、意志をまだ個人的なものと定義していると言われる理論に結びつけるのは、奇妙であるように思われる。しかし、私はヘーゲルが目ざしていたのは、これらの数節では余りはっきり述べられなかった何か別のものであると思う。それはルソーやカントが、また徹底的自律の革命的かつ自由主義的主唱者たちが、こぞって自由を人間の自由として、意志を人間の意志として定義したということである。ヘーゲルはこれに反して、人間は自分自身をガイストの媒介物と見なすことにおいて自分の根本的一体性に到達する、ということを示したと確信していたのである。もし意志の実体が思惟もしくは理性であるならば、またもし意志は自分自身の思惟以外の何物にも従わない時にのみ自由であるならば、当面の思惟もしくは理性は人間だけのそれではなく、むしろ宇宙を定立する宇宙的精神のそれであることになる。

　これは状況を一変させる。徹底的自律の理論を悩ました空無性は、克服される。徹底的自由のジレンマは、簡潔に次のように言い直される。もし自由がすべての他律を、特殊な欲望、伝統的原理または外的権威による意志のどんな限定をも、放棄することであるならば、自由はどんな理性的行為とも両立しないように思われると。なぜなら、〔その場合には〕全く空無でない、すなわち実際にある行為を是認し他の行為を除外するような、しかも他律的でもない意志の根拠[7]が、少しでも残されているとは思われないからである。

　ところが、もし人々が自律を実現しなければならない当の意志が、人間だけの意志ではなく、ガイストのそれであるならば、すべてが変わる。その意志の内容は、分化した世界を自分自身の中から産出する理念である。だから、行為を限定する根拠の欠如は、もはや存在しない。これをもう少し詳しく言えば、ヘーゲルの自由な理性的意志は、カントのそれとは違って、単に普遍的なものにとどまるだけでなく、特殊な内容を自分自身の中から産出するので、空無性をまぬがれるであろう。

しかし、これは宇宙的主体としてのこの意志の特権である。それは分化した世界を繰り広げる絶対的理念である。人間の理性的意志は、形式的でしかありえない自由と普遍性に到達しようと試みながら、自分自身からすべての特殊性を取り除くことによってではなく、宇宙的理性と自分との絆を発見することによって、したがってまた特殊的存在としてのわれわれの生命のどの面が、理念という真に具体的な普遍者を反映するかを見分けるようになることによって、内容を見出すであろう。理性と自由が人間の意志に課することは、理念の相応する表現となるように開示されるあの諸物の構造を、助長し支持することである。

このことはまず、われわれがさきに見たように、社会は人々がそれに対して、自分が浸《ひた》されているもっと大きい生命として、関係をもつようなものでなければならない、ということを意味する。言いかえれば、この解釈に基づく自由の諸要求は、われわれを自由主義の原子論的諸形態——これらの形態にあっては、個人とその目標が究極的に重要であって、社会の任務は個人の充実を他の人々のそれとともに許すことである——のかなたへ連れて行く。

そして、今度はこのことが一定の社会構造を指示する。それは概念のいろいろな契機、すなわち直接的統一、分離および媒介された統一が、すべて十分な、ともに成立する表現に到達するようなものでなければならない。ヘーゲルは『法哲学』において、この見たところ抽象的な要望に具体的な内容を与えており、それが「諸身分」(Stände)やもろもろの社会水準(家族、市民社会、国家)への国家の本質的分節化の根拠とされる。

それゆえ、理性の諸要求は、人々が概念に従って分節化された国家の中で生きること、そして彼らが国家に対して、この集団的に確立された機関によって利益を守られる全くの個人としてでなく、もっと本質的に、もっと大きい生命への関与者として、関係をもつことである。またこのもっと大きい生命は、まさに諸物の基礎、概念の表現であるから、彼らの究極的忠節心を受ける価値がある。本当に、自由にはなはだ具体的な内容が与えられたと言うべきである。

ところが、ヘーゲルはこの点で異常な力業(tour de force)をなしとげたのである。この人間と社会との関係は、前近代のそれと呼応しているからである。近代的主体性の革命以前には、人々は彼らの社会構造、すなわち君主制、貴族制、祭司的階層制などを、これらが神の意志とか存在の秩序とかを、要するに人間が究極的忠節心を捧げるべき諸物の基礎を、反映しているという理由によって、尊敬するように勧められた。王は神に油を注がれた者〔聖別された者〕であるから、服従されるべきであった。さらに、彼は宇宙における神の役割を統治において表現するものであった。ところで、この思惟様式が近代の自己限定的主体性の最も極端な表現、徹底的自律の観念から芽生えて、最も驚くべき仕方で再来する。

ヘーゲルが自由主義的もしくは保守的分光器で分類しにくかったことは、不思議ではない。彼は宇宙的秩序の観念を、政治論の隅石《すみいし》として復元するからである。彼は神的なものとしての国家について語る。そしてこの種のことを、われわれは保守的な、それどころか反動的な思惟の極め書きと考える。しかし、この秩序は伝来のそれとは全く異なるものである。その中には、理性自身によって明白に命令されない何物も存在しない。それゆえ、それは人間が単純に受け取らなければならない、人間を越えた秩序ではない。むしろ、それは本来の意味の彼自身の本性から出てくるものである。だから、それは自律を中心としているのである。自分自身から発する法則によって支配されることは、自由になることだからである。こうして、秩序が自律的な、理性的な個人に中心的位置を与える。ヘーゲルの政治論は全く先例も類例もないものである。自由主義的か保守的かの験《ため》し言葉を取り出して、それを分類しようとする試みは、ただ笑うべき誤解に導きかねない(8)。

そんなわけで、カントの道徳論の空無性に対するヘーゲルの解答は、義務の内容を自由の理念から演繹することである。しかし、ヘーゲルは単に人間的な自由の理念のことではなく、むしろ宇宙的理念のことを言っているのであるから、これは実行可能な作業である。彼はこの理念から、人々が所属しなければならないような社会の観念を引き出すことができる。次に道徳的義務に具体的内容を与えることができるのは、社会に関するこうした透察であり、この具体的内容がわれわれに社会の構造を助長し支持すること、そして社会の戒めに従って生きることを命令する。社会全体の観念によってのみ、道徳性にある内容が与えられる。それゆえ、「内在的で首尾一貫した『義務論』は、自由の理念によって必然化される諸関係、したがってそれらの全範囲にわたって、すなわち国家において実現される諸関係、の順次的解明のほかの何物でもありえない」(『法哲学』一四八節)[9]。それであるから、理性的思考がヘーゲルにとって、道徳においても政治においても、実体的基準となるのであって、これはある意味で、彼の独創的な点である。彼の考え方は宇宙的秩序の理念を含んでいるから、プラトンといくらか親しい関係にある。しかし、それはまた、意志はそれ自身のほかの何物にも、それ自身の内在的な理性的思考のほかの何物にも従ってはならない、という徹底的自律の要望の上に組み立てられているから、カントのおかげを大いに受けている。われわれが見たように、それはどうかこうか両者を結びつけており、この点にそれの目ざましい独創性がある。

理性的思考の基準が実際にヘーゲルの政治論に適用されると、それは非常に複雑である。それにはカントの適用と共通なものがいくつかある。なぜなら事実、後者は政治論に対するその帰結において、ヘーゲルがしばしば承認する以上に豊富だからである[10]。

第一に、理性的思考は人間が理性的主体として、カントの定式化では目的として、そして単に手段としてでなく、取り扱われることを必要とする。そして政治の見地から言えば、これは近代国家が自律的個人の諸権利を承認しなければならないことを意味する。それは奴隷制を容認することができない。それは財産、良心(『法哲学』一三七節)、職業の自由選択(二〇六節)、信仰告白の自由選択(二七〇節)などを尊重しなければならない。

第二に、理性的思考は、形式的なカントの定義においてさえ、国家が気ままな無定見によってではなく、法によって統治されること(『法哲学』序論)を必要とする。また、法がすべての人を同様に扱うことを必要とする。そしてこのことは、いやしくも法が人々から発する限り、ある重要な意味において、それがすべての人々から同様に発しなければならないことを意味する。

これらは自由主義的な、カントの理性的思考の基準から出てくる系である。ヘーゲルはこれらに、政治的社会は理念を実現し表現すべきである、という彼自身の系をつけ加える。

しかし、われわれはやはり、カントの基準はわれわれを功利主義的啓蒙主義のはるかかなたへ連れて行かない、というヘーゲルの主張に、正当性を認めることができる。最初の二つの原理は、個人がどのように扱われるべきであるか、をわれわれに告げ、われわれに善い社会に関する一般的、形式的な特色づけを与える。すなわち、それは法に基づいていなければならないということである。しかし三番目の原理、ヘーゲルの基準だけが、われわれにこの〔善い〕社会が取るべき現実的形態を引き出すことを可能にする。カントの道徳論は、もろもろの国家または個人が踏み越えてはならない限界を設定しながら、いわば政治論の縁《ふち》にとどまっていた。対照的に、ヘーゲルにとっては、道徳性は政治論においてのみ、すなわちわれわれが助長し支持すべき社会の設計図においてのみ、具体的内容を受け取ることができる。

理念の上に建てられた社会を助長し支持するために、われわれの所有するこの一連の義務が、ヘーゲルの言う倫理性(Sittlichkeit)である。これは「倫理的生活」、「客観的倫理」、「具体的倫理」のように、いろいろと英語に翻訳されたが、どの訳語もこの術語の意味をとらえることができない。そこで、私はここで原語を使用することを提案する。[11] 倫理性は「エシックス」(ethics)にあたる普通のドイツ語であって、語源上はわれわれが「風習」と訳してもよいジッテン(Sitten)という語と同じ種類のものである。ところが、ヘーゲルはそれに道徳性(Moralität これはもちろん語源上は同じようにモレス《mores 風習》に由来する。とはいえ、これはラテン語であって、こうした事情はドイツの読者には余り明らかでないようである)と対照的に、特別な意味を与える。

倫理性は私も関与している現行の共同体に対して、私のもつもろもろの道徳的義務をさす。これらの義務は確立された規範と慣例に基づいており、そうした理由で、語源上ジッテンに由来することが、ヘーゲルの使用法にとって重要である。[12] 倫理性の決定的な特色は、それがわれわれに、すでに存在するものをなしとげることを命ずる、ということである。これは倫理性を言い表わす逆説的な仕方であるが、しかし実際に、私の倫理的な義務の根拠である共同生活は、すでに現存しているのである。私がこれらの義務をもつのは、倫理性が進行中の事柄となることによってである。また、私のこれらの義務の履行こそ、倫理性をささえ、それを存在の中に保つものである。したがって倫理性にあっては、在るべきものと在るものとの間に、当為(Sollen)と存在(Sein)との間に、裂け目がないのである。

道徳性については、反対のことがあてはまる。ここでは、われわれは現存しない何かを実現すべき義務をもつ。在るべきものは在るものとよい対照をなす。そしてこれと関連して、義務は私にもっと大きい共同体生活の一部であることによってではなく、個々の理性的意志としてあてはまる。

そこでヘーゲルのカント批判は、次のように言い表わされることができる。カントは倫理的義務を道徳性[13]と同一視し、これを越えることができない。なぜなら、彼は個人としての人間にあてはまり、また自然と対照的に定義されて、在るものと際限もなく対立する道徳的義務について、抽象的な、形式的な観念を提示するからである。

われわれはカントの道徳哲学に対するヘーゲルの非難のすべてが、どんなに体系的に連結しているかを見ることができる。それは純粋に形式的な理性の観念で終わってしまったから、道徳的義務に内容を与えることができなかった。それはわれわれの所属する現行の社会から生ずる唯一の妥当な内容を、受けいれようとしなかったので、個人の倫理にとどまった。それはわれわれを一部として含むあのもっと大きい生命から後退したので、正しいことを現実的なものに永遠に対立するものと見なした。〔カントにあっては〕道徳性と自然とはつねに不和である。

倫理性の学説は、道徳性は共同体においてその完成に達するということである。これは義務にその決定的な内容を与えるとともに、それを実現するので、当為と存在との裂け目は埋められる。ヘーゲルは、われわれが見たように、カントに従って出発し、意志と自由を自然から区別した。しかし、自由の充実は自然が(ここでは、粗野な、未発達な形態で出発した社会が)理性の諸要求に譲歩する時にある。

理念の実現は人間が社会においてもっと大きい生命の一部となることを必要とするから、道徳的生命は倫理性においてその最高の実現に達する。この最高の実現は、もちろん達成である。それは歴史の至る所にあるわけではない。公共生活が精神をはなはだしく欠いたために、道徳性が〔倫理性より〕すぐれた何かを表現している時期さえある。しかし、道徳性の充実は倫理性が実現された時に到来する。

自由の十分な実現は、社会が最小限の、自足する人間的現実であるというアリストテレスの理由から、社会を必要とする。倫理性を頂点に据えることにおいて、ヘーゲルは――意識的に――アリストテレスに従っており、またアリストテレスに従いながら、古代ギリシャの世界を追っている。というのも、世界が努力も要らず分裂もしていない倫理性を見た最後の時代は、ギリシャ人たちの間にあったからである。ヘーゲルの倫理性の観念は、一部は、彼の全世代がギリシャのポリスの中に見たあの表現的統一の描写であって、ポリスでは――と信じられていた――人々は自分の都市の集団的生活を自分自身の生活の本質および意味と見なし、都市の公共生活の中に自分の名誉を求め、自分の報いを都市における権力と名声に、そして不滅性を都市の記憶に求めたのである。それはモンテスキューが共和国の原動力と見なしたあの徳性に対するヘーゲルの表現であった。ヘーゲルは彼の世代と共通に、この倫理性がその最初の形態においては永遠に失われたことを認めたが、しかし彼の同時代の多くの人とともに、それを新しい仕方で再生させたいと熱望したのである。

3 倫理的実体

われわれの最高の最も完全な道徳的現存は、われわれが共同体の一員としてのみ到達することができる現存であるという理念は、明らかにわれわれを近代自然法の契約説とか、一般的幸福の道具としての功利主義的社会観とかを越えた所へ連れて行く。なぜなら、これらの社会は、われわれに突きつけられる最高の要求でないのはもちろん、独立したもろもろの義務の焦点ですらないからである。それらの社会の現存は先在するもろもろの道徳的義務に、例えば、約束を守ることとか、最大多数の最大幸福の促進とかに、特殊な形を与えるだけである。倫理性を道徳生活の頂点におく学説は、さきに用いた表現を思い出すならば、人間が一員として関与するもっと大きい共同体の生命としての社会という観念を必要とする。

ところで、この観念はいわば重心の中心を個人から、もろもろの個人を諸相とする生命もしくは主体性の場所と見なされる共同体へ移動させる。共同体はガイストの具体化であり、しかも個人より充実した、もっと実体的な具体化である。この個人を越えた主体的生命の理念が、ヘーゲルの哲学に対する多くの抵抗の源泉であった。なぜなら、それは少なくともアングロ＝サクソン世界(ある一定の哲学的伝統によって養われた）の常識には、思弁的な意味において奇想天外であるとともに、個人とその自由を「より高い」公共の神性の祭壇にささげる「プロシャ的」な、それどころか「ファシスト的な」帰結において、道徳的に非常に危険であるように思われたからである。それゆえ、さらに進む前に、われわれはこの社会観や個人とこの社会との関係を吟味すべきであろう。なるほど、われわれはヘーゲルの客観的ガイストの観念が、やさしいどころではないことを知るであろう。しかし、その観念が途方もない点は、経験論的世界に属する原子論的思考力が、あると考えた所にあるわけではない。

　ヘーゲルはこの人間と共同体との関係を特色づけるために、いくつかの術語を使用する。最もありふれたものの一つは「実体」である。国家あるいは民族は、もろもろの個人の「実体」である。この理念は『エンチュクロペディー』の中にはっきり表現されている。

> 自分自身を自由として知る実体――この実体にあっては、絶対的「当為」は同様に存在である――は、民族の精神として実在性をもつ。この精神の抽象的分割がもろもろの人格への個別化であり、精神はこれらの人格の独立した現存を支配する内的力および必然性である。しかし、思惟する知性としての人格は、この実体を自分自身の本質として知っており――この確信(Gesinnung)において彼はこの実体のただの偶有性であることをやめる――彼はむしろこの実

体を自分の現実に現存する絶対的かつ終極的目標として、ここに今達成されているあるものとして眺め、その一方では同時に彼はこの実体を自分の活動によって、しかし実際に端的に存在するあるものとして、なしとげるのである(『哲学体系』五一四節)(1)。

われわれはこの引用の終わりのところで、倫理性のあの根本的特色、すなわちそれが、同時にすでに実現されている目標、なしとげられていてしかも存在する目標、を提供するということ、への言及に注目することができる。しかしここで注目に値するのは、「実体」を説明するのに役立つ一組の関連した諸概念である。ヘーゲルの言うところによれば、共同体はまたもろもろの個人にとって「本質」であり、「終極的目標」でもある。

「実体」と「本質」の裏にある観念は、もろもろの個人は、彼らが共同体に内属することによってのみ、彼らがあるところのものである、ということである。この理念は『歴史における理性』で次のように言い表わされる。「人間は自分があるところのすべてを、国家に負っている。彼は国家においてのみ、自分の本質を見出すことができる。人間が所有するすべての価値、すべての精神的現実を、彼は国家を通じてのみ所有する」(一一一ページ)。あるいはもっと直接に、「個人はこの実体において個人である。……どんな個人も(それを)越えることができない。彼は確かに他の特殊な個人から自分を引き離すことはできるが、民族精神(Volksgeist)からはできない」(『歴史における理性』五九―六〇ページ)。

「終極的目標」(Endzweck)の裏にある観念は、もっと不吉であるように思われる。それはもろもろの個人が無慈悲なモレク[(2)]めいたものとしての国家に奉仕するためにのみ現存する、という意味を含んでいるように思われるからである。このことはもっとずっと明らかに『法哲学』二五八節の警告であるように見える。「この実体的統一はそれ自体、絶対的な確固とした目的であって、この目的において自由はその最高の権利を取得する。他方において、この終極目的は個人に対して最高の権利をもっているのであって、個人の最高の義務は国家の一員となることである」。しかし、こうした解釈は重大な誤解に基づいている。ヘーゲルは国家が個人のために現存することは否認する。言いかえれば、彼は国家が道具的機能しかもたず、国家が役立つべき諸目的は個人のそれである、という啓蒙主義の功利主義的理念を拒否する。しかし、彼は逆の命題を実際に受けいれることができない。

国家は市民たちのために存在するのではない。国家は目標であり、市民たちは道具である、と人は言うことができるであろう。しかし、この目的と手段の関係は、ここでは全く不適当である。なぜなら、国家は市民たちに対立する抽象的なものではないからである。むしろ市民たちは、どの部分も目的であって何一つ手段ではない有機的生命におけるように、諸契機である。

……国家の本質は倫理的生命(die sittliche Lebendigkeit)である(『歴史における理性』一一二ページ)。

むしろ、われわれはここで、目的と手段の観念が、生きている存在の表象《イメージ》に譲歩しているのを見る。国家もしくは共同体は、より高い生命をもつ。その諸部分は有機体の諸部分のように関連している。(3) それゆえ、個人は自分とは別個の目的に仕えているのではない。むしろ彼は彼の一体性の根拠であるもっと大きい目標に仕えているのである。彼はこのもっと大きい生命においてのみ、現にあるとおりの個人だからである。われわれは自己目標と他者目標の対立を乗り越えたのである。

ヘーゲルはこの生きているものとしての共同体の観念に、「自己意識」としての共同体のそれをつけ加える。そしてこのことが、ガイストと民族精神(Volksgeist)という語の使用とともに、ヘーゲルの国家もしくは共同体は超個人的である、という考えを引き起こしたのである。しかし、彼が「自己意識」という術語を持ち出している『歴史における理性』の一節では、彼は自己意識について、民族精神と関連させて、それがもろもろの個人に適用されるという意味で語っているのではない、ということを明らかにしている。むしろ、それは「哲学的概念」(六一ページ)である。個人より大きいどのようなガイストとも同様に、それはもろもろの個人的、具体的な主体の媒介物を通してのみ、現存をもつ。(4) それゆえ、それはそれらの主体に似た主体ではない。

しかし、なぜヘーゲルは個人より大きい精神について語ろうとするのであるか。個人がもっと大きい生命の一部であり、それに内属し、また個人はそうすることによってのみ、現にあるとおりのものである、と述べることは何を意味するか。

これらの理念は、近代の政治思想や文化において非常に重要であった原子論的偏見が、われわれをしっかりつかんで放さないから、神秘的としか思われないのである。われわれは個人を有機体として(qua)考える場合にのみ、彼の共同体から抽象して、彼は現にあるとおりのものである、と考えることができる。けれども、われわれが人間存在のことを考える時、われわれの意味するのは、生きている有機体だけでなく、また考え、感じ、決定し、動かされ、答え、他の人々との関係にはいることができる存在である。そして、すべてこれらのことは言語を、すなわち世界を経験し、彼の諸感情を解釈し、他の人々、過去、未来、絶対者などに対する彼の関係を理解する一群の関連した仕方を含む。われわれが彼の一体性と呼ぶことができるのは、彼がこの文化的世界に対処する特殊な仕方である。

ところで言語は、またわれわれの経験と解釈の根底にある一群の関連した諸区別は、共同体の中でのみ成長し、それによってのみ維持されうるものである。その意味で、われわれは文化的共同体においてのみ、人間存在として現にあるとおりのものである。ひとたびわれわれがある文化の中で十分に成長すれば、おそらくわれわれはそれを見捨てても、その多くを失わずにいられるであろう。

しかし、この種の場合は例外であって、重要な意味において最低限である。国外移住者は自分の文化を十分に生きることができず、彼らはつねに、自分がはいって行った新しい社会の風習をいくらかでも取り入れるように強いられる。言語と文化の生命は、個人の場所より大きい場所をもつものである。それは共同体の中で起こる。個人はこの文化を、したがってまた自分の一体性を、この大きな生命に関与することによって所有する。

私が言語や〔経験の〕関連した諸区別は共同体によってのみささえられると言う時、私は言語をただ伝達手段と考えているのではない。そうであれば、われわれの経験は全く私的にとどまり、まさに相互の伝達のために公的手段を必要とするであろう。事実はむしろ、われわれの経験は、われわれがそれを解釈する仕方によって、現にあるとおりのものであり、一部はその仕方によって形づくられるのである。そして、このことはわれわれの文化の中でわれわれに利用できる言葉づかいと大いに関係がある。しかし、それればかりではない。われわれの最も重要な経験の多くは、社会の外部では不可能であろう。なぜなら、それらの経験は社会的である諸対象にかかわるからである。例えば、儀式に参加したり、われわれの社会の政治生活に関与したり、郷里のチームの勝利を喜んだり、亡くなった英雄を国を挙げて悲しんだりするなどの経験は、そのようなものである。すべてこれらの経験や感情は、本質的に社会的であって（この）社会の外部では存在しないような諸対象をもっている。

そんなわけで、われわれの社会の中に生きている文化が、われわれの私的経験を形づくり、われわれの公的経験を構成し、この公的経験が今度は私的経験と互いに深く影響し合うのである。したがって、われわれの社会のもっと大きい生命に関与することによって――あるいは少なくとも、しばしばそうであるが、われわれとその生命との関係が無意識的であり受動的であるとしても、その中に没入することによって、われわれは現にあるとおりのものであると述べることは、途方もない主張ではない。

しかしもちろん、ヘーゲルはこれ以上のことを言っているのである。私の社会の文化とのこの避けられない関係は、最も極端な疎外を除外しないからである。これは私の社会に関する公的経験が、私にとって何らの意味ももたなくなる時に起こる。

ヘーゲルはこの可能性を否定しようとするどころか、疎外論を最初に展開した一人であった。論旨は、公的経験の諸対象――儀式、祝祭、選挙など――は、自然の事実のようなものではない、ということである。それらの対象はそれらが引き起こす経験から、すっかり引き離されるわけではないからである。それらは、一部は、それらの根底にあるもろもろの理念と解釈によって構成される。教会とか近代の選挙とかにおける投票のような一定の社会的実践は、壺の中に石を入れたり、一片の紙に印をつけたりすることを、社会的決定をすることと見なす、一連の共通に理解された理念や意味のゆえに、現にあるとおりのものである。現に進行していることに関するこれらの理念は、制度を規定するために本質的である。もしここで予定されていることが投票であって、数個の壺に石をつめることによってなされるような何か全く別の活動ではないとすれば、それらの理念は本質的である。

ところで、これらの理念は普遍的に受けいれられることも、それどころか理解されることもない。それらは人間、社会および決定について一定の見解を、例えば、他の社会には悪とか理解不能とか思われるかも知れない見解を含む。投票によって社会的決定をすることは、個人的決定の連鎖から共同体決定を確立することが、正当な、適切な、賢明なことである、ということを含む。〔しかし〕いくつかの社会にあっては、世界中の多くの伝統的な村落社会と同じように、もろもろの社会的決定は全員の合意によってのみ、なされることができる(できた)。〔だから投票による〕この種の原子論的な決定の手つづきは、社会の絆《きずな》を解消するも同然である。それは他の何であろうと、社会の決定ではありえないだろう。

そんなわけで、人間や人間と社会との関係についての一定の見解は、社会のもろもろの実践や制度のあるものの中にうずもれているのである。そこで、われわれはこれらの実践や制度をある一定の諸理念を表現するものと考えることができる。それどころか、もし社会がそれ自身について相対的に明確かつ正確な理論を展開していなければ、それらの実践や制度がこれらの理念の唯一の、あるいは最も〔理念に〕相応する表現であるかも知れない。ある一定の実践の根底にあって、それを現にあるとおりのものにしている諸理念、例えば紙に印をつけることを社会的決定を下すことにする諸理念は、人間や意志や社会などに関する諸命題において、〔それらの理念に〕相応して説明されないかも知れない。確かに、〔理念に〕相応した理論的言語は、今までのところ未開発であるかも知れない。

こうした意味において、われわれは社会のもろもろの制度や実践を、社会の基本的諸理念が表現される一種の言語と考えることができる。しかし、この言語において「言われる」ことは、ある個人の心の中にのみありうるような諸理念ではない。それらの理念はむしろ、社会の集団的生活の中に、社会と不可分であるもろもろの実践や制度の中に、うずもれているので、社会に共通である。これらの中に、社会の精神がいわば対象化されている。それらは、ヘーゲルの言葉を借りれば、「客観的精神」である。

これらの制度や実践が、社会の公共生活を作りあげる。ある一定の諸規範がそれらの中に潜在していて、それらが維持され、立派に生き抜かれることを要求する。社会的決定の一連の手つづきとしての投票の実状のゆえに、不正な小細工に関する一定の規範や、個人的決定の自律などが、それから不可避的に出てくるのである。社会の公共生活の諸規範が、倫理性の内容である。

われわれは今や、ヘーゲルが社会のもろもろの規範もしくは目的について、われわれの行為によってささえられながら、しかもすでに存在するものであり、したがって社会の成員は「それらを自分の活動によって、しかしむしろ端的に存在するあるものとして、作り出す」(『哲学体系』五一四節)と語る時、彼が何を意味しているかを、もっとよく知ることができる。これらの実践や制度は進行中の人間の活動によってのみ維持されるし、また、そうでなければならないからである。それというのも、われわれの将来の行為がささえようと努めなければならない規範が、どんなものであるかを明確にするのは、進行中の実践だけだからである。このことはとくに、ヘーゲルの見解では絶頂期にあったギリシャの都市国家においてそうであったように、まだ規範の理論的定式化がない場合にあてはまる。アテナイ人は「いわば本能から」(『歴史における理性』一一五ページ)行動したのであって、彼の倫理性は「第二の天性」であった。しかし、たとえ理論があったとしても、それは基準としての実践に取って代わることはできない。何らかの定式化が、この種の社会的実践の中に含まれているものを、すっかり表現することは、ありそうもないからである。

もろもろの社会は実現されてない標準を満たそうと努める時、例えば「社会主義を建設」したり、十分に「民主的」になったりしようと努める時、実践よりむしろ理論的な「価値」定式化を、自分の規範として引き合いに出す。しかし、これらの目標は、もちろん道徳性の領分に属する。倫理性は現行のもろもろの実践が、根本的規範の相応する〔ふさわしい〕「陳述」であることを前提とする。ただし、近代の国家哲学の場合に限られていたが、ヘーゲルは理論的定式化を〔実践に〕追いつくものと見なす。こうしたことから、われわれは最高の倫理によって追求された目的がすでに実現されている、というヘーゲルの主張の重要性を知るのである。それは最高の諸規範が現実的なものの中に発見されるはずであること、現実的なものは理性的であること、われわれは青写真から新しい社会を建設しようとする途方もない企てを避けるべきであることを意味する。ヘーゲルは次のように考える人々に強く反対する。

国家哲学は……もっと違った理論を発見して公表するという任務を……もつ。こうした考えやこれと一致した行動を吟味すると、世の中には国家も憲法もかつて存在したことがなく、今……われわれは初めからもう一度やり直さなくてはならず、倫理的世界はそのような当今の計画、証明および調査をひたすら待っていたのである、とわれわれは思うかも知れない(『法哲学』序論、四ページ)。

ギリシャ人が楽しんだ、人間にとって最も幸福な、疎外されてない生活は、社会の公共生活の中に表現されたもろもろの規範や目的が、最も重要なものであって、それによってその社会の成員たちが人間存在としての自分の一体性を限定する場合にある。なぜなら、その場合には、成員たちが暮らしていかざるをえない制度上の母体が、無縁なものとは感じられないからである。むしろ、それは自己の本質であり、「実体」である。「こうして、各人は普遍的精神の中に自己確信を、すなわち現存する現実の中に自分自身よりほかの何物も見出さないだろうという確信をもつ」(『精神現象学』二五八ページ)。また、この実体は市民たちの活動によってささえられるので、彼らはそれを自分の仕事と見なす。「この実体はまた、それぞれすべての人の行為によって、彼らの統一と相等として作り出される普遍的な仕事(Werk)である。それは対自存在(Fürsichsein)、自己、いとなみ(das Tun)だからである」(『精神現象学』三一四ページ)。この種の国家の中に生きることは、自由になることである。社会的必然性と個人的自由との対立は消失する。「理性的なものは、実体に属するものとして必然的であり、われわれがそれを法則として承認し、われわれ自身の本質の実体としてそれに従う限り、われわれは自由である。その時には、客観的な意志と主観的な意志とは和解して、同一の静まり返った全体を形成するであろう」(『歴史における理性』一一五ページ)。

しかし疎外は、共通の実践とか制度とかを規定するもろもろの目標、規範または目的が、不適切と、それどころか奇怪と思われ始める時、あるいはもろもろの規範が規定し直されて、その結果、実践がそれらの規範の戯画化のように見える時、起こるのである。公共の宗教的実践の多くが、歴史において最初の運命〔的死〕を経験した。それらの宗教は次の諸世代には「死んでしまった」のであって、不合理もしくは不敬なものと見なされることさえあるかも知れない。それらが公共の儀式の一部でありつづける限り、社会には広範囲にわたる疎外がある。——われわれはスペインのような現代のいくつかの社会を思い出すことができる。スペインは公式にはカトリックであるが、住民の大部分は急速に反教権的である。あるいは共産主義のいくつかの社会を思い出すことができる。それらの社会は、たとえ市民たちの多くが神を信じていても、無神論を公けの宗教としているのである。

ところが、西洋社会の民主的実践は、われわれの時代において、第二の運命〔的死〕めいたものを経験しているようである。多くの国民は投票の正当性や周囲にある制度、選挙、議会などを、もはや社会的決定の媒介物として受けいれかねている。彼らは個人と社会との関係について彼らの考え方を訂正してしまったので、大規模な投票制という投票制が個人的決定と社会的結果との間に引き起こす媒介と疎隔が、受けいれがたくなっているようである。何が問題になっているかを参加者のすべてが十分に意識している、充実した激しい討論において、到達されない何物も、真の社会的決定であると主張することができない。選ばれた代表者たちによってなされた諸決定は、まやかし、全員一致をよそおう操作という烙印を押される。集団的決定(すなわち単に国民のためにではなく、国民によってなされた決定)の規範に関するこうした規定のし直しとともに、われわれの現在の代議制度は欺瞞として描かれ始めている。そして、人口の相当部分はそれらの制度から疎外されている。

いずれにせよ、公的実践に表現されているような諸規範は、われわれの忠節心を保てなくなっている。それらの規範は不適切と見なされるか、侵害として非難されるかのいずれかである。これは疎外である。この疎外が起こると、人々は何が自分たちに主として重要であるかを限定するために、どこかほかの所へ向かわなければならない。彼らは時には別の社会へ、例えば、もっと小さくてもっと緊張した宗教的共同体へ向かう。しかし、ヘーゲルの目から見て歴史的に非常に重要であった別の可能性は、彼らが自分の責任で行動を始め、彼らの個人としての一体性を限定することである。個人主義が現われるのは、ヘーゲルが『歴史における理性』で述べているように、人々が共同体の生活と一体であるのをやめる時、彼らが「反省する」時、すなわち自分自身をふり返り、自分自身をもろもろの個人的目標をもつ個人として最も重要視する時である。これが民族(Volk)とその生命の解体の契機である。

ここで起こることとは、個人が自分の一体性を主として社会の公共的経験によって規定するのをやめることである。それどころか、彼にとって極めて重要であって、彼の存在の核心に最も触れるように思われる最も有意味な経験は、私的なものである。公共的経験は彼には二次的な、狭苦しくて偏狭な、自分自身の一部にしか触れないもののように思われる。万一そんな経験があえて以前のように中心であることを要求するならば、個人はそれとの闘争にはいり、それと戦わなければならない。

この種の転換は、もちろん歴史において何度も例証されているが、しかしヘーゲルにとっては、この種の範例的出来事はギリシャの都市国家の崩壊とともに起こる。それゆえ、ギリシャのポリスにおいては、人々はポリスの公共生活や共通の経験を共にしていたのである。彼らの最も根本的な、文句のつけようのない諸価値は、この公共生活において具体化されたものであったし、したがってまた彼らの重大な義務と徳性は、この生活を継続し維持することであった。換言すれば、彼らは彼らの倫理性によって十分に生きたのである。ところが、これらのポリスのそれぞれの公共生活は、狭小で偏狭であった。それは普遍的な理性とは一致しなかった。ソクラテスとともに、自分の生活を偏狭なものに、単なる所与に基づかせることができず、普遍的な理性の中に基礎を求める人間の挑戦が現われる。ソクラテスは倫理性の理念、誰もが忠節心をもつべき法律の理念、を受けいれているのであるから、彼自身が深刻な矛盾を表現している。彼はこの理念を普遍的な理性からも引き出す。それでいて彼は理性に対する彼の忠節心のゆえに、アテナイの現実の法律とともに生きることができない。むしろ、彼はその法律の土台を掘りくずす。彼は青年に法律を最終的なものと考えず、疑うように説得する。彼は死刑に、法律に対する彼の忠節心のゆえに彼が受けいれる死刑に、処せられざるをえない。

しかし今や、この公共生活と一体になれない新しい型の人間が現われる。彼は主として公共生活にではなく、普遍的な理性に関する彼自身の把握に、かかわり始める。彼が今や強制的と感ずる諸規範は、どんな現実においても全く実体化されてないものである。それらは現実的なものを越える理念である。反省的個人は道徳性の領分内にある。

もちろん、自己を意識した個人でさえ、どれかの社会と関係があった。人々は自分自身を、道徳的存在である限り(qua)、どこかの共同体に、ストア派の「人間と神々の国」や、キリスト教徒の「神の国」に所属すると考えた。しかし、彼らはこの国を地上の国とは全く異なるもの、またそれを越えているものと見なした。また、彼らは哲学者たちとか信者たちとかの共同体の中で、自己を確認する拠りどころとなった言語を苦心して作り上げて維持したが、そのような共同体は実際には散在していて無力であった。理性的なあるいは神を恐れる個人としての彼らの一体性の基礎となった共通な生活は、非常に貧弱であったし、あるいは、そうなりかねなかった。それであるから、人間の生活において最も重要であったのは、彼が個人としてなしたり考えたりしたことであって、彼が現実の歴史的共同体の公共生活に関与することではなかった。

いずれにしても、〔ストア派の〕賢者の共同体は、聖人たちのそれと同様に、歴史において外的な、自己存立的な現存を欠いていた。むしろ、公共の領域は私的な、正当化されなかった力に引き渡されていた。これが都市国家の後に起こった古代のもろもろの世界帝国、とりわけローマ帝国の時代に関するヘーゲルの通常の叙述である。倫理性の統一と充実は、この世から失われて、この世から虚空のかなたへ移されたのである。

それではヘーゲルは、倫理性の〔道徳性に対する〕優位の提言や、それと関連した「倫理的実体」、人間が参加しなければならない精神的生活、としての共同体の観念で、何を言っているのか。われわれわれはそれを、論駁される恐れが次第に高まる順序に並べて、三つの命題に表現することができる。第一に、人間にとって最も重要であるものが、なしとげられるのは、共同体の公共生活との関係においてのみであって、疎外された個人の私的な自己限定においてではない。第二に、この共同体は狭小なもの、例えば、もっと大きな社会によって生活が制約され、管理され、制限される秘密集会もしくは私的な会合であってはならない。それは最小限、自給自足する人間的現実、国家と同じ広がりをもたなければならない。少なくともわれわれの重要な規範のいくつかを表現する公共生活は、国家のそれでなければならない。

第三に、国家の公共生活は、それが表現するもろもろの規範や理念が、単に人間の発明ではないから、人々にとってこのように決定的に重要である。それどころか、国家は理念を、諸物の存在論的構造を表現する。要するに、国家が極めて重要であるのは、それが人間がこの存在論的構造、すなわち意識の様相における他の存在――ヘーゲルはこれを「絶対的精神」と呼ぶ――に対する自分の本質的関係を回復する不可欠な仕方の一つだからであり、また共同体の生活によるこの現実的関係は、人間と絶対者との意識的一体性(これはまた絶対者の自己同一性を意味する)への復帰の完成にとって本質的だからである。

明らかに、これら三つの命題はつながっている。第三の命題は第一と第二の下に横たわる基礎を与える。もし人間が宇宙的精神の媒介物として真の一体性を達成するならば、そしてもしこの一体性が表現される不可欠の媒体の一つが、彼の政治社会の公共生活であるならば、彼がこの公共生活との関係において自己を確認するようになることが、明らかに本質的なことである。彼は私的なあるいは宗派的な一体性の疎外を超越しなければならない。これらは決して彼を絶対者に十分に結びつけることができないからである。

共同体のことを語るにあたって、「実体」、「本質」、終極目的(Endzweck)、自己目的(Selbstzweck)のような術語をヘーゲルが使用することの背後にひそむ、諸理念の複合体がある。第一に、共同体の公共生活を作り上げる一連の実践や制度は、その成員たちの一体性にとって最も中心的な、最も重要な規範を表現するので、成員たちはこれらの実践や制度に関与することによってのみ、彼らの一体性において維持され、彼らは彼らでこの関与によってこれらの実践や制度を永続させる。第二に、当の共同体は国家、すなわち真に自足する共同体である。そして第三に、この共同体は理念を、人間とその世界の根底にある理性的必然性の定式を表現するから、この中心的役割をもつのである。

そんなわけで、ヘーゲルの国家論において異様で論争の余地がある点は、人々が浸《ひた》されているもっと大きい生命という理念とか、社会の公共生活はいくつかの理念を表現し、したがってこれらの理念はいわば社会全体の理念であって、単に個人たちの理念ではないので、われわれは国民について一定の「精神」をもっていると語ることができる、という考えとかではない。なぜなら、人間の歴史の大部分を通じて、人々は自分の社会の公共生活に表現された意味との関係において最も激しく生きてきたからである。誇張された原子論だけが、疎外された人々の条件を、不可避的な人間の規範のように思わせることができるであろう。

しかし、ヘーゲルが容認しがたい実質的主張をしているところは、人間が宇宙的精神の媒介物であるという彼の根本的な存在論的見解と、国家はこの精神が世界を定立する拠りどころとなる必然性の基礎的定式を表現する、という系命題の中にある。

言いかえるならば、民族精神(Volksgeist)、すなわちもろもろの理念を自分たちの共通の諸制度の中に表現し、それらの制度によって人々が自分の一体性を限定する民族の精神、の理念は十分に理解可能である。また、もしわれわれが人間の歴史において進行したことを理解すべきであるならば、何かそのようなものが、ぜひ必要である。それより信じがたいのは、人々が——したがってまた、それぞれ特有の仕方におけるこれらの民族精神が——人間を通して自己意識に復帰しつつある宇宙的精神の媒介物である、ということである。

そんなわけで、しばしば信じられていることだが、社会に関するヘーゲルのとくに風変りな超個人的主体説なるものは存在しない。人間を媒介物とする宇宙的主体という非常に難解な説があるだけである。これは社会における人間論の中へ編み込まれており、この論自体は決して首肯されないものでも奇怪なものでもない。確かに、それはヘーゲルの自由主義的反対者たちの誰かの原子論的考え方より、ずっとすぐれているのである。

それゆえ、十分に理性的である国家は、そのもろもろの制度と実践の中に、その市民たちが承認し、また自分の一体性を限定する拠りどころとなる、最も重要な理念や規範を表現する国家であるだろう。また、そのような事情にあるのは、理性的な人間が万物の根底にある必然性の定式と見なすようになる理念の、また人間において自己意識に達するように運命づけられている理念の、分節化を国家が表現するからであろう。だから、理性的な国家は倫理性、すなわち現行の公共生活における最高の諸規範の具体化、を取り戻すであろう。それはギリシャ人とともに失われたものを、しかし一段と高い水準において、取り返すであろう。なぜなら、十分に発達した国家は、普遍的な基準によって判断する個人の理性的意志の原理、まさにギリシャのポリスをついに破壊した原理を取り入れるだろうからである。

この個人性と倫理性の統合は、われわれが理念から導き出せる必要条件である。しかし、これはまた、カントの徹底した道徳的自律とギリシャのポリスの表現的統一とを、何とかして結合しようとする当時の熱望を、ヘーゲルが定式化してそれに答える仕方でもある。この難問に対するヘーゲルの解答は、われわれが見たように、自律への超近代的な願望と、社会の基礎としての宇宙的秩序に関する更新された透察との異常で独創的な結合であった。これは徹底的自律そのものの理念から、その重心を人間からガイストへ置きかえることによって、宇宙的秩序を引き出したものである、と言ってよいであろう。ヘーゲルはこの綜合を歴史の目標と見なした。次に、それが歴史においてどのように展開するかを見ることにしよう。

4　歴史の目標

それゆえ、精神の充実は、理性を十分に表現して具体化する共同体の成長を必要とする。また、精神は自分自身を実現するために、空間と時間の世界を定立するのであるから、この充実は、したがってまた理性の共同体は、歴史の目標と考えられることができる。そういうわけで、ヘーゲルは『歴史における理性』の中で歴史の目標について、こう語っているのである。

目標はそれ(精神)が自分自身を即自かつ対自的に(an und für sich)あるとおりに知るためにのみ突き進むこと、それが自分自身をその真理において自分自身の前に現象させることが、知られるようになることである——目標はそれがそれ自身の(すなわち世界の)概念に相応する精神的世界を現存させること、それが自分の真理を実現し完成すること、それが自分の概念に相応したものになるように、宗教と国家がそれによって作り出されることである。……(『歴史における理性』六一ページ)。

この一節では、歴史における精神の目標の両側面が表現されている。すなわち、精神は自己についての理解、知識に達しようと努めている。しかし、それをするためには、精神は自分の概念に相応する本当の共同体(精神的世界《geistige Welt》は国家において具体化されなければならない)でもあるはずの現実、精神的共同体を現存させなければならない。あるいはさらに、「目標は精神が自分自身についての意識に達すること、または世界を自分自身に一致させる(die Welt sich gemäss mache)ことである。——これらは同一に帰するからである……」(同書、七四ページ)。それゆえ、歴史はガイストを実現するために導かれるものとして目的論的に理解されなければならない。歴史に起こることは意味をもち、正当化を——いや最高の正当化をもつ。それは善いものであり、神の計画である。

真の善、普遍的な神的理性は、自分自身をなしとげる力でもある。この善、この理性はその最も具体的な表象においては神である。……哲学の洞察はどんな権力も善の、すなわち神の力には勝てず、この力は権力がその目的を達成するのを(sich geltend zu machen)阻止するであろう、……世界史は摂理の計画よりほかの何物をも展示しない。神が世界を支配するということである(同書、七七ページ)。

歴史は摂理に従っていて、真の歴史哲学は、ヘーゲルの言うように、神義論である。こうして、歴史は理性と一致する共同体においてその極致に達する。あるいはわれわれは、自由を具体化する共同体において〔その極致に達する〕、とも言えるであろう。というのは、「世界の終極的意図は精神が自分の自由を意識すること、したがってまたこの自由の最初の十分な実現である」(同書、六三ページ)からである。

もちろん、この自由は個人的な、否定的な自由、私がしたいことをする自由ではない。それは人間が自分自身の本質、理性に従うことにおいてもつ自由である。他方において、「個人の気ままな選択(das Belieben)は正確には自由ではない。制限される自由は、欲求の特殊な要素にかかわる恣意(Willkür)である」(同書、一一一ページ)。しかし理性に従うことは、国家のもっと大きい生命に関与することである。「国家においてのみ、人間は理性的現存をもつ」(同前)からである。ところが、十分に理性的な国家は、人々が自分の「実体」として一体となる最初の共同体ではない。これに反して、すべての重要な歴史的発展は、このような共同体において起こる。国家の外部に、例えば族長制的部族社会に生きているような人々は、歴史が本当に始まる以前にせよ、歴史の周辺においてにせよ、全く歴史の埒外にある。歴史の終わりに到来するのは、共同体そのものではなく、むしろ概念に、自由と理性に、初めて十分に相応する共同体である。

それゆえ、歴史の歩みはこのような共同体の継起と見なされうるのであって、初期の共同体は後期のそれがますます〔概念に〕相応して具体化するものの非常に不完全な表現である。ヘーゲルは精神の(多かれ少なかれ相応する)具体化であるこれらの具体的な共同体を民族精神(Volksgeister)と名づける。それらが歴史の主体である。「われわれがここで関係をもたなければならないのは、民族精神である」(同書、五九ページ)[1]。そんなわけで、理念は歴史において、しかし諸段階を通して実現され、これらの諸段階が歴史上の諸文明であり、民族精神である。

世界史は精神の、その最高の諸形態における、神的な、絶対的な過程、すなわち精神がその真理と自分自身についての自己意識とに到達する諸段階を通るこの進行、の叙述である。これらの諸段階の形態が世界史上の民族精神、それらの倫理的生活の性格、それらの政体、それらの芸術、宗教、科学である。これらの諸段階のおのおのを実現すること、これが世界精神の無限な推進力(Trieb)であり、この分節化への世界精神の抵抗しがたい衝動(Drang)とその実現とが、この精神の概念である(同書、七五ページ)。

最後の所説は、この一連の諸段階そのものが概念に従って必然的であるという事実をさす。精神が最大の外面性から十分な自己意識へ移動することが、その自己実現にとって必然的である。しかし同様に、途中の諸段階も必然性によって置かれているのである。各段階は苦心して自分自身を仕上げなければならない。運動の動力は矛盾、外的現実と実現するように予定されていることとの矛盾である。矛盾は最後にはどんな所与の形態をも解体する。しかし、この形態における矛盾の特殊な本性が結果を決定し、したがって最初の形態の崩壊から別種の形態が発生する。この別種の形態は先行者の矛盾を解決したあと、自分自身の矛盾の犠牲となり、同じことが歴史の全体にわたって行なわれる。

このようにして、歴史はわれわれがさきに第一章で述べたような弁証法的運動を示す。しかし、始点と目標は理念によって、したがって必然性によって設定されているので、中間のすべての段階は必然的なものである。出発点と目標が認められたならば、最初の形態における矛盾の特殊な本性は、必然的に結果として出てくるからである。そして、その矛盾の解決から第二の形態が発生し、その形態から第二の矛盾の目標と本性が結果として出てくるはずであり、以下同様である。こうして、歴史は必然的な弁証法的計画に従うであろう。

歴史の計画は理念のそれであり、これの哲学的理解は歴史哲学によって前提とされる。したがって歴史の弁証法は、理念の自己展開における概念上必然的な諸段階を反映しているものとして理解されるべきである。

しかし、実際には歴史と論理との間に適合のゆるみがあることは、驚くべきことではない。それらの一般的形態における概念的諸関係は、非常に厳密なアプリオリーな枠組を形成するには、余りにも多くの結合を許す。また歴史上の出来事は、大いに勝手な動きをさせないためには、「普遍的」、「特殊的」、「個別的」のような高水準の諸概念では、余りにも多くの解釈を許す。われわれが突然、過去についてのわれわれの知識が間違っていたことに気づくようなことがあるとしても、体系なるものは歴史の歩みにおける非常に広範囲の変化への適応を許しそうな気がする。

しかし、それにもかかわらず、諸物の一般的計画への非常に強い、もしかしたら確信すら抱かせそうな統一がある。人が細部の上へ舞いあがればあがるほど、歴史哲学はますます説得力があるように見える。たとえヘーゲルの詳述には実にしばしば魅惑的な洞察があるとしても、疑惑を呼び出すのは、細部と全体との適合である。

歴史の諸段階は、上述の最後の引用が語っているように、もろもろの民族精神によって表示される。各段階はあの特殊な段階の理念を生み出そうと努力する、ある一定の民族において具体化される。これがその民族の共通の意図である。人々はこの共通の課題がなしとげられるまで、すっかりこの課題にとらえられ、これと全く一体のままである。そのあと、事態はばらばらになる。民族の構成員たちは全面的に献身しなくなり、反省するようになり、公共的目標の外部に個人としての一体性を求めるようになる。彼らは「政治的空白」(同書、六八ページ)に陥る。

ヘーゲルはこの一節で、あたかも一つの段階から次の段階への移行が、内的矛盾によるより、むしろおのおの世界史的民族の結実と自然的死によって起こるかのように語っている。しかし、これは本当に両立しない見解ではない。一定の民族精神は、その特殊な形態を最大限に展開すると、その形態の不相応性をも前面に押し出したのである。理念のそれ以上の展開はないので、今や不相応性だけが目立つ。そこで、人々がこの国家を見捨てて、何かほかのことを夢想するのは、避けられないことになる。——彼らは基本的には忠誠でありながら、その国を見捨てる。すなわち、彼らはしばらくの間、その国で幸福に暮らしつづけるかも知れないからである。けれども、他のどこかに、次の段階を担う新しい力が発生する。

しかし、人々は歴史において自分がしていることを十分に把握しない。なぜ彼らが一つの標準を見捨てて別のそれに移るかは、彼らには明らかでない。というよりむしろ、彼らは何か明らかな理念をもつかも知れないが、しかしこれは最も深遠な真理ではない。歴史の初期の諸段階における人々は、必然的にガイストの計画を、今や哲学者ができる(今やヘーゲルができる)ように、理解することができないからである。ヘーゲルが理性の狡知という有名な考えを導入するのは、ここである。理性はこの表象《イメージ》において、「自分自身の意図を実現するために、人々の情熱を利用する」ものとして描かれる。個々の人間と彼らの意図は戦いの中で滅びるが、しかし普遍的な意図は戦いを越えて安全に生きつづける。

対立と闘争の中にはいったり危険をおかしたりするのは、普遍的な理念ではない。普遍的な理念は背後にあって攻撃される恐れがなく、また傷つけられないようにして、特殊な情熱を闘争の中へ送り込んで衰弱させる。われわれは理念が情熱を自分のために働かせ、しかも理念を現存させるものが、そのために損なわれ害を受けるという仕方で、働かせることを理性の狡知と名づけることができる(『歴史における理性』一〇五ページ)(2)。

しかし、この絵画的表象は、まるで超個人的主体が自分自身の諸目的のために道具を配置するかのように、文字どおりに(au pied de la lettre)受け取られることを意図していない。むしろ、われわれは歴史の最も早い諸段階の人々でさえ、ガイストの媒介物であることを考慮しなければならない。彼らは精神の諸要求についてある感覚を、どんなにぼんやりしたもの、どんなに空想的に表現されたものであるにせよ、もっているのである。それゆえ、無縁な意図のために利用されることは、単に人々の個人的野心の問題ではない。むしろそれは、自分の個人的野心が精神の関心事と一致する人々は、ある使命感に満たされるからである。彼らは自分のしていることの重要性を本能的に感じ、彼らの周りにいて彼らの旗に群がる人々も、そのように感ずる。たとえ偉人も彼の追随者たちも、自分のしていることの意義をはっきり表わしたり正確に言ったりすることができないとしても、そうである。ヘーゲルは意義のこの無意識な承認に対して「本能」という語を用いる。

そんなわけで、ヘーゲルはさきに引用した理性の狡知に関する一節において、共和国を終わらせる精神の仕事を果たすやいなや、実際に暗殺者の短剣に仆《たお》れるカエサルの実例を引き合いに出す。これは犠牲にされる道具を使用する理性の一例である。しかし、それより前の一節では(同書、八九—九〇ページ)、ヘーゲルはカエサルに関連して、カエサル自身の目標と世界精神(Weltgeist)のそれとの対応が、彼に力を与えたものである、と言っている。「彼の事業は時代が即自かつ対自的に要求したことを結実させた本能であった」。ヘーゲルはつづけてこう言う。

> これらの人々は、自分自身の特殊な意図が、世界精神の意志という実体的内容を包含する、歴史上の偉人である。この内容が彼らの権力の真の源泉である。それは人々の普遍的な、無意識な本能の中にある。人々は内心ではそれに向かって駆り立てられており、この目標の遂行を自分の関心事として取り上げた偉人に対して、もはや反抗する態度を示さない。むしろ、諸民族は彼の旗のもとに集まる。彼は諸民族にそれら自身の内的衝動(immanenter Trieb)が何であるかを示し、それをなしとげる。

それゆえ、世界精神の事業は人々の間の内的衝動として、単に「本能的」な、すなわち理解されてない衝動として感じられる。そして、これが理性の仕事が歴史において、個人的野心の衝突の中でなしとげられる理由である。

したがって、もろもろの世界史的個人の偉大さは、彼らが世界精神の道具であることだけにあるのではない。彼らはまた次の段階がどんなものであるべきかを最初に感知し、それを鮮明にする人である。彼らがこの旗をかかげるやいなや、人々はついて行く。一つの形態が役割を終えた時に、精神が支配的形態を見捨てた時に、すべての人が心の底で願っていることに道を示すのは、世界史的個人である。「最初に人々に彼らの欲していたことを語ったのは、世界史的個人である」(同書、九九ページ)。

ひとたび彼ら(世界史的個人)がこの新しい形態を鮮明にすると、それは自分自身の関心もしくは判断によってそれに反対したい人々に対してさえ、抵抗しがたい力をもつ。彼らは心の奥底ではそれと一体にならざるをえないからである。

なぜなら、次の段階へ踏み出した精神は、すべての個人の魂、しかし偉人が彼らのために初めて意識へもたらす、気づかれてない内奥の感じだからである。それにもかかわらず、それは彼らが本当に望んでいるものであり、だからそれは、彼ら自身の意識的な意志に反してさえ彼らが屈服する力を、彼らに及ぼすのである。こうして、彼らはこれらの魂の指導者たちに従う。彼らは自分に逆らう、自分自身の内奥の精神の抵抗しがたい力を感ずるからである(同前)。

「理性の狡知」のようなカテゴリーは、もう一つの理解しがたい、「神秘的な」ヘーゲルの理念であるどころか、無意識な動機づけにある役割を与えようとするどんな歴史理論にとっても、不可欠のものである。(3)

5　絶対的自由

さて、ヘーゲルの歴史哲学に取りかかることにしよう。歴史の進展の主要なドラマは、ヘーゲルの政治哲学の重大な難問へと盛り上がって行くドラマである。すなわち、自分自身を普遍的な理性的思考として知る個人の自由を、どうして回復された倫理性と和解させるか、ということである。ところで、歴史の大ドラマは、ギリシャ世界における倫理性の完全な統一の崩壊と、普遍的な意識をもつ個人の誕生によって開かれる。次にそれはあとにつづく、倫理性を具体化する個人(彼の教養《Bildung》)と諸制度の数世紀を通り抜けるゆるやかな発展をたどり、その結果ついに両者は理性的国家において出会うことになる。

ここでこの発展の細部に立ち入る余裕はない。しかし、われわれの意図にとって不可欠であるのは、ヘーゲルの青年時代の最高潮をなす事件、フランス革命に関する彼の解釈を取り上げることである。これは彼の世代が自分たちの政治哲学を考え出し、そうして啓蒙主義に対する自分たちの立場を考え直す背景となる事件であった。それゆえ、近代の苦境に関するヘーゲルの考え方が、こうした事件についての彼の解釈に非常に強く出てくるのは、驚くべきことではない。

ヘーゲルにとって、ジャコバン党恐怖時代の惨事、逸脱した革命の過激行為は、啓蒙主義の根元的不相応性から理解されるはずである。近代的人間の発生は、古代のポリスの狭い範囲から脱出して自由になった理性的個人、道徳性の主体の継続である。しかし、近代になってつけ加えられたのは、理性的思考が世界を支配しており、思惟は存在の中に自分自身を再発見することができる、という確信である。究極において受肉の宗教としてのキリスト教に由来するこの信念は、キリスト以後の数世紀を通じて育ちつつあったが、しかし近代とともに質的に新しい段階、意識的な自己肯定の段階に達する。

この展開は啓蒙主義において、また人間に幸福と充実を確保するように、人間の生活の諸条件を改良する、ほとんど無制限な人間の理性能力に対する啓蒙主義の信頼において、その最高点に達する。しかし、事態をこのように見ることは、致命的な欠陥を招く。理性と存在との統一を見ることは正しいが、しかしこの統一を単純に人間の理性に帰することは全く間違いである。実際には、われわれの知っているように、ヘーゲルはすべて存在するものは宇宙的主体性の理性から生ずると考えている。世界を「涙の谷」と見なした初期の疎外の段階から現われ、神と理性に無縁な啓蒙主義の信念は、確かに重要な前進の一歩である。しかし、それは至高の理性をガイストよりむしろ人間の理性であると認める点において、決定的に不相応なものにとどまる。

これは理性が単に形式的なものにとどまり、内容を生み出せないということを、致命的帰結としてもつ。われわれは前に第二章の二において、カントの道徳論を論じた際、人間中心主義と理性の空無性との間に、こうしたつながりを見たのである。人間は世界を理性に従って改造することに取りかかるが、この熱意に内容を与えることも、何か特殊な計画を真に理性によって命じられたものとして確立することもできない。

ところで、理性だけでは行為に対する基準を与えることができないという論点は、それがカントの道徳論に反対してなされる時には、一般に受けいれられるかも知れない。しかし、なぜ同じ論点が、国民の望むことに出発点を取り、幸福を産出することを約束する、啓蒙主義の功利主義的社会工学に対して、妥当するのであろうか。確かに、〔啓蒙主義の〕この種の綱領は一定の内容を生み出す。ところが、ヘーゲルは功利主義が社会的行為の理性的計画を展開することができないのは、カントの形式的な理性原理と同様であると主張しようとする。ヘーゲルは功利の原理が諸物の価値を外部から、すなわち、それらが人間の諸目的にどのように役立つかによって、評価することを論点とする。このような評価はいちじるしく理性的であるように見える。

しかし、この手順はどこで止まるべきであるか。人間の現実の(de facto)諸欲望のところでか。しかし、なぜわれわれはここで止まらなければならないのか。もろもろの欲望をもつ人々自身が、世界における外的事実である。なぜ彼らも外部から「社会」または将来のために評価されてはならないのか。〔ここで〕われわれはヘーゲルが「悪無限」と呼ぶ無意味な後退に陥る危険がある。〔しかし〕この批判の要点は単に功利主義的倫理を正当化するための難点を暴露することではなく、この学説における真の意向を確認することである。功利主義的思想は、例えば、失業者を一般的効用のために救貧院へ入れた、一八三四年の英国の救貧法のような改革がそうであるが、人間が手段とはなっても目的とはならない境域を越えることもありうる。それは〔人間が本来もっているという〕本有的善の観念を欠いているからである。

また、現実の(de facto)欲望という基準が実際には役に立たない境域を越えることは、もっと容易である。欲望は民族の間でもその内部でも、余りにも多様であり、また矛盾しているからである。もろもろの欲望の間に道徳的抗争が起こり、本有的善の基準、何が欲望を善とするかについての基準が、発見されなければならない。

その上、われわれの諸欲望を歴史の世界において現実的なものにするためには、われわれは共通の諸目標を達成しなければならない。なぜなら、唯一の自己存立的現実は共同体であって、自己存立的となるであろう事態のどんな形成でも、共同体全体の形成とならずにはいないからである。共通の願望がなければならない。

ところで、この事実はわれわれが前に求めていた解答、諸欲望のどれかを善と判定するための基準、を提供するように思われる。真に一般的である欲望、すべての人のためにあって、自分のためにだけあるのではない欲望、が追求されなければならない。われわれはここで、一般的意志の理念に対する根拠をもつ。これは啓蒙主義の倫理説のもう一つの偉大な発見である。人間は自分の社会を全く一般的意志に基づかせることによって、正しい理性に従ってそれを形成する。理性的なものは普遍的なもの、すべての人にあてはまり、すべての人を拘束するものだからである。

功利主義から一般的意志説への歩みは、われわれが第二章の二で見たように、理性のより完全な実現をなしとげようとする試みである。功利の倫理は現実の(de facto)人間の欲望の中に、所与にすぎないものの中に、任意の終点を取らなければならない。一般的意志の倫理は所与にすぎないもの、人々がたまたま欲するものを越えて、理性的意志そのものから引き出された諸目的へ向かうことを約束する。

いずれにせよ、ヘーゲルはルソーによって、そして後にカントによって展開された歩みを、このように見ているのである。しかし、この新しい理論は、その先行のものと同様に、内容を、すなわち一連の実体的目標を、理性の理念から展開することができない。それは依然として、われわれが見たように、人間の自由な、理性的な意志を中心としているからである。それは功利主義と同様に、有限と無限とを切り離し、そうして有限な諸精神がガイストというもっと大きい実在に帰属していることが見えない「悟性」(Verstand)の領分にとどまっている。

一般的意志の、すなわち形式的普遍性の倫理は、空虚なままであった。しかし、空虚な倫理説を誰かの書斎で組み立てることと、この空虚な一般的意志を歴史において実現することとは別である。ドイツ人は最初のことをしただけであった。ところが、フランス人は二番目のことをした。そして、もろもろの恐るべき破壊的な結果は、この空虚性の中にひそんでいたものを暴露し、別の段階へ越えて行く必要を示した。この衝撃的な、最高潮に達した出来事が、フランス革命であった(『法哲学』二五八節参照)。

それゆえ、ヘーゲルはフランス革命を人間の理性の命令を世界の中で実現しようとする極限的企てと見なす。これより恐るべき、広範囲にわたる、もろもろの企てを見ているわれわれは、フランス革命がどんなに前例のない、世界を震撼させる事件であったかを思い出さなければならない。ヘーゲルはそれを、権威にも伝統にもよって展開された型どおりの事態にも少しも頼らずに、人間理性の処方箋に従って、社会をすっかり改造しようとする企てと見なした。人々は無制限で無条件の自由、ヘーゲルのいわゆる「絶対的自由」において、事態を改造すべきである。

この願望が恐るべき破壊を爆発させる。そして破壊性の根本原因は、その空無性である。ヘーゲルは『精神現象学』の有名なくだりで(第六章、B、Ⅲ、四一三―二二ページ)、革命は破壊した社会に取って代わる新しい社会を再建することができない、と論じている。発展性のある新しい政治社会は、機能の分化を必要とするからである。そして、これは行政、立法、司法のさまざまな政治制度のような政治機構の中に具体化されなければならない。ヘーゲルも分化した社会構造（もろもろの身分《Stände》）をよいことだと思っている。ところが、〔フランス革命においては〕分化したどの特殊な構造も、大目に見られない。それは自分の命令に従って世界を作り直そうとする理性的意志、無条件と思われている自由、の制限となりかねないからである。また、理性（すなわち全く人間の理性）の中には、このような特殊な構造のどれかを正当化するどんな根拠も見つけられない。社会の分化した構造は、結局、われわれがさきに見たように、ヘーゲルの目から見れば、それが宇宙的理性の表現となることによってのみ、正当化されることができる。

そんなわけで、絶対的自由への推進力は〔新しい社会を〕再建することができない。それができるのは、旧制度(ancien régime)を破壊することだけであって、新しいものを建設することではない。それは事実、自分の否定的な、破壊的な側面に永久に定着している。したがって、ひとたび旧制度がすっかり荒廃させられたならば、それは自分の破壊のエネルギーをほかの所に向けなければならない。それは「破壊の狂暴」として、自分自身の子供をむさぼり食いはじめる。これがヘーゲルが恐怖時代から引き出したことである。

しかし、われわれに直ちに気づかれるように、こうした空無性の診断は、したがってまた絶対的自由への推進力の破壊性は、すべての社会は分化を必要とする、という決定的な前提に依存している。ところで、これは決して論争の余地のない前提ではない。反対に、それはまさに完全な平等を作り出すために、そうしてこの目的のために、人間の社会をつねに悩ましてきた役割や特権のすべての差別を一掃するために、フランス革命からわれわれに伝えられた革命的衝動の目標である。それはうまく行かないであろう、差別は根絶しがたい、とただ断言することは、この願望の余り納得のいく反駁ではない。要するに、なぜ平等な人々の真の社会は、介在する複雑な機構に結びつかずに、現に行なわれているように主権を行使することができないのであろうか。一九六八年の五月に予示された社会が現われるようになるということが、なぜ他日ありえないのであろうか。

われわれは第二章の四において、この前提を支持するヘーゲルの諸理由に触れることに取りかかり、その箇所でわれわれは概念の分節化が国家において対応していなければならないことを知った。しかし、なぜこの分節化がなければならないか、またなぜ絶対的自由への願望がそれを与えることができないか、をもっと綿密に吟味するならば、われわれはヘーゲルの近代国家論の核心に触れるであろう。

絶対的自由の社会は、全くその構成員の創作品でなければならない。第一に、それはその中のすべてが人間の意志と決定の成果であるようなものでなければならない。そして第二に、もろもろの決定は全員の現実的参加によってなされなければならない。(1) われわれが普遍的かつ全面的参加と呼ぶことができるこの条件は、すべての人が全体の決定に発言権をもつ条件である。

これはある集団がもろもろの職務を分配してもさしつかえがないので、下位の一集団が事態の一面を決定するのに責任をもち、他の集団が他の一面を決定するのに責任をもち、以下同様、というようにしてある、取り決めとよい対照をなす。われわれはこの集団についても、全体の結果は構成員によって決定される、と言うことができる。しかし、個々の構成員について、もしかしたらどの構成員についても、彼らが全体の結果に関して決定したとか、全体の結果について他の人々とともに投票するという意味において、このような決定に発言権をもったとか、いうことは正しくない。

それゆえ、すべての人が独立した企業家である理想的な自由企業経済は、結果は構成員の決定によって決められるが、しかし全体の結果については誰も決定したり決定に参加したりしていない経済である。それと異なり、伝統的社会は、分化した役割を備えながら決定の範囲外にあると考えられる構造をもつかも知れない。この構造は今度は、決定の範囲内にとどまる事項がどうして、また誰によって決定されるかを決定するであろう。多分この構造はなされるべき諸決定に対して、さまざまな人々をさまざまに関係づけるであろう。だから、ある人は例えば上長に、他の人々は年長者に、また他の人々はまじない師に頼るであろうし、婦人たちに頼る人もあるだろうし、さらに他の人々はすべての人々の責任となるであろう。もしかしたらまた、すべての人々が決定する時でさえ、決定の仕方は構造によって決定されるであろう、――彼らは年長者たちによって骨子を作成された諸提案を受けいれたり拒否したりするために、投票するかも知れない。

絶対的自由を目ざす社会は、簡単に輪郭を示した自由企業や伝統的社会の範型とは違っていなければならない。後者とは違って、それは決定の及ばない機構、諸物の本性や神々の意志や古めかしい法律などに根ざしていると思われる機構を考慮することができない。ヘーゲルが見抜いたように、このようなどんな権威も受けいれないことが、啓蒙主義の本性である。あらゆることが人間の理性によって徹底的に考え抜かれ、人間の意志によって理性に従って決定されなければならない。ヘーゲルが初期の神学的論文集の一つで使用している言葉を借りるならば、理性的意志は単に「実定的なもの」、理性的に正当化されず、理性によって必然的なものまたは望ましいものであることが示されずに、単純にそこに、単純に存在の中にあるもろもろの制度や機構を受けいれることができない。そこで、一般的意志に基礎をおいた国家は、それ自体が決定の結果でない機構を含まないということになる。ただし本質的に、協議は総会で自由討議によって内紛などなしになされるべきである、という一般的意志を生む決定過程そのものの一部である機構だけは別である。しかし、その他のすべて、統治の形態、統治の役割を果たすべき人物、所有権――こうしたことはすべて決定される。統治の範囲外におかれると、ロックにあってはそうではないが、保護された個人の権利、事項さえない。

それゆえ、絶対的自由は意志に、決定の成果に基づいていない機構を拒絶する。しかし、それは同時に、例えば自由企業経済で例示されている他の範型も拒絶する。この範型も、注目すべきことだが、伝統的社会と関係を絶っている。それは啓蒙主義の子である。それは財産の諸制度と財産の交換や譲渡に付随する諸制度(契約、購入、販売など)、換言すれば、それが最も重要だと見なすたぐいの諸決定に、すなわち自分の財産の処分に関する個々の企業家の諸決定に、本質的である諸制度を除いて、「実定的な」諸制度をもつ必要がない。伝統の権威や諸物の神的秩序に基礎をおいたどんな機構も、尊敬もされないし服従もされない。理性的な人間の意志の行使に本質的である機構だけが、基本的なものと見なされる。そんなわけで、自由企業社会は絶対的自由の社会に似ている。両者が大いに異なるところは、理性的意志の行使に関する両者の考え方にある。ある場合には、これはもろもろの個人の善に関する諸決定に、他の場合にはむしろ全社会の公務に関する諸決定に表現される。一方は特殊的意志の、他方は一般的意志の領域である。それぞれの社会の根元的機構は、それぞれの社会のそれぞれ模範的な諸決定を可能にするように予定されている。しかし、一般的意志の範型は自由企業のそれを受けいれることができない。たとえ後者が「実定的なもの」を拒絶するとしても、総体的結果は意志と決定の成果ではない、ということが相変らず真理だからである。各人は自分で決定するので、結果はこの決定から出てくる限り、その人自身のものである。しかし、彼は全体の結果には割りに小さな影響を及ぼすにすぎない。さらに、彼は彼が作ったのではなく、めいめい彼と同じような状況にある何百という他の意志の成果である諸条件に直面させられる。これらの意志をつなぐ仕方は、盲目的な自然法則の作用であって、意志のそれではない。しかし、もし自由の主眼点が、私がどんな生活をするかが私自身によって決定されるべきである、ということであるならば、私がほんの一部だけ私の決定の成果である諸条件の中に生きる限り、その範囲において私は完全に自由ではない。

完全な自由は全体の結果が私によって決定されることを必要とするであろう。しかし、もちろん全体の結果は社会的なものであるから、それが私だけによって決定されることはありえない。というよりむしろ、もし私がそれを一人で決定するならば、この結果のもとに生きる他の誰も自由ではない。もしわれわれがすべて自由になるべきであるならば、われわれみなが決定をしなければならない。しかし、これはわれわれみなが全体の決定をしなければならず、みなが総体的結果の本性に関する決定に参加しなければならない、ということを意味する。普遍的かつ全面的参加がなければならない。参加は普遍的、すなわちすべての人を含んでいるばかりでなく、また全体の決定にみんなが発言権をもつという意味において、全面的でなければならない。もちろん、これでさえ十分ではない。もし折り合えない見解があって、われわれの誰かが否決されて屈服を強いられるようなことになるならば、われわれは不自由になり、強制されるであろう。それゆえ、絶対的自由の理論はわれわれの現実的意志の満場一致の観念とでも言うべきものを必要とするであろう。そして、これこそわれわれが一般的意志の理論において手に入れるものである。

普遍的かつ全面的参加の願望は、ルソーの『社会契約論』における定式にもひそんでいるように思われ、同書では人間がはいることができて、しかも自分自身だけに服従しながら、以前と同様に自由でありつづける連合形式を見つけることが、目ざされている。「自分自身だけに服従すること」という観念は、人の生活を規制する法律が全くその人の決定に由来することを必要とする。これを社会生活と和解させる唯一の道は、一般的意志の定式である普遍的かつ全面的参加の近くにある。

しかし、そうすると、絶対的自由への願望が社会のどんな分節化した区分とも調和するはずがないことは明らかである。手を触れてはいけないものとして受けいれられる唯一の機構は、諸決定をすることの根底をなす機構である。ところが、これらの決定は全面的にすべての人によってなされなければならない。それゆえ、こうした機構は市民たちの最大限の同質性に基礎をおいていなければならず、またそれを確保しなければならない。なぜなら、もしすべての人が総体的決定をなすべきであるならば、この決定的な点において、すべての人が同一と見なされなければならないからである。その上、社会によって案出される諸制度のうち、決定をするにあたってすべての人のこの基本的類似性と同等性とを否認するような制度は一つも許されるはずがない。例えば、もしこの目的のために財産が平等化されることが必要であるということが分かれば(ルソーはそう考えた)、これはなされなければならないであろう。決定の過程に対して異なった関係を伴なうどんな差別も、間接的結果としてそれを引き起こしそうな差別、例えば財産の不平等でさえ、許されるはずがない。社会は同質的社会でなければならない。一般的意志の主権のもとでも、差異はもちろん許されるし必要でもある。ある人々が統治の役割を果たさなければならない。ところが、ルソーの計画では、これは全体によってなされた決定をただ実施すること、一般的意志を実行に移すことと見なされる。そして、この役割の区分は、どんなことがあっても、立法が可決される過程に反映させてはならないのである。

それであるから、絶対的自由の要求は、暮らしぶりや生計の立て方によって確認され、社会の統治に異なった仕方で関係するような諸身分、さまざまな社会的集団への、社会のどんな分化〔区分〕も除外する。その要求はまた権力分割の線に沿った政治組織のどんな分化も除外する。この場合にはまた、さまざまな集団が結果の一部にしか影響しない諸決定をするからである。なるほど、阻止と均衡の組織としては有意義でありうる権力分割の前提は、権力のそれぞれがさまざまな人によって、したがってせいぜい一つの権力が全体によって、その他の権力は全体以下によって行使されることである。しかし、もしわれわれが絶対的自由の切望をかたく守るべきであるならば、重大などんな決定も全体以下によってくだされるはずがない。われわれは純粋に執行上の決定に関する代表団は考慮することができるが、われわれの社会計画に、あるいはわれわれの生活を規制する法律に影響するどんな代表団も、考慮することができない。一般的意志説は、われわれがルソーとともに知っているように、代議制を認めることができない。

そんなわけで、絶対的自由の願望は、分化を除外する点で、理性的国家に必要であるものに関するヘーゲルの考えと矛盾する。私はさきに、われわれはこの分化信仰に対する保証をヘーゲルの存在論の中に見つけることができると言った。しかし、この深遠な存在論的根拠は、ヘーゲルが彼の目に映ったままの当時の歴史から収集した洞察とからみ合っていた。ヘーゲルは古代のポリスが近代国家の模範とはなりえないことを力説した。当時、直接民主制が可能であったのは、もろもろの社会が小さかったからであり、それらの社会が多くの職務を奴隷や混血児に委託することによって同質的であったからであり、また近代の個人主義がまだ発達していなかったからである。近代世界におけるこれらすべての変化——これらの変化が近代世界をポリスから区分する——が、ヘーゲルの見解では、分化〔差別〕を避けられなくするのである。そして、同時代の思惟と判断において、決してヘーゲルだけがこのような推理をしているわけではない。

ところで、近代国家の大きさが、普遍的かつ全面的参加の制度のもとに、すべての人がともに統治することを不可能にしているのは、分かりきったことである。代表制がなければならない。だから、現代の全面的参加の主唱者たちは——そして彼らは今日おそらく以前より数が多いであろう——唯一の解決として権力の徹底した集中排除を選択してルソーに従っているのである。

しかし、たとえ近代国家の大きさが政治的役割の多少の分化を避けがたくしているとしても、それは社会的分化がなければならないこと、またこれが決定の過程に適切であるに違いないことを示しはしない。しかし、これをしていることが、社会を分節化している諸身分(Stände)に関するヘーゲルの考え方の強みである。なぜなら、これらの身分はそれぞれ異なった経済的地盤と生活様式をもっているばかりでなく、それぞれ固有の仕方で統治の過程に関係するからである。

ヘーゲルのいろいろな身分に関する説明は、一八〇〇年代初期の諸著作と『法哲学』の成熟した所見との間に少し違いがあるが、基本的には彼は次の集団を選び出している。㈠農民、㈡地主階級、㈢実業階級、㈣近代国家の行政にたずさわれる専門家と役人の階級。彼はまた㈤プロレタリアートの萌芽を不安をまじえて——こう言ってもよいかも知れない——落胆しながら観察した。彼はこれを、国家に統合するそれ自身の特有の仕方を見出すべき新しい集団というより、むしろ避けるべき破局と見なした。

ヘーゲルの見解を理解するためには、われわれはこれらの社会的集団が、現代社会の諸階級より、はるかに鋭く相互に区分されていたことを思い出さなければならない。その頃、地方の農民や都市のブルジョワジーは、またある国々では、土地もちの貴族階級は、先の見通し、暮らしぶり、政治への関心、政治生活の考え方などにおいて、本当にいちじるしく異なっていた。近代社会の発展は、一部は一般的意志の理論と啓蒙主義的考え方の衝撃のもとに、一般にますます大きくなる同質化に向かったのであって、この点で西洋の近代社会は十九世紀初頭のヨーロッパの人間には納得されないであろう(すでにアメリカはその頃、ド・トクヴィルが見たように、到来しつつあったものを前もって味わわせていたけれども)。

しかし、ヘーゲルは若いころ目撃したもろもろの相違に直面して、普遍的かつ全面的参加の理念は空想であると推論した。近代国家は、古代のポリスと反対に、普遍的な市民権を目ざす。これはすべての経済上の職務が市民によって果たされることを意味する。しかし明らかに、これらのさまざまな仕事は非常に異なった先の見通し、暮らしぶり、価値および生き方と呼応している、とヘーゲルは考えた。だから、何よりもまず、これらのさまざまな身分は、全体として国家の裁判権のもとに立たないようなそれ自身の重要な生存をもつべきであろう。(これは実際には土地を所有するブルジョワ階級に適用された。ヘーゲルは農民もプロレタリアートも自治能力があるとは考えなかった。この点で彼は当時のヨーロッパでは決して例外ではなく、当時のヨーロッパではこれらの階級はほとんど普遍的に選挙権がなかった)。そして第二に、こうしたことのゆえに、それらの身分は統治の仕事に対して異なった関係を必要とするであろう。この二つの必要条件は、普遍的かつ全面的参加の原理を破ることになる。

実生活の区分〔差別〕がこのような状態であるので、あらゆる人を同じ立場で全面的決定作業の中心におこうと努めることは、空想的であった。もろもろの集団は、当然のことながら、ある分野では自分自身の部分的決定をしたがるであろう。そしてその他の点では、全体にかかわり全体と一体になる諸集団の仕方は、大いに異なるであろう。例えば農民階級は、ヘーゲルの見解では、種族の風習《ジッテン》に対する非反省的執着に浸《ひた》っていたのである。彼らの生来の指導者たちに対する彼らの根本的反応は、信頼(Vertrauen)のそれであった。彼らは結果と一体となり、その結果を自分自身のものとして感ずるために、決定の中心にいることを必要としなかった。

これと異なり、主として自分の私的な利益、生産および交換の追求に没頭した市民たちは、大体において公務(res publica)にすっかり没頭する時間も好みももたない。彼らは代表者によって統治の過程にもっとうまく、そして適切に関係をもつ。他方において地主階級は生涯を軍務に捧げるように予定されている階級である。彼らが公務に間接的に関係をもつことは、疑いの余地がない。

市民たちのことを語るついでに、われわれはヘーゲルの挙げた、われわれの状態を古代のポリスのそれと区別する三番目の理由に触れる。古代のポリスにはなかったし、また本当にポリスの消滅を引き起こした個人意識を、われわれは発達させた。単に一人の人間としての、そしてそういう理由のために意義のあるものとしての——アテナイ人としてでもスパルタ人としてでもなく、ドイツ人としてでもフランス人としてでもなく、ユダヤ人としてでも異教徒としてでもなく——この個人意識が、われわれが大ざっぱにブルジョワ経済と見なすことができる、ヘーゲルのいわゆる「市民社会」に表現されているものである。近代の人間は古代の人々と比べて、複雑さの余分な次元をもっている。彼は自国の一市民であるだけではない。彼はまた自分自身をただの(tout court)人間と見なすのであって、このことが彼の一体性の重要な部分である。人間としての人間が普遍的理性の担い手だからである。

そこで当然、すべての人間が公共生活に全面的に没頭するわけにはいかない、ということになる。

大多数の人間の活力のいくらかは、私生活によって占められるだろうからである。ところが国家は、ある人々が国家と全く一体となり、国家の生命を自分の生命とする場合にのみ、存在することができるのであるから、政治的分業が存在しなければならない。こうしたことからも、普遍的かつ全面的参加は不可能である。私生活に最も多く没頭する階級は、ブルジョワ階級である。だから彼らは喜んで彼らの仲間から数人の代表者を出して、公務の指導にあたらせる。しかし、もう一つ集団がある。それはヘーゲルのイェーナ時代初期の異説では貴族階級、あとでは官僚もしくは普遍的階級であって、この階級は国家の業務に全面的に没頭する。

われわれはこの三番目の困難に、めいめい私的職業に全面的にたずさわると同時に、また国家生活に一人残らず十分に参加することができる万能な人々の社会を作り出すことによって、対処することを思いつくかも知れない。しかし、ヘーゲルはこの可能性を二つの理由で否認する。まず、人間の個々の生涯に関する彼の理論は、われわれが何か意義のあることをなしとげるのは、われわれがそれに十分に没頭することによってのみである、ということであり、またそれはそれ以外のことの放棄を意味する。(2) あらゆるものを切望する人々は、何物もなしとげない。十分に実現されたものは、特殊化されたものである。ヘーゲルの存在論と世俗の知恵とが、ここで合流する。

しかし、社会におけるこの必然的専門化の考えの裏には、また理念の必要条件がひそんでいる。これらの必要条件は、概念のさまざまな側面が、国家において具体化を見出すということであった。

ところが、分節化した全体の最も充実した具体化は、その全体のいろいろな側面がさまざまな部分もしくは器官において実現される時に存在する。未分化の形態と合体していることは、もっと未開の段階である。それゆえ、十分に発達した国家は、概念のさまざまな契機——直接的統一、分裂および媒介された統一——が、それぞれ特有の生活様式をもつ、もろもろの分離した集団において実現されている国家である。これが、ヘーゲルが『法哲学』で述べている、近代社会の諸身分を概念から引き出す弁証法的導出である。

こうして、近代社会の不可避的多様性に関するヘーゲルの理解は、彼の存在論的透察と合致する。両者に導かれて彼は、卑しいもろもろの職務を非市民たちに転嫁しない社会では避けられない経済的、社会的および政治的役割の現実的区分が、文化、価値および生活様式の不可避的差異を伴なうという結論に達する。これらはまたこれらで、それぞれの身分の内部である程度の自律的生活を要求し、それればかりか、それぞれの身分が全体にかかわることができる仕方やかかわろうと欲する仕方を、互いに異なったものにするのである。これが絶対的自由への願望が不当でもあれば空虚でもあることの理由であり、またこれは、近代国家の大きさにかかわる理由よりははるかに基本的である理由のために、こうした〔大きさにかかわる〕理由に劣らず重大である。

6　近代のジレンマ

ここがおそらく、ヘーゲルの歴史や政治に関する哲学の説明を解釈し、それの今日に対する適切性の問題に取りかかるよい場所であるかも知れない。それというのも、今しがた述べられたことから、この問題はきっぱり否定的に解決されるように思われるに違いないからである。ヘーゲルの政体観は信じがたい精神の存在論に基づいているばかりでなく、これに加えてさらに、平等と徹底的民主制に向かう近代の急進を全く拒否する非常に反動的な帰結をもっているようである。このような理論が、われわれにどんな興味を起こさせるであろうか。近代的政体の発達は、そのような理論をやんわり拒絶するとともに、時代遅れのものにしなかっただろうか。

もちろん、近代的政体の大きさに関する彼の最初の議論は、好意をもって受け取られている。また、近代的人間は私的な次元をもっており、そのために人々が何回となくこぞって、もっと以前の時代におけるように、自分の社会の公共生活にすっかり没頭できることが、おぼつかなくはないまでも、難しくなっているのは、彼の言うとおりである。しかし、社会的区分〔差別〕については、確かに彼が間違っていることが証明されたばかりである。近代社会の大がかりな同質化は、市民たちによって遂行される職務がどんなに多様であっても、それらの職務は、決定過程へのさまざまなかかかわりを支持するどんな議論もしりぞける、一致した見地と生き方に発展できることを示す。近代社会の増大する「無階級性」は、この方向をさしているように思われる。もちろん、ヘーゲルは若い頃、当時「抽象的な」平等であったものを信じている人々より現実的であった。しかし彼らのほうが、この説に基礎をおく社会がなしとげる同質性を予言した点で、先見の明があったことが分かる。

けれども、ヘーゲルの若い頃の諸身分への彼の理論の特殊な適用を無視するならば、今日でも決して解決されていない重要な論争点がある。近代社会はどんな種類の区分を容認できるだろうか。ここに、われわれがまだ解決すべきジレンマがある。

われわれはヘーゲルのいわゆる「絶対的自由」への願望、もしくは普遍的かつ全面的参加を、近代社会特有の必要を満たそうとする試みと見なすことができる。もろもろの伝統的社会は王族と貴族と庶民、聖職者と俗人、自由人と奴隷などの区分の上に建てられていた。この区分は諸物の階層的秩序の反映として正当化された。近代の自己限定的主体性の革命のあとに、これらの宇宙的秩序観は作りごとと見なされるようになり、王や聖職者や貴族たちが臣下を従順にしておくための詐欺的発明として非難された。しかし、これらの秩序観は、意識的にせよ、そうでないにせよ、現状(status quo)の正当化として、どれほど多く利用されたにしても、人々が自分の住んでいる社会と一体となる根拠でもあった。人間は宇宙的秩序との関係においてのみ、自分自身であることができた。

国家はこの秩序を体現していると、したがってまた人間がその秩序と接触する主要な径路の一つであると主張した。有機的で全体論的な隠喩《メタファー》の力はここに由来する。人々は自分自身を、例えば手が身体の一部であるのにいくらか似た仕方で、社会の一部と見なした。

近代的主体性の革命は、別の型の政治論を生み出した。社会はそれが何であるか、あるいは何を表現するかによってではなく、それが何を達成するかによって、人々のもろもろの必要、欲望および意図を満たすことによって正当化された。社会は道具と見なされるようになったし、またそのさまざまな様式と機構は、人間の幸福に及ぼすそれらの効果のために、科学的に研究されなければならなかった。政治論は神話や寓話を追放しようとした。これは功利主義において最も明白な表現に達した。

ところが、この近代的理論は人々が自分の社会と一体になるための根拠を提供しなかった。伝統的社会の崩壊のあとに起こった疎外の断続的危機に臨んで、もろもろの功利主義的理論は裂け目を埋めるには無力であった。そこで、もろもろの近代社会は実際には、それらの伝統的見地は大部分そのままにしておいて、あるいはただ徐々に後退しながら(大ブリテン島の場合のように)、機能を果たしたのである。あるいは、何か徹底した破壊が求められる時には、それらの社会は革命的イデオロギーとして、もっと強力なもの、一般意志的伝統の変形のようなもの(ジャコバン党主義、マルクス主義、無政府主義)に訴えた。あるいはもろもろの近代社会は、革命的時代にせよ、「正常な」

時代にせよ、ナショナリズムという強力な世俗的宗教に訴えた。そして、アメリカ合衆国のように、功利主義的伝統に、もしくは初期のロック哲学の変形に、基づいているように見える諸社会でさえ、実際には「神話」に、例えば永久に新たに始まるフロンティアーの神話、自己創造に対して果てしなく開かれているごとき未来、に訴えたのである。

この最後の例は、功利主義的理論そのものに、この種の神話を、すなわち人間生活の諸目的を成熟した社会を正当化する信念の一部として、社会、自然および歴史に関連させて、思弁的に解釈することを、容れる余地が残っていない点で、何よりも最大の皮肉である。これらのことは初期の余り発展していない社会に属すると考えられる。成熟した人々は自分の社会に、その社会が彼らのために生産するもののゆえに、愛着をもつ。つい十年前にこうした展望がアメリカや西洋世界の自由主義的インテリゲンチャによって広く信じられ、彼らはさし迫った「イデオロギーの終焉」を告げた。しかし、彼らはジュールダン氏(1)の現代における逆の変形であって、それと知らずに散文ではなく神話を語っていることが分かった。今やもっと明らかなことは、功利主義的展望がその重立った競争相手の諸説と同じようにイデオロギーであって、もはやもっともらしくはない、ということである。自分の社会に対する忠誠心が、ただその社会が自分に保証する満足次第で変わるような功利主義的人間は、実質的には構成部分をもたない種〔いわば根なし草〕である。また、満足の観念そのものが、われわれにはそれが「期待」や、適切で正しいことに関する信念と、織り合わされていることとが分かっている以上、今やそれほどしっかり定着したものではない。現代における最も豊かな社会のあるもの、例えばアメリカ合衆国は、最も不満で満ちあふれる社会の一つである。

絶対的自由への願望は、近代政治論におけるこの欠陥を満たし、近代的主体性の精神にとっぷりつかっているおのれの社会との一体化の根拠を見出そうとする試みと見なすことができる。われわれがわれわれの社会と一体となって、それに十分な忠節心を捧げるための根拠をもつのは、その社会がわれわれの創作、しかもわれわれの中の最上のものであって最も真実にわれわれ自身であるもの、すなわちわれわれの道徳的意志(ルソー、フィヒテ)とかわれわれの創造的活動(マルクス)とかの創作、であるという強い意味において、われわれのものとなる時である。ルソーからマルクスや無政府主義的思想家たちをへて現代の参加民主主義の諸説に至るまで、社会を建て直して、他律を除いたり疎外を克服したり自発性を回復したりしようとする要求が、周期的に繰り返された。自由な道徳的意志から発現した社会のみが、伝統的社会の忠節心に匹敵する、われわれの忠節心を要求する権利を取り戻せるであろう。そのような社会はもう一度、何か絶対的価値のあるものを反映もしくは具体化するだろうからである。ただし、これはもはや宇宙的秩序ではないであろう。近代の革命に沿って進むならば、絶対的なものは人間の自由そのものであるだろう。

そんなわけで、絶対的自由への願望は、もろもろの利益の促進または調整のための道具としての功利主義的模範社会に対する深い不満の子である。この模範に倣って建てられた諸社会は、精神的砂漠もしくは機械として経験される。それらは精神的なものを何も表現せず、それらの規制や訓練は、絶対的自由を願う人々によって、耐えられない押しつけとして感じられる。それゆえ、絶対的自由の理論家たちが、しばしば自由主義的社会の反動的批判者に近似し、またしばしば、みずからもっと初期の社会に対する賛美を表わしたのも、驚くべきことではない。

ヘーゲルはこの願望を理解していた。われわれの見たように、彼は徹底的自律への要求を彼の理論の中心的部分とした。彼はルソーからマルクスをへてさらに発展する、絶対的自由へのこの願望の発展線上において、本当に重要な位置を占める。なぜなら、彼はルソーとカントの徹底的自律への要求を、ヘルダーに由来する表現主義的理論と織りまぜたのであり、そしてこれがマルクスの思想に対する不可欠の背景を提供したからである。しかも、彼は徹底的自由の強い批判者であった。このことだけからでも、彼の異議を吟味することは、やりがいのあることであろう。

社会的区分〔差別〕に関するヘーゲルの特殊な理論から引き離して考えると、この批判の根本的論点は次のこと、すなわち絶対的自由は同質性を必要とする、ということである。それは誰もが社会の決定に全面的に参加することを阻止するような差異を許すことができない。さらに、それは何か意志の満場一致に近いものが、こうした協議から出てくることを必要とする。さもなければ、多数派がその意志を少数派に押しつけるだけになるであろうし、また自由は普遍的なものではなくなるだろうからである。しかし、いくつかのかなり本質的な種類の区分は根絶しがたい。（ヘーゲルは正当な種類のものを認知しなかったという異議は、さしあたり無視することにしよう)。その上、それらの区分はわれわれのロマン主義以後の風潮では、人間の一体性にとって本質的なものとして承認されている。人々は自分自身を単純に人間として確認することができず、彼らは自分自身をもっと直接に彼らの部分的共同体、すなわち文化的、言語的、宗派的などの共同体によって限定する。それゆえ、近代の民主制は苦境に立っている。

私はこの種のジレンマが現代の社会に見られると思う。もろもろの近代社会は、はるかに大きな同質性と相互依存のほうへ進んだので、もろもろの部分的共同体はその自律を、そしてある程度その一体性を失っている。しかし、大きな差異は残っている。ただ同質性のイデオロギーのゆえに、これらの差異的特徴は、これらの特徴をもっている人々にとって、もはや意味と価値をもたない。こうして、田舎の住民はマスメディアによって、自分自身をもっと進んだ生き方の便益をいくらか欠いているだけだと見なすことを教えられる。貧しい人々は、例えばアメリカでは、社会の埒外にあると見なされ、まぎれもなくもっと階級分裂した社会におけるより、ある意味で悪い運命にある。

それゆえ、同質化は少数派の疎外と恨みを増大させる。そして、自由社会の最初の応答は同じことを、すなわち貧困を排除し、あるいはインディアンを同化し、衰退する地方から住民を移し、田舎に都市の生活様式をもたらすなどの計画を、はるかに多く試みることである。しかし、徹底した広答はこの疎外感を「絶対的自由」への要求に変えることである。理念とするところは、現在の

「よそ者」集団を含めて、誰もが諸決定に十分に参加する社会を創設することによって、疎外を克服することである。

しかし、この二つの解決は、同質化が、以前には人々の一体化の拠りどころであったもろもろの共有性もしくは特徴を損なってしまい、その代わりになるものを何も提出していないという問題を、悪化させるだけであろう。この空白にほとんど至る所で立ち入るのは、人種的もしくは国家的一体性である。ナショナリズムは近代社会において、一体性の最も強力な焦点となってきた。徹底的自由への要求はナショナリズムと結びつくことができるし、またしばしば結びついているのであって、これから一定の起動力と方向が与えられる。

しかし、こうしたことが起こらなければ、絶対的自由への願望はジレンマを解決することができない。それは大衆社会の疎外を大衆参加によって克服しようと企てる。ところが、近代社会の規模、複雑さ、相互依存がかえって、技術的理由からだけでも、このことをますます困難にしている。もっと重大なことだが、〔社会に対する〕忠節心の伝統的焦点をむしばんでしまった社会における増大する疎外が、根本的全員一致を達成することや、徹底した民主制にとって本質的である「一般的意志」へすべての人を連れてくることを、ますます困難にしている。もろもろの伝統的制限が、それらの制限を受けいれる理由ともども消えて行くにつれて、社会は断片化するようになる。部分的諸集団がますます手きびしい要求をするようになる。それらの集団は「制度」と妥協する理由を余り認めないからである。

しかし、参加への徹底した要求は、この断片化を阻止するためには何の役にも立たない。決定への全員の参加は、同意の、あるいは根底にある共通の意志の、根拠がある場合にのみ可能である。徹底的参加はこれを作り出すことができない。徹底的参加はそれを前提する。これがヘーゲルの繰り返している論点である。絶対的自由への要求は、それだけでは空虚である。ヘーゲルは可能な帰結のうち一つの方向を、すなわち空虚性は純然たる破壊性に通ずることを強調する。しかし彼はまた『精神現象学』の論議の中で別の方向に言及している。というのは事実、ある方向が社会に与えられなければならず、したがってまた、ある集団が支配的となって、それ自身の意図を、一般的意志と主張しながら、社会に印象づけることがありうるからである。彼らはこうして相違の問題を力で「解決する」。現代のもろもろの共産主義社会は、これについていくつかの例を提供する。そして、それらの社会のためにどんなことが言われようと、それらは確かに自由の模範と考えられるわけにはいかない。その上、絶対的自由の空虚性に対するそれらの解決は、ある意味で一時的なものにすぎない。どんな社会的目標を選ぶべきか、あるいはどんな社会的構造を採用すべきかという問題は、自由社会に対する動員と闘争の急務によって解決される。〔共産主義の〕社会は階級の敵を打ち破るにせよ、近代的経済を建設するにせよ、いずれにしても共産主義の「前提条件」を確立しなければならないので、社会に一定の任務が課せられることがありうる。このような社会は、動員期間が終わるようなことがあるならば、混乱に陥るであろう(だから動員期間は支配的党派の人々の死体を介してのみ、終わるのであろう)。

しかし、この総動員という全体主義的進路を取ろうとしない参加のイデオロギーは、大規模な現代社会の複雑さと断片化に対処することができない。その主唱者たちの多くは、このことを知っていて、もろもろの共同体の高度に権力を分散した連合というルソーの最初の理念に帰っている。しかし、それはそうとして、大規模な同質社会の成長は、このことをはるかに実行しにくくしてしまったのである。われわれの大がかりな人口集中と経済的相互依存のせいで、多くの決定が社会全体のためになされなければならず、権力分散はわれわれにこれらに対処する方法を与えない、ということは正しくない。もっと重大なことは、過去においては自然にこのような権力を分散した連合の基礎であったかも知れない、もろもろの部分的共同体を、同質化が台なしにしてしまったという事実である。社会を扱いやすい諸単位に人為的に分割しても、何ら利益はない。もし実際に誰もこれらの単位と強く一体にならなければ、われわれが今日のわれわれの都市政策の多くに見ているように、参加は最小限度にとどまるであろう。

そんなわけで、近代民主制に対するヘーゲルのジレンマは、最も単純に言い表わすならば、次のとおりである。すなわち、平等と全面的参加の近代のイデオロギーは、社会の同質化に通ずると。これは人々を自分の伝統的共同体から引き離すが、一体性の焦点としての共同体に取って代わることはできない。むしろそれは、相違と個性を軽視したり、それどころか粉砕したりするであろう戦闘的ナショナリズムか、ある全体主義的イデオロギーの起動力のもとでのみ、共同体に取って代われるであろう。それはある人にとっては焦点となり、他の人々を無言の疎外へ追いつめるであろう。ヘーゲルはギリシャの都市国家の堅固な統一が、個人の自由の原理を知ってしまった近代世界においては、取り戻せないことを絶えず強調する。

それゆえ、普遍的かつ全面的参加の社会のほうへ移ることによって空白を埋めようとする企ては、自由を抑圧しても実際には有害でない場合でも、無益である。絶対的自由はそれだけでは空虚であって、一体性の焦点をさし出せないのであるから、その企てが救済をさし出さない限り、それは同質化を強化することによって、問題を悪化させることしかできない。それればかりでなく、全面的参加は大規模な社会では実現不可能である。事実、絶対的自由のイデオロギーは、強力な幻想を抱いた少数派の手にかかると、同派が押しつけたがる何かを生み出すだけである。

この病気に対する唯一の現実的治療、有意義な区分の回復が、近代社会に閉ざされているのは、まさに近代社会が絶えずおのれをより大きな同質性へ駆り立てるイデオロギーに加担しているからである。残存する差異のあるものは軽視され、疎外と恨みの養殖場である。他のものは空白を埋めて、一体性の焦点になっている。これらはおもに人種的もしくは民族的差異である。しかし、それらは排他的で分裂させがちである。それらは区分を認められた社会の土台をかろうじて形成できるにすぎない。これに反して、多民族国家には近代世界に残存する大きな悩みがある。ナショナリズムは単一の同質国家の原因となりがちである。ナショナリズムが激しい所では、それは一体性の共通の焦点を与えて断片化を避ける傾向がある。しかしその時、それは意見の不一致と相違を抑圧し、狭小で不合理な排外主義にのめりこむ危険がある。

ヘーゲルはナショナリズムをほとんど重視しなかった。そして、これが彼が近代世界におけるナショナリズムの重要な役割を予見しそこなった原因であった。忠節心としてのナショナリズムは、十分に理性的でなく、余りにも純粋な感情に近かったので、国家の建設に重要な位置を占めなかった。しかし近代社会が、彼の目から見て、必要とするものを、ナショナリズムが与えられないことも真実である。そして、これが当該国民に有意義であって、同時にもろもろの部分的共同体を互いに反目させず、むしろそれらをより大きな全体へ結集する区分〔差別〕を必要とする根拠である。

この区分こそ、一つのきまり文句で言えば、近代社会がそのジレンマを解決するために必要とするであろうものである。それは伝統的社会が所有していたものである。なぜなら、宇宙的秩序とか有機的類比とかの考え方に関する要点は、それらの考え方が社会集団間の差異に意味を与え、その意味がまたそれらの集団を一つに結びつけた、ということだからである。しかし、これを近代社会に回復するにはどうしたらよいか。ヘーゲルの答えは、われわれが見たように、社会的および政治的区分に、それらを宇宙的秩序の表現と見なすことによって、意味を与えることであるが、しかし彼はこの秩序を自律への近代的願望の最終的かつ完全な充実と考えている。それは理性のみに基づいた秩序であり、したがってまた自由な意志の究極的対象である。

われわれは今や、社会の必然的区分に関するヘーゲルの思惟の二つの水準が互いにからみ合っていた仕方を、もっとはっきり知ることができる。一つの水準には、ギリシャのポリスとの比較から引き出された一連の考察がある。すなわち近代国家の規模や、ひとたびすべての職務が市民たちによって遂行されることになると、ある国家が包含しなければならないもろもろの大きな差異や、近代の個人観である。他の水準には、社会に反映されなければならない、理念の必然的分節化がある。ヘーゲルの考えでは、これら二つの水準は、私がここで述べたように、全く別個の考察の秩序として働くのではない。それらは互いに入り組んでいるので、ヘーゲルは彼の時代の現存するもろもろの社会的区分を、理念の分節化を反映するもの、というよりむしろ、理念が歴史において自分自身を実現するとおりに、〔理念に〕完全に相応する反映を準備するもの、と見なしている。そして、それがもちろん、彼がこれらの差異を、この時代の急進的思想家たちが考えたように、衰滅する運命にあるそれ以前の歴史の遺物とは見なさず、むしろ最後には「概念に相応する」であろう国家の外形に近づくものと見なした理由である。

われわれは今日、ヘーゲルの解決を受けいれることはできない。しかし、それが解決しようと意図したジレンマは、そのままである。それはド・トクヴィルが、権力機構を分散して活力のある諸共同体からなる民主的政体に測り知れない重要性を認めた時に、一方では同時に平等の魅力が近代社会を画一性のほうへ、またことによると全能の政府のもとへの服従のほうへも連れて行きがちであった時に、異なった立場で取り組もうと企てたジレンマであった。ともにモンテスキューから深い影響を受け、将来の起伏についてはもちろん、過去についても深い共感的理解をもっていた二人の思想家〔ヘーゲルとトクヴィル〕にあっては、この相互接近は必ずしもそれほど驚くべきことではないであろう。しかし、われわれがヘーゲルの解釈において受け取るにせよ、トクヴィルのそれにおいて受け取るにせよ、近代的民主政体のぜひ必要なものの一つは、有意義な区分の感覚を取り戻し、その結果その政体のもろもろの部分的共同体——地理的なものにせよ、文化的なものにせよ、職業的なものにせよ——が、再びその構成員たちのために、彼らを全体に結びつける仕方で、関心と活動の重要な中心となるようにすることである。

7　ミネルバのフクロウ

さて、ヘーゲルのフランス革命の解釈に戻るならば、われわれはどうして絶対的自由への急進が失敗しなければならなかったかを知ることができる。それはどんな分節化にも反対であったので、人々が普遍的なものともう一度結ばれるような新しい社会を、古い社会の廃墟の上に再建することができなかったのである。それは「言葉の分野においても、現実においても、どんな積極的な実現(Werk)にも、どんな普遍的な達成(Werken)にも、意識的自由の法律にも普遍的な諸制度にも、実践的(wollenden)自由の行為や達成(Werken)にも達することができなかった」(『精神現象学』四一七ページ)。しかし、そうなると、それの全エネルギーは否定的に費やされなければならない。現存する社会、旧制度《アンシァン・レジーム》に直面して、絶対的自由への願望は、その社会の諸制度を破壊し、その区分を撤廃することに駆り立てられた。しかし、それはその代わりになるものを何も生まなかったので、絶対的自由はこの否定的契機に突きささったままであった。そのエネルギーは継続的破壊にしか費やされることができなかった。「普遍的自由はどんな積極的な事業も行為も生むことができない。それには否定的な行動が残るだけである。それは破壊の狂暴にすぎない」(同書、四一三ページ)。

以上が恐怖時代に関するヘーゲルの演繹的説明である。恐怖時代はフランス革命のジャコバン党員や他の急進主義者たちの願望の偶然的帰結ではなかった。自由そのものへの、ヘーゲルのいわゆる(『法哲学』五節)「どの内容からもこれを制限として」逃避する「否定的自由」もしくは「空虚の自由」への、この要求の空無性を、われわれは哲学的水準において、普遍化に関するカントの基準の空虚性の中に見てきた。それが今や、どんな区別された機構も狂信的に拒絶しながら、政治の舞台の上にほとばしり出る。革命は「普遍的平等のような何か積極的な事態を望んでいると想像する」かも知れないが、しかし実際には何も実現することができない。なぜならこのような現実性は直ちにある種の秩序に、もろもろの組織や個人の特殊化に、通ずるからである。ところが一方、この否定的な自由の自己意識が生ずるのは、まさに特殊性と客観的特色づけの絶滅からである。したがって、否定的な自由が望んでいるつもりでいるものは、決して抽象的な理念よりほかの何物でもありえないし、またこの理念を実行することは、破壊の狂暴でしかありえないのである(『法哲学』五節)。

しかし、制度全体が荒廃している時に、それ〔否定的な自由〕は何を破壊することができるか。答えはそれ自身であり、それ自身の子供たちである。事実、全面的かつ完全な参加への願望は、厳密に言えば、不可能だからである。実際には、ある集団が主導権を握らなければならず、政府にならざるをえない。この集団は現実には一党派である。しかし、その集団はこのことを承認することができない。それはその集団の正統性を台なしにするからである。それどころか、その集団は一般的意志の具体化であると主張する。他のすべての党派は犯罪的なものとして扱われる。また、それらの党派はそうならざるをえない。一般的意志からのがれ、それを妨げようとするからである。それらの党派は普遍的かつ全面的参加から離脱しようとする。それらは私的意志として立とうとするので、粉砕されずにはいない。

しかし現実には、一党派に参加することは必要ではない。正統性の根本的概念は一般的意志であって、敵対する強情な意志をもつ人々でさえ、革命政府に反対する行動を取るにせよ取らないにせよ、自由と人民の敵だからである。緊迫と危機の時期には、これらの人々も処分されなければならない。しかしもちろん、悪意が反革命的行動と同じ仕方で立証されるはずはない。かりにもわれわれが行為の敵と同様に意志の敵をも打破しようとするならば、われわれは愛国者たちによるもっともな嫌疑の根拠に触れなければならない。「それゆえ、嫌疑をかけられることは、有罪であることの代わりになることであり、あるいは〔それと〕同じ意味と帰結をもつ」(『精神現象学』四一九ページ)。こうしてヘーゲルは頂点に達した恐怖時代の革命的「容疑者逮捕令」(loi des suspects)を導き出す。そして同時に彼は強情な意向は犯罪的行為に(「主観的に」はそうではないが、「客観的に」)等しいとして、将来の恐怖の根拠を述べる。

恐怖時代はまたその敵および敵どもの粛清に対して特色のある態度を示す。人間性の本質は一般的意志の中に見出されるべきである。人間の真の自己、彼の自由の内容は、そこにある。醜悪な人間嫌いの、あるいは頑迷な気まぐれの、人間の中に何があろうとも、一般的意志に対立するものは非理性的なものでしかありえないだろう。このような敵どもを片づけても、彼らの反対は彼ら自身の独立した一体性に根ざすものではなく、もはや人間的内容をもたない空虚な、頑迷な、堅苦しい自己に根ざすものであるから、人は本当に自律的な人々を殺しているわけではない。それゆえ、彼らの死は「内的な広がりをもたず充実を表わすこともない死である。否定されるのは内容をもたない一点、絶対に自由な自己という一点だからである。ゆえに、それは極めて冷たい、極めてつまらない死であって、キャベツの玉を切り離したり水を一飲みしたりする以上の意義をもたない」(『精神現象学』四一八―一九ページ)。

ヘーゲルはこれらの予言的くだりにおいて、われわれが彼の時代の人々より吐き気を催すばかりずっとよく知るようになった政治的恐怖の近代的現象を粗描している。それは「人民の敵ども」を、人類について決定的である真の意志の名において、一掃する恐怖である。こうして積極的反対者を越えて拡大し、容疑者を巻き込むようになる恐怖である。このこと自体は新しいことではない。どの暴君の法廷もつねに人民を嫌疑に基づいて処刑してきたのである。ところが、近代の政治的恐怖にあっては、嫌疑はもはや少しも敵対的行動の見込み計算に基づいていない。それはこんな計算を越えて拡大し、頑迷なあるいは単に微温的な意志を、ただそれだけの理由で処罰するようになる。このような意志が人類に対する犯罪の本質だからである。そんな意志は人類の前進には属さない。そしてこれと同時に、犠牲者たちは人類の隊列から除外されるので、彼らは害虫のように扱われかねない。こうして、高度に文明化された国民が、ジンギス・カーンやアッティラ(1)の最悪の野蛮状態を上回ることになった。そして、集団的意志に関するこのイデオロギーの倒錯は、人種差別と混同することによって、以前のあらゆる人間的犯罪行為をしのいだのである。

ヘーゲルの見解では、恐怖は、あるいは少なくとも破壊的狂暴は、絶対的自由そのものへの急進に特有である。それはどんな永続的機構も、それどころか同時代の積極的な意志の発現ではない、それ自身の過去の創作物も、忍ぶことができない。したがって、それは打ちこわし作業においてのみ、それ自身に忠実であると感ずる。「何かを破壊することにおいてのみ、この否定的な意志は自分自身について現存しているという感情をもつ」(『法哲学』五節)。われわれはヘーゲルが毛沢東の文化大革命を、また一般に現代の官僚化革命の恐怖を、どう思っただろうかを、容易に想像することができる。ヘーゲルが予見しなかったことは、もろもろの建設的な目標や機構が絶対的自由の名において押しつけられかねないこと、また、それがはるかにもっと恐ろしいものになりうることである。

それゆえ、ヘーゲルのフランス革命の分析は、それを啓蒙主義の終極的完遂、その内的矛盾の極致と見なす。啓蒙主義は近代における人間の精神化運動の頂点である。それは人間が理性的な意志の担い手であり、何物も理性的な意志を妨げることができないという事実を意識している。それはそれ自身をすべての「実定的なもの」から、単に現存する制度や過去の非理性的権威の受けいれから、解放してしまった。しかし、それは「悟性」の狭小な焦点によって盲目にされ、人間がもっと偉大な主体の媒介物であることが見抜けない。それは人間をただ理性的な意志の源泉と定義する。そしてその結果、それはこの意志に対して内容を見つけることができない。それは破壊することとしかできない。したがって、それはそれ自身と自分自身の子供を破壊することで終わる。

次にヘーゲルの解釈に起こることは、国家が再発見された区分に帰るということである。しかし、これはただ旧式のそれに帰ることではない。何かが獲得されているからである。古い実定的な機構、不合理な過去、――むしろこう言ってよいかも知れない――合理性の不完全な具体化にすぎなかった諸制度は、一掃されてしまった。旧制度《アンシァン・レジーム》の諸制度は滅んで、それらに取って代わることになる再び活気づいた新しい機構のために、席を譲らなければならなかった。

それゆえ、フランス革命によって代表された世界史的転換を真に取り入れた国家は、元どおりに区別を認めた国家である。それは、われわれがやがて見るように、それに先行した身分機構といくらか連続しているが、しかしそれは機構を変革しており、何よりもまず理性に基づいている。これがヘーゲルが『法哲学』において、われわれのために粗描している国家機構である。

ヘーゲルにとって、このような国家が歴史の舞台に登場すること、すなわちその実現が、その本性にかなうことである、ということに注目するのは重要である。ちょうどそれがただ単に(simpliciter)人間の意志の発現とは見なされないように、それは意識的な人間の設計によってもたらされはしない。いかにも、それは歴史における人々の行動によって生ずる。しかし、ここで起こっていることは、つねにそれらの人々がみずから期待する以上である。フランス革命の党員たちは不可能なことをしようとする企ての中に彼らの皮を残しただけであるが、それでも彼らは新しい国家のために地ならしをする役目を果たした。ナポレオンはヨーロッパを征服し、一人で権力を握るように駆り立てられたが、この結果として出てきたのは、回復された国家である。もろもろの悲惨な結末でさえ、それなりの役割を演じた。恐怖時代はヘーゲルがいくらかでも死との格闘のせいにしている効果をもったからである。恐怖時代は人々を普遍的なものへ連れ戻し、したがってまた新しい国家の建設を容易にしたのである(『精神現象学』四二〇ページ)。これが理性の狡知である。

ここで、われわれはヘーゲルとマルクスとの決定的な差異に達する。絶対的自由に関するヘーゲルの批判において、われわれは彼がルソーやフランス革命と決着をつけるのを見る。しかし、これはまたマルクスを予期した批判でもあった。(2) マルクスもわれわれが最後には普遍的かつ全面的参加の社会に到達し、分業を克服することによって、新しい同質性にたどりつけると信じているからである。そしてヘーゲルの区分に対するマルクスの拒否はまさに、われわれが見たように、ヘーゲルを革命党員たちから分けた争点であった。歴史の目的としての自由は、マルクスにとっては、純粋に人間の自由であって、ガイストの充実ではなかった。したがって、その自由の実現は意識的行為である。

それゆえ、マルクスはヘーゲルの理性の狡知という概念を取り上げているのに、これは最後の偉大な革命には適用されない。マルクス主義者の考えでは、ブルジョワと革命以前の政治活動家は、彼らの行為の意義を理解することができない。彼らは彼らが考えているより多くのことを、またそれとは異なったことをする。ところが、これはプロレタリアートについては真実ではない。プロレタリアートはマルクス主義においては、事態に関する科学的見解をもっている。この場合、彼らの革新的行動は活動家たちによって理解される。

マルクスにあっては、理性の狡知に相当する提言は、人間の種的本性という観念に基づいている。歴史における人々の行動に意義を与えるものは、今までのところまだ知られていない人間本性である。しかし、最後の矛盾の破裂とともに、これが意識される。人々は自分が何であるかを知る。そして、行為者は類的人間であるから、全体として人類の水準でふるまえる人々、プロレタリアートは、自分が何をしているかを、はっきり知ることができる。それを別の仕方で言い表わすならば、ヘーゲルの「理性」に対応する、歴史における目に見えない行為者は、類的人間である。類的人間が階級社会において、自分の現実の歴史的具体化と矛盾している限り、人間は自分が何をしているかを、はっきり知ることはできない。しかし、プロレタリアートにとってそうであるように、ひとたびこの矛盾が克服されるならば、彼の行動は自己意識的である。

他方、ヘーゲルにとっては、人間は決して自分が何をその時しているかをはっきり知らないのである。動かす原因は単に人間ではないからである。われわれはすべて行為者として、われわれが実際には理解していない劇の中へ巻きこまれている。われわれがその劇を演じ終えた時にのみ、われわれはその間じゅうずっと何が進行していたかを知るのである。ミネルバのフクロウは、たそがれになると飛び立つ。

それゆえ、重要な意味において、動かす原因は完全にわれわれのものではない。われわれは理性的国家を立案し設計して、それを現存させようと欲したのではない。それは歴史を通じて成長したのである。それはゲルマンの森の中から現われて中世を通じて発達した諸制度の中で、立憲君主国となった王権と諸身分の制度の中で成長した。これらの制度は変更され、洗練され、合理化される必要があった。こうしたことでさえ計画に合わせてなされたのではなく、むしろ理性の狡知のおかげで、革命家たちや他の目標をもって征服した偉大な将軍の活躍から起こったのである。

ヘーゲルの政治論にとって、国家は理性と一致して建設されなければならないが、彼の歴史哲学に従えば、理性（精神）は自分自身を実現するのであるから、その歴史哲学からは当然、こうしたことは、理性の青写真を見てそれに基づいて国家を建設する幾人かの人によって起こるのではない、ということになる。理性が自分自身を実現するということは、自分のしていることを本当に意識しておらず、ガラスを通して非常にぼんやりと見ながら行動するものの、理性の狡知によって導かれる人間の行動から、結果が生ずる、ということを意味する。

たとえある奇妙な時間の反転によって、人々が時間に先んじて国家の正確な定式を入手できたとしても、それはまだ簡単に適用されるわけにはいかなかったであろう。なぜなら、この定式の肝要な部分は、人々が実現された公共生活と一体となることだからである。しかし、これは簡単に思いどおりにひねり出せるものではない。それはわれわれの無意識の精神的生活の深層で、時間をかけて発達するたぐいのものである。これがヘーゲルが立派な憲法も簡単にどこにでも移植されるわけにはいかない――ナポレオンがスペインで悟ったように――という理由である。スペイン国民の倫理性は、ああいう種類の自由主義とは結びつけられなかったのである。(3)

正しい憲法の倫理性も同様に徐々に成長し、一定の国民の中で一定の場所と一定の諸条件のもとでのみ成長する。それが現に存在するまでは、それが理解されるようにはならない、ということは単に不幸な出来事ではない。むしろ、それが現に存在しないうちは、人々はまだこの倫理性にまで成長していないから、理解されるようにはならないのであって、彼らがそれについて考えられないのは、驚くにはあたらないことである。彼らは彼ら自身の倫理性をもっているのであるが、これがまだ十分な理性的思考に達していないのである。その成長が理解されないのは、それが理性の成長、理性における成長を含むからであり、またこのような成長の高い段階は、低い段階の有利な地点からも理解されることができないからである。成長はわれわれがそれを理解することができる以前に、起こっていなければならない。

理性的国家は理性の成長の極致として、それが登場しないうちは十分に理解されることができない。また、誰かがそれをある人々の心にひらめかせたとしても、彼らにそれを実行する力はなかったであろう。なぜなら、それが彼らの同時代の人々によって理解されることは、まして一体感をもたれることは、ありえなかっただろうからである。

憲法を正しく立案して次にそれを実践に移すという理念は、啓蒙主義の理念である。それは事柄の全体を工学の問題、手段と設計の外的な事柄として取り扱う。しかし、憲法は人々の一体性における一定の諸条件、彼らの自己理解の仕方を必要とする。したがって、この啓蒙主義の理念は徹底的に浅薄である。人が哲学において自分の時代を超越しようと企てることは、ロドス島を跳び出ようと企てるようなものである（『法哲学』序論、一一ページ）。

われわれはヘーゲルの実現された国家をここで叙述することはできない。しかし、その大体の輪郭は、われわれがずっと吟味している歴史哲学から明らかであろう。それは何らかの仕方でソクラテスやキリストの普遍的主体性と古代人の倫理性とを結合する国家であろう。それはもろもろの普遍的個人が一体となれるような倫理性をもつ国家であろう。

> 近代の諸国家の原理が異常な強さと深さをもっているのは、それが主体性の原理に、その最高点に達してついに極端な自立的、人格的特殊性になることを許し、しかも同時にそれを実体的統一へ連れ戻し、こうしてこの統一を主体性そのものの原理において維持するからである（『法哲学』二六〇節）。

近代の諸国家の原理は、両側面〔主体性と実体的統一〕が互いに合するように進展したから、こうしたことを達成したのであろう。普遍的主体性は国家において具体化を見出さなければならないことを知るようになったのであろうし、またさらに進んで、これは単に人間の意志にではなく、むしろガイストの発現としての人間の意志に基づいた国家でありうることを悟ったのであろう。したがって、個人はもっと広大な秩序〔国家〕の中で自分の位置を占めなければならず、それにもかかわらず、その秩序と一体となる。それが理性の具体化だからである。

こうして、普遍的主体性〔としての人間〕は理性的な社会を簡単には創造できないこと、彼はまた現に、その社会を歴史の中に繰り広げられる秩序として見出さなければならないことを理解したであろう。そして彼がそうする時、彼は個人主義を踏み越えてもう一度「倫理的信念」(sittliche Gesinnung)に、実現された秩序——ここに自由の最高の形態が見出される——と一つであるという内的感覚に帰ることができる。

しかし同時に、秩序そのものが進展しなければならない。秩序は普遍的主体が自分のもとに(bei sich)あることができるように、またその秩序を自分の倫理性(Sittlichkeit)としてそれと一体となれるように、理性と一致しなければならない。

今やこういう進展が起こっている、とヘーゲルは考える。世界を理性に従って作り直そうとする理性の努力は、挫折してしまった。しかしその過程でそうした努力は、努力の張本人たちがまだ正当に思いつかなかった国家の合理化をなしとげた。彼らが古い実定的なものを一掃したので、大変動の後に起こった国家は、過去と全く連続しておらず、純化されてしまった。理性的な人間は、自分の主体性を心ゆくまで展開したあと、今やこの新しい国家と一体となる準備ができている。哲学の課題は現実の理性的基礎をあばいて、この一体化を促進することであり、この一体化によって理性的国家は完成に至るであろう。

8　脱工業化の倫理性

ヘーゲルの歴史哲学や政治哲学に関するこうした略述から、われわれは今日へのどんな適切性を窺い知ることができるか。われわれがさきに見たように、ヘーゲルはすべて発展性のある社会は有意義に分節化していなければならないことを力説した。そして、これが近代社会の自発的な団結に関する論争を引き起こした。自由な諸社会、すなわち広く行きわたった自発的参加があってのみ運営できる制度をもつ社会は、どうしてそれらの統一と活力を保つことができるか。それは自由主義的な時代が、自由主義的社会の統一を当然のことと考えて、見失いがちであった論争点である。しかし、それは政治論の伝統の中で、アリストテレスやマキャヴェリが、そしてとくにモンテスキューが、何かしら言わずにはおれなかった重要な問題である。われわれの社会が解体に瀕していることとから、われわれは今日その重要性を再発見しはじめているのである。

ヘーゲルはアリストテレスとモンテスキューを糧《かて》として育っただけに、それは彼にとって中心的論争点であった。彼は市民たちがポリスの生活を自分の中心としていたほど深く一体となっていた、古代ギリシャの自由な諸国家に対して、彼の世代と同じように郷愁を抱いていた。ポリスは倫理性に関するヘーゲルの観念の起源となった、模範的な歴史上の実例であった。またヘーゲルが自由な諸社会の論争点と取り組むようになるのは、この概念およびそれと関連した諸概念を用いてである。

倫理性はわれわれが支持し存続させなければならないもっと大きい生活に対する、あのわれわれの倫理的義務の次元をさす。倫理的次元は、人々が自分の社会およびその諸制度と深い一体感をもつ彼らの倫理的生活において、重要である。彼らが一体感をもたない場合、彼らにとって基本的に重要であるものが別の所にある場合、われわれはヘーゲルが疎外として特色づけるものをもつ。ヘーゲルはこの点でモンテスキューや長年の伝統に従って、活気に満ちた倫理性をささえるこの種の一体化なしに、自由な社会が維持されうるとは信じていない。

ヘーゲルの倫理性や疎外の概念は、伝統と関係があるけれども、自由な社会の必要条件を取り扱う新しい方法を開始する。しかし、この問題が近代政治学で取り扱われる場合、それはたいてい「正当性」の概念によってであり、それもヘーゲルが立っていた伝統から全く離れる方向においてである。「正当性」はある政体の成員たちをこの政体とその諸制度に主体的に適応させるという見地から定義される。科学的論述においては、諸制度はそのものとしては正当とも不当とも特色づけられない。「正当性」はむしろ諸制度がそれらのもとに暮らす人々によって見られる仕方を、あるいはこれらの人々が諸制度についてどう感じているかを特色づける。もちろん、こうした取り上げ方は、記述と説明を評価にわずらわされないようにしておき、科学を「没価値的」にしようとする近代社会科学の企てに、完全に即応している。

しかし、没価値性の要望は、この科学がもろもろの政体や制度そのものを特色づける時には、これらの制度に対する国民の態度決定を記述するのに適切に使用される術語は、どんなものでも回避しなければならない、ということを意味する。正しく言えば、われわれはある社会の諸制度を、人間や人間と社会との関係に関するある一定の考え方を具体化しているとか表現しているとかと記述してはならない、——これらの制度がこの考え方を具体化するために設定された、限られた場合には別であるが。なぜなら、考え方の真の場所は、自分たちの諸制度をある意味で自分たちの理想を実現していると見なすことができる国民の心の中に存在するからである。もし諸制度が理想を具体化するように立案されていないならば、それらは人間と社会に関するある考え方を堅固にしたり激励したり自覚させたりすることは、おそらくできるであろうが、それらの考え方を具体化したり表現したりすることは、できないであろう。

同様に、われわれは社会とその諸制度について、共同体精神の一定の質を具体化しているものとして語ってはならない。諸制度は国民によって、共同体精神を表現するものとして、見られたり感じられたりするある種類の行為を、勧めたり命じたりするかも知れない。しかし、共同体精神は要するに国民の「主体的な態度決定」の事柄である。それは諸制度そのものの中にはありえない。

それゆえ、この科学はもろもろの政体や制度を特色づけるためには、〔没価値的な〕丸裸の言語を利用しなければならない。それは諸制度を、人々の身の処し方を形づくり、そうして彼らの意図をくじいたり促進したりする行為様式と解するであろう。しかし、それは諸制度を表現的次元において、生活に関するある考え方もしくは一定の質を具体化するものと見なすことはできない。

こうしたことがヘーゲルの倫理性の用語といちじるしく違っていることは、直ちに明白である。われわれは第二章の三において、ヘーゲルの「客観的精神」の観念がまさに次の理念を、すなわち、われわれのもろもろの制度や実践は個人および社会的存在としてのわれわれ自身に関するある一定の見解を具体化しているという理念を、伴なっていることを見た。したがって、このヘーゲルの用語は近代政治学の主流とひどく異なっている、社会を理解するもう一つの仕方に対して基礎を提供する。

この二つの〔理解の〕仕方が本当にどんなに違っているかは、われわれが現代の重大な問題、すなわち西洋の多くの民主的政体における増大する緊張と不統一とを眺めるならば、明白になるであろう。近代政治学の術語の中には、「正当性」の減退ということがある。しかし、その原因は何であるか。「正当性」は結局、われわれに国民の主体的な態度決定に注目させる。だから、われわれの待ち望むことが、態度決定において変化の原因となりうるものである。ある世間周知の候補者たちは、諸制度が個人の重要な目標を挫折させたこと、その結果、個人が不満をもつようになったこと、に注意するようになっている。あるいは、ひょっとしたら、諸制度の「出力《アウトプット》」は一定であり、それどころか改善されているのに、「期待」がずっと早く高まり、こうしたことが挫折感に、したがってまた不満に通じたのかも知れない。あるいはまた、国民の「諸価値」がわれわれにどうかこうか心理学的に説明できる仕方で、または社会の他の水準、例えば家族における諸変化によって、変ってしまったのである。そしてその結果は、現存する諸制度がもはや広く支持された規範に応えないということである。例えば、いくらか官僚化された代議制度は、もっと寛大に甘やかされて育てられた世代には、途方もなく権威主義的であるように思われる。

すべてこうした種類の説明は検討された。真理の要素を含む説明もあるかも知れない。しかし、それらの説明に共通であるのは、それらが国民の態度決定上の変化を社会そのものの変化によって説明しようと企てないことである。こうしたことはその「出力」によって、つまり期待に応えるか応えそこなうかによって、国民がどう感ずるかに影響があるにすぎない。しかし今日、重要な正当性の減退は明らかに単に「出力故障」のせいではなく、はるかに多く国民の期待と見込み上の変化のせいである。われわれが答えなければならない重要な問いは、何が期待を高めさせるか、何が諸価値の変化の根底にあるか、ということである。そして、これらの問いに答えるために、われわれは心理学とか家族の発達とかを考察し、あるいは何かこのような水準の別の研究に頼らなければならない。

対照的に、ヘーゲルの用語は全く異なった接近法を開示する。増大する緊張と不統一は疎外の見地から理解される。そして疎外は人間と社会に関する、また一定の社会制度の中に具体化された、自然に対する両者の関係に関する、重要な諸理念が、その構成員の一体化の拠りどころとなるものであることをやめる場合に生ずる。こうして、われわれが見たように、普遍的な道徳意識をもつ個人は、偏狭なポリスに一体感をもてなくなったのであり、当然の結果としてのポリスの崩壊の後に(ヘーゲルの解釈によれば)疎外の数世紀がつづいたのである。

この倫理性と疎外の用語は、国民の忠節心における移り変わりを説明しようとする別の仕方を提供する。おそらく、一定の社会がその諸制度の中に具体化する、人間に関する諸理念の理解が、その社会の発達に関する理解と一つになると、疎外の増大を、あるいは(他の用語を用いるならば)「正当性」の減退を、説明する助けになりうるであろう。

思弁的な実例がこの可能性を明らかにする助けになるかも知れない。この説明はもちろんヘーゲルから引き出したものではないが、しかしヘーゲルの説明の精神に十分かなうものである。

近代社会の団結の重要な理由の一つは、おそらく人間が生産者として、すなわち社会を自分の諸目的に適合するように、そしてさらに、しだいにますます広範囲にわたる改革へ引き入れるように、変えることができる存在として、自己確認をしたことであろう。人々が自分自身をこのように見る限り、彼らは社会を、科学技術と社会的協力によって、人間の力が何層倍にも倍加される偉大な協力事業と見なしがちであった。

この自己透察にはマルクス主義者の異説があり、その説にあっては原動力となる主体は集団であり、社会的労働は社会をその基本的主体としてもち、人間はその「類的存在」(Gattungs-wesen)によって定義される。しかし「西洋の」異説にあっては、生産者の一体性を確証する自然支配の感覚は、個人の意のままになると言われている。これが西洋の生産者社会があのように消費者本位である理由の一つである。社会的労働は自由な諸個人の協力事業と見なされ、彼らの関係は交渉と共同の決定によって絶えず新たに形成されることができる。

こうした人間観が倫理性の分野にはいるのは、それが単に国民の頭の中の理念ではないからである。なるほど、明らかな考え方としては、それは非常に少数の国民の頭の中にあるかも知れない。しかし、それはわれわれの社会の制度や実践の多くの中に、福祉が個人的には消費財の使用能力によって、集団的にはGNPの増大によって測られる、われわれの「自由企業」、消費経済の中に、利害を協議によって調整するためのすべての機構の中に、目標としての生産に与えられた中心的重要性などの中に、すっかり根をおろしている。

人々が大規模な協力事業に参加する生産者として自分自身を確認する限り、すなわちこの人間観が彼らにとって基本的に重要であり、少なくとももろもろの事物が彼らに対してもつ意義を彼らが決定する拠りどころとなる考え方の一つである限り、これらの制度を備えた社会はその団結を維持する。疎外はこの自己確認がなくなる時、人々がもはや容易に自分自身をこの考え方によって限定することができない時、生ずるのである。

しかし、この社会の根底にある考え方を、あるいはそれらの一つを、確認したことが、疎外の成長を説明するのに、われわれの助けになるであろう。こうしてわれわれは、われわれが今しがた略述した生産者の自己確認が、本質的に成長と関係があることを知ることができる。それは生産と自然支配における持続的成長にのみ満足することができる。ところで、このような社会の進展がその自己確認を、無制限な〔経済〕成長の価値が疑問とならずにはいない段階にまで導くならば、これは危機を引き起こすであろう。社会の倫理性にとって本質的である一体性は、挑戦を受けるであろうし、疎外の恐れも出てくるであろう。このような見地からすれば、われわれの現代の倫理性の危機は、一部は汚染や過密や社会混乱における〔経済〕成長の損失に関する、また成長を早急にきびしく制限しなければならない恐れに関する、われわれの増大する自覚によって、もたらされるかも知れない。

あるいは、このような成長に熱中した生産者社会に特有の自己理解は、一連の絶えず増大する期待を生まないわけにはいかず、期待の際限のないことがかえって、それらの期待がある点で欲求不満に、したがってまた社会の規律の面で増大する緊張と興奮に、出会うことになるのを確実にするのかも知れない。今度はこのことが、この根本的一体性をめぐって不安定の危機を引き起こしかねないであろう。

これらの説明は、現代の論評と反省から取り出されたものであるけれども、大いにヘーゲルの考え方に沿うものである。生産者社会はヘーゲルが「市民社会」と名づける社会的現存の水準に対応するものであって、その社会はまた諸要求の相互的充足に関心をもつ。しかし、それをここに持ち出す趣意は、ただヘーゲルの概念的図式に可能である説明がどのようなものであるかを例証するためである。国民の「諸価値」または「もろもろの期待」における変更を、その解説にあたって説明しがたい出発点にとどめておくか、ある全く別の分析水準に基づいて説明しなければならないか、そのいずれかである政治学の主流に比べて、ヘーゲルの解説はそうした変更を、社会そのものの進展との関連において、また社会が具体化する基本的考え方と、社会にとって本質的である一体性の定義との見地から理解して、説明しようと企てるのである。

それゆえ私はここで、ヘーゲルの思想は今日重要であると言いたいが、この主張は一部は、〔ヘーゲルの〕この種の解説が現代社会の発展への本質的洞察を与えるという提言に、〔逆に言えば〕近代の政治学はわれわれの現在のさし迫った崩壊の背景を理解しようと企てるものの、概念上の諸制限のために無力であるという提言に依存している。ヘーゲルが古代および近代の実例において非常に深く考えたのは、この種の背景であって、彼はそこから彼の倫理性と疎外という貴重な専門語を展開したのである。

私が言いたいのはまさに、ヘーゲルの倫理性という概念の効用は、倫理性の問題や、理念に基づいた社会の進展に対するヘーゲルの解答が、今日のわれわれにとって完全な「あてはずれ」ではないという事実を償って余りがある、ということである。われわれはヘーゲルの解答を受けいれることはできないが、しかし彼の問題提起はやはり、われわれに役立つ最も鋭敏かつ透徹したものの一つである。

しかし、ヘーゲルの政治哲学の一般的諸概念が今日のわれわれに有益であるとすれば、彼の詳細な分析は大いにそうである。われわれはまず彼のフランス革命の解説において、このことを知ったのである。

実は、ヘーゲルは近代社会の展開を「予想する」点でひどく間違っていた。われわれはさきに、彼がフランス革命の後に、理念に基礎をおいた新しい倫理性が実を結ぶようになる時代がつづくであろう、と考えたことを知った。そうしたことが、革命において前面に出てきた自由への諸願望の破壊的傾向を抑制するであろう。それがこれらの願望に、新しい焦点を、すなわち理性的な意志の上に社会を建設しようとする野心に内容を与えるような焦点を、またそのような野心が諸物の存在論的構造から引き出すような内容を、与えるであろう。

起こったことは、実際には、ヘーゲルが啓蒙主義において確認した二つの傾向、功利主義的、原子論的社会工学と、一般的意志の実現による絶対的自由への急進とが、近代社会の発展を形づくりつづけたということである。ヘーゲルのこれらについての分析は異常に深くて鋭く、それがわれわれに非常に適切なものになっているのは、まさに(逆説的に)近代社会におけるそれらの重要性が、彼が考えていたより、はるかに大きいからである。

近代社会における功利主義的、原子論的傾向に関するヘーゲルの解説は、意識の一様式としての功利主義の分析に限られているわけではない。もっと重要であるのは、解放されたブルジョワ社会の近代的生産経済に関するヘーゲルの分析である。われわれはこれを彼の『法哲学』の市民社会を論じた数節と、同じ題目を扱ったイェーナ時代の初期の未刊の著作の中に見出す。(1)

これらの著作は後にマルクスによって展開された論題と洞察のいくつかを、ヘーゲルが驚くほど先取していたことを示す。ヘーゲルは近代の工業生産が、増大しつつ細かく分かれる分業に、またこれとともにプロレタリアートの創出に向かうことを見ている。ヘーゲルはもし増大しつつ細分化された生産過程がそれ自身に委ねられるならば、プロレタリアートは物質的には、低賃銀と雇用の不安定によって、精神的にはその仕事が狭く限られていることと単調なことによって、貧しくなるであろうと考えている。

貧困化は、もし阻止されなければ、周期的に起こる過剰生産の危機を爆発させることになり、その結果、恵まれない人々は生活保護を受けて扶養されることしかできない。しかし、生活保護に頼ることは、人々は自分の生活のために働かなければならないとするブルジョワ経済の原理に矛盾する。そして、ヘーゲルは一八二一年に次の不吉にも先見の明のある意見を述べている。「こうしたことから、市民社会が富の過多にもかかわらず十分に豊かでないこと、すなわちそれ自身の資産が過度の貧困や下層民の創出を阻止するには不十分であることが明らかになる」(『法哲学』二四五節)。

「下層民」は過去のことのように見えるかも知れないが、しかし貧困を阻止できないことは、今でもわれわれの裕福な科学技術社会のいまいましい経験であって、これがあらゆる近代共同体の統一と団結を侵食しているのである。そして、ヘーゲルが「下層民」を恐れたのも、全くこの理由のためであった。彼はそれを、阻止されないままであれば近代の倫理性を荒廃させるような、増大する疎外の源泉と見なしたからである。

ヘーゲルは理念に基づいたこの新しい理性的な法治国家が、ブルジョワ経済を阻止し、それを制限することができると信じているようであった。しかし、彼がこれについてどんなに間違っていたにせよ、彼は異常に洞察力と先見の明があったので、この経済にひそむ社会的方向を見分け、そうしてこの方向を、実際に人々を跡形もなく押し流しかねない、それ自身の勢いをもつものと見なすことができたのである。初期の著作(『倫理性の体系』八〇—八一ページ)において、彼は分業と交換の体系〔市民社会〕を、それ自身の法則に従って作用し、人々の生命を「無意識の、盲目の運命」(bewusstloses, blindes Schicksal)のように処理する「疎遠な力」(fremde Macht)として描いている。

これはヘーゲルが看破した近代社会の破壊的潜勢力の一面である。ヘーゲルが見たごとき絶対的自由への急進に内在する危険は、前にすでに論じられた。ヘーゲルは次の二つのものの中に、近代国家をおびやかす二つの大きな分裂させる力が認められると考えた。第一は市民社会とその生産様式に内在する私利の力であって、この力はつねにあらゆる制限を踏みにじり、社会を富者と貧者との間に分極化し、国家の絆《きずな》をばらばらにする恐れがある。第二はこうしたことや他のすべての分裂を、一般的意志と同等者の真の社会という名において、あらゆる差別〔区分〕を一掃することによって、克服しようとする正反対の企てであり、ヘーゲルの考えによれば、暴力と革命的エリートの独裁に終わらずにはいない企てである。

近代社会には、ヘーゲルがこれら二つの力によってささえられていると見なす第三の動向がある。それは同質化への動向である。なぜなら、あらゆる差別を払いのけるのは、絶対的自由への急進ばかりではないからである。資本主義経済の発達はまた伝統的共同体の崩壊、人口の大量移住、単一化された市場とできるだけ多くの単一化された労働力の創出を意味した。そして、こうしたことがすべて近代社会の同質化に、すなわち下位の文化群が次第にむしばまれるか、さもなければ生活の周辺で辛うじて家庭の習慣とか民間伝承とかの中に生き残る、一つの巨大な社会の創出に寄与したのである。

この推進力は今日でもつづいている。徹底した平等主義とともに自由主義的個人主義の衝撃のもとに、深く根づいたすべての社会的差別が、生まれと社会的地位に基づいている〔差別の〕諸形態ばかりでなく、生物学に基礎をおく形態、両性間のそれでさえ、攻撃されるようになった。近代の平等の観念は、もろもろの個人が自分の前途にもつ機会の分野において、どんな差異も大目に見ようとしない。もろもろの個人は、彼らが選ぶ以前に、〔他の人と〕交換可能でなければならない。言いかえるならば、どんな差異も選ばれなければならない。現代の平等原理における選択の強調は、それが自己創造としての徹底した自由の観念と結びついていることを反映している。

これらの二つ〔平等主義と個人主義〕がいっしょになって、伝統的社会の分節組織を払いのけてしまったし、また発生した新しいそれと戦うことに努めたのである。われわれがここ二世紀の歴史に目を通す時、もろもろの差異が徐々に取り除かれ、無力にされ、そしてついにすべての人が(少なくとも理論上)、潜在的には無制限な可能性の分野を前にして、他のすべての人と同等である社会になる、紛れもない動向があるように思われる。この自由における平等の名において、われわれは今でも婦人の地位のことで、またある程度までは未成年者の地位のことでさえ、深刻な革命を受けつつある(例えば、投票権行使年齢を十八歳に下げることは、今では西洋世界の全体にわたってほとんど普通のことである)。

また、この運動は自由世界に限られているわけではない。現代の全体主義的社会は個人の自由《フリーダム》を制限するかも知れないが、しかしそれらの社会は全く同じように自己創造としての自由《リバーティ》を固守している。そして、それらの社会はそれにもまして個人の移動の決定的な管理人となっていて、もろもろの個人を彼らの原始的集団との一体化から脱出させ、彼らをもっと大きな社会に排他的に結びつけている。それらの社会はまた、すべての人が同等に自分の運命の支配者となり、可能性の拡大する分野における自由な選択を前にして、同等に交換可能である社会の創出を目ざしている、――たとえそれらの社会がこの選択を一連の個人的自由選択というより、むしろ必然的に共通の、集団的行動と見なしているとしても。

もちろん、ヘーゲルはこの果てしない同質化を、それが理念に基づいた新しい倫理性によって抑制されるだろうと考えていたために、かえって予見しなかった。しかし、彼はその方向へ押し進めた諸力を確認した。彼はまた、われわれがさきに見たように、この過程は測り知れないほど破壊的であり、同質化はすべての差別を粉砕しながら、倫理性のありとあらゆる基盤を掘りくずすであろうし、社会を分節組織をもった統一から、専制的な力によってのみまとめられるような無差別の「かたまり」へ、引き戻すであろうと考えた。これが、この〔同質化の〕過程はそれ自身の社会的基礎を破壊しなければならないであろうから、それが到達すべき所まで決して行きつけないであろう、と彼が考えた理由の一つである。

この後者の点について、ヘーゲルは正しいかも知れない。われわれはまだこれからも、われわれ自身を破滅させるかも知れない。私は前に、近代社会における差別〔分化、区分〕の必要についてヘーゲルは全く間違っているわけではない、と私が考える理由を示すいくつかの論拠をあげた。しかし、われわれの社会がもっている程度まで同質化を受けた社会に、差別が可能であるかどうかという問題は、まだ未決定である。おそらく、活力のある他の種類の共同体が現われて、近代的発展が一掃した共同体に取って代わることだってありうるだろう。

しかし、明白であるように思われるのは、まずこの同質化の過程が一体化の伝統的土台、倫理性の伝統的様式を一掃したことである。次に、結果として生じた真空が、しばしば分裂的かつ破壊的である国家的一体化によって大部分満たされたということである。

第三に、この同質化を支配したもろもろのイデオロギーそのものが、自由主義的なものも革命的なものも、それら自身の倫理性の形態の内部で発展したことは、依然として真理である。革命的一体性は今や支配的な前衛党の諸制度と実践において堅く守られている。西洋社会の政治的および経済的諸制度において、堅く守られている自由主義的一体性の変形がある。例えば、さきに略述された生産者の一体性があげられるであろう。あるいはまた、われわれは倫理的な一体化を、代議制をもつある国々の中に見出す。

困ったことは、これらの倫理性の様式が、工業化された世界の至る所で、無効になりつつあるように、あるいは少なくとも過度の緊張を忍びつつあるように見えることである。それらの様式のどれかが脱工業化国家の必要を満たすであろうか。われわれのために一体化の支柱を与えることができる基本的な人間観や社会観は、何であるか。自由主義的または革命的伝統から発生した諸様式のどれかが、この課題を果たすのに十分であろうか。

ヘーゲルの哲学は、われわれがこうした種類の問いを発しようと思うならば、貴重な出発点を提供する。それは理論的な言語をもっているばかりでなく、また実際に作用する力のいくつかを確認したからである。そして、ヘーゲルの哲学は、われわれがヘーゲルの時代の願望と認めた一対の願望、理性的自律と表現的統一に対して、理性的な充足を見出そうとする試みであるから、この貴重な宝をもっているのである。表現的統一への欲求は、ヘーゲルの思惟においては、倫理性の重要性に関する彼の理解に現われる。理性的自律への欲求は、近代的個人の理性的意志を十分に発揮させる近代的倫理性への要求に出てくる。

ヘーゲルは彼自身の綜合の不相応〔不十分〕にもかかわらず、われわれの時代に対して多くの言うべきことをもっている。なぜなら、これら二つの願望に忠実であろうと努める思想は、われわれの情況に、すなわち倫理性に関する問いを、近代の政治学の主流がしているように、もはやすっかり押さえることができず、しかもわれわれのさし迫った危機がはぐくむ無責任な夢想に対して自己弁護をしなければならない情況に、直接に語りかけるからである。ヘーゲルの哲学は功利主義的、原子論的伝統の幻想や曲解ばかりでなく、これらが絶えず生み出すロマン主義的な反＝幻想をも避けなければならない時代に対して、有益な洞察を提供する。

第三章　自由の問題

1　ヘーゲル哲学の終わり

最後の数節において、私はヘーゲルの存在論はほとんど信じがたいが、彼の哲学はわれわれの時代に非常に適切である、という二重の主張を例証しようと努めてきた。私はこのことを、今日の根本的論争点のいくつかに関連させてヘーゲルの政治哲学を吟味することによって、示そうとしたのである。

さて、この第三章において、私はどうしてそうなったかをもう少し綿密に吟味したい。近代文明のどんな発展が、ヘーゲルの綜合を信用しがたくする方向に進んだのか。そして同時に、彼の発したもろもろの問いとそれらの問いを発した仕方とが、どうして適切でありつづけるのか。これらの問いに答えようと努めながら、われわれは徹底的自律と表現的充実とを結合しようとする、ヘーゲルの時代の中心的願望によって受けた変容のいくつかを考察するであろう。また、こうすることが自然にわれわれを、自由の本性に関する大きな論争点に導くであろう。

ところで最初の問い――ヘーゲルの綜合は今日なぜ信用しがたいか――は、答えやすいように見えるかも知れない。われわれが第二章の一で言及した近代の産業主義的、科学技術的な合理化された社会の発展が、啓蒙主義の人間の定義を固守していたために、自然と親しく交わる人間だの、ロマン主義的時代が生み出した精神の表現としての自然だの、という表現主義的見方をことごとく片づけてしまった、とわれわれは考えるであろう。ヘーゲルの見方は、形式においてもっと理性的であり洞察においてもっと透徹していたけれども、その他の見方とともに滅んでしまったのである。

こうした角度から見るならば、ロマン主義は近代の産業社会の誕生の時に発生した危機と思われ、また過渡期の深刻な社会的不安に呼応し、それに影響するとともにそれによって影響される危機と思われるであろう。この危機は、社会的不安と同様に、新しい社会が確立されるにつれて克服された。ロマン主義はカプセルに入れられることによって私生活に吸収され、こうして新しい社会の中でその位置を割りあてられた。この社会的吸収には、知的なそれが呼応していた。十九世紀後半の科学的展望は、表現主義的およびロマン主義的思想の洞察の多くを取り入れたが、その一方では、もともとそれらの思想が言い表わされていた哲学的カテゴリーを無視したのである。

有機的な考え方が、再び機械論的な方向を取るようになった生物学に影響を及ぼした。この考え方はまたコントの社会学の基礎をなしているが、にもかかわらずコントは表現や目的原因のカテゴリーを科学から取り除いている。発展的考え方はダーウィンとともに、古典的科学の正典の中心的部分となる。そして、フロイト自身が彼の主要な諸観念がロマン主義の著作家たちによって先取されていたことを指摘する。

それゆえ、ある意味で、十九世紀の後半にヨーロッパに展開した文明は、その漸進的な自然改造、集団的機構、最も声望の高い業績、科学において、啓蒙主義の人間観を固守することに向かったのである。そして、このことがある程度、ヘーゲルの綜合がおよそ半世紀で名声を失う理由を説明するはずである。なぜなら、それは表現主義的思潮を従属的どころではない〔それ以上の〕仕方で統合しようと企てたからである。ヘーゲルの国家の構造は、それの結果または達成に対してではなく、それが表現もしくは具体化したもの、すなわち理念に対して、理解され評価されるべきであった。ヘーゲルの国家の合理性は、どことなく官僚的機構の合理化とは全く異なるものであった。私的なロマン主義と公的な功利主義の近代的混合は、むしろ野蛮になった市民社会、「かたまり」となった社会である。生産能率の動力のもとでの工業社会の持続的変容と、個人のより高い生活水準の追求とが、ヘーゲルの国家にとって本質的であったもろもろの差別〔区分〕を消失させ、個人をどんな部分的集団化からもますます遊離させてしまった。ヘーゲルが次の時代を特色づけるにあたって最も重大な誤りを犯したのは、この動力を低く評価したことである。

しかしこの誤りは、もし誤りと言ってよければ、直接に彼の存在論と関係がある。ヘーゲルは市民社会の解体と同質化の諸力が、人々は理念を具体化した機構の中で自分自身を承認するであろうから、抑制されるであろうと考えた。人々は新しい倫理性を回復し、もっと大きい生命と一体となるであろう。ところが、これらの〔解体と同質化の〕力の継続的進行は、新しい社会が発達するにつれてますます非現実的な本当らしくないものにならずにはいない、この〔ヘーゲルの〕見方の漸進的薄弱化を意味することしかできなかった。もしヘーゲルが正しかったならば、人々は理性的な国家の機構の中で自分自身を承認したであろうし、また工業社会は今たどっているような進路を取らなかったであろう。

ヘーゲルの国家の限界を破る近代社会の発展に、近代科学の発展が呼応している。経験的諸科学は〔ヘーゲルにおいては〕、「絶対的知識」の内部に含まれるはずであった。すなわち、経験的諸科学の成果は、かかりあう現実の水準に特有の近似度と不正確度を伴なうものの、概念の構造を開示しなければならない。ところが、諸科学は当時すでにヘーゲルの解明がそれらに課した限界を破っていたのであって、新しい重要な発見があるたびに綜合的解明をやり直す可能性はつねに残っていたけれども、諸科学の発達は〔ヘーゲルの〕自然哲学の全計画を無益で間違っているように思わせてしまったのである。〔自然の〕根底にある有意味な構造の探求は、絶えず拡大して多様化する科学的知識の分野にあっては、気まぐれのように思われるに違いない。

それでは、われわれは近代の文明がわれわれを、自然と社会生活に対して客体化する立場を取る自己限定的主体にすっかり変えたのであるから、ヘーゲルの存在論はもはや有効な選択物ではない、と結論することができるであろうか。実際にはわれわれは十分に作り変えられていないのであるから、この説明は余りにも単純である。ロマン主義の時代からずっと、近代の一体性をめぐって違和感がある。確かに、現代の人々の多くは自分自身を何よりもまず、ある実際の(de facto)欲望と目標をもった個人と見なす。そして彼らの社会をめいめいの欲望を満たすために設計された、生産、交換および——観念上は——相互援助の共通事業と見なす。したがって、社会の重要な徳目は合理的組織、分配の正義および個人的自立の保護である。

しかし同時に多くの人——そしてしばしば同じ国民——が、ロマン主義の抗議に根ざしている、近代社会の深刻な不相応感にさいなまれている。十八世紀末以来、近代文明を俗悪な、凡庸と順応を生む、おずおずした利己主義的なものであり、窒息させる独創性、自由表現、おびただしい英雄的徳目であり、「みじめな安逸」(erbärmliches Behagen)(1)に捧げられたものである、と告発する絶え間のない流れがある。この種の非難、あるいは少なくとも予感は、最もすぐれた最も敏感な精神《マインド》から、しかも広範囲にわたって、すなわちド・トクヴィルやジョン・スチュアート・ミルのような非常に穏健で建設的な批評家から、ニーチェやソレル(2)のようなはなはだ熱狂的なアウトサイダーにまで及んでいる。「ブルジョワ」文明に反対する立場を取った多くの著作家や芸術家は言うまでもない。

これらの批評家はさまざまな仕方で近代社会を、順応の力によって、あるいは効用に関する、またすべての行動、対象、制度が役には立つが、どれ一つとして人々が何であるか、もしくは何でありうるだろうかを表現しない世界を作り出すことに関する、広く行きわたっている要求によって、表現的には死んだもの、窒息させる表現的充実として酷評する。こうした反対の流れは十八世紀後期の表現主義的思潮に源を発し、その継続された力は、近代的一体性がどの程度しっかりと確立されなかったかを反映する。

われわれはこの思潮が少数の知識人や芸術家に触れただけで、大多数の「平凡な」人々には影響を与えていない、と考えたくなるかも知れない。しかし、この種の批判の広範囲にわたる反響が、反響にすぎないとしても、工業文明を悩ました周期的激発または不安の中に示されたのである。深い表現主義的不満がファシズム成功の一助となったのであるし、また現代の西洋諸国の「制度」に対する多くの若者の反抗の基礎でもある。

そんなわけで、われわれはヘーゲルの存在論の名声失墜を単純に、ロマン主義的抗議を過去のものとして葬り去った近代的一体性の勝ち誇る確立によって説明することはできない。このようなことは何も起こらなかったのである。むしろ問題は、なぜ継続されたはなやかなロマン主義的もしくは表現主義的抗議が、もはやヘーゲルの透察の中に哲学的表現を見出すことができないか、ということである。

解答の一部は、それが抗議であるという事実にある。ヘーゲルの透察は精神と和解した世界に関するものであるが、ロマン主義的精神は近代社会と対立していることを意識している。それは過去に対する郷愁、まだ満たされていない希望に対するあこがれ、あるいは先例のない未来を実現しようとする決意であるが、確かに現実に関する合理性の知覚ではない。そして、もし表現的充実を切望した人々が、十九世紀の後期に、近代史の歩みから疎外されていると感じたとするならば、まして彼らの後継者たちは今日そう感ずるもっと大きな理由をもつはずである。一九一四年以前には、俗悪な社会は少なくとも、それ自身の制限された、憐れむべき、非英雄的な形式の善をますます十分に実現するように定められた、しっかりと確立された堅固な秩序を提供したものである。ところが、その時以来の動乱がこの秩序さえ、西洋の文明をより高い表現的充実の道へ進ませることなく、疑わしいものにしてしまったのである。「みじめな安逸」のまじめな追求は、より高い新文化への出発によってより、むしろグロテスクな非人間性の馬鹿騒ぎによって妨げられた。そして痛烈な皮肉だが、ロマン主義的抗議そのものにも、これらの身の毛のよだつような幕合劇に一部の責任があった。その論旨のいくつかは、当今の無差別暗殺の無党派闘士たちは言うまでもなく、ファシズムやスターリン主義にも役立つように、ゆがめられてしまったのである。

それであるから、現代の人はつい歴史を、「諸民族の幸運、諸国家の知恵、諸個人の徳性が犠牲に供せられた……屠殺台」(『歴史における理性』八〇ページ)と見なしたくなるのである。彼が理解しがたく思うかも知れないのは、どうしてヘーゲルはこんな文句を書いたあと、それにもかかわらず、やはり歴史を理性と自由の実現と見なすことができたか、ということである。われわれをあの時代から引き離すのは、人々が抱いた感慨、すなわち歴史の恐怖と悪夢、加害者にも被害者にも謎でありつづける破壊と残虐の狂暴が、われわれの背後にあるという感慨である。ヘーゲルがその哲学の中に表現したこの感慨こそ——彼は私的な判断においてはしばしば動揺しているように見えるけれども——現代の人々の最も楽天的な人たちによってさえ、ほとんど癒やされないものである。

そんなわけで、自信に満ちた、成長する近代社会の一員としてであれ、この社会の分解の目撃者としてであれ、ロマン主義者たちの相続人は、疎外を感じずにはいられないのである。彼は歴史を精神の展示と見なすことができない。そして同時に、彼はもはや自然を精神の発現と見なすことができない。近代の科学技術の増大する自然支配は、科学の絶えず拡大する限界領域と同様に、十八世紀後期の表現主義的思潮の極致であった、あの精神的諸力もしくは神的原理の顕現としての世界という透察を、追い払ってしまった。レッシングを誘惑し、ヘルダーをほとんど征服し、ゲーテやロマン派の人々の共有財産であった、あの表現的汎神論、疾風怒濤時代(Sturm und Drang)の「スピノーザ主義」は、近代文明が確立されるにつれて、有効な選択物であることをやめる。しかし、ヘーゲルの綜合はこの上に築き上げられた。その狙いは、私が解釈しようと努めたように、精神の表現としての自然という見方を、自然との表現的統一を取り戻すようにそれとなく人間に呼びかけることとも、理性的自律への願望とも結合することであった。精神は、すなわち理性的必然性における世界の存在論的基礎は、この綜合を実現するためのものである。それは人間が自分の理性的自由を失うことなしに、全体との統一に没頭することができる、ということを保証する。しかし、もしこの表現的汎神論の見方がふるわなくなれば、もし「自然の全体」(3)との統一への願望が有意義であることをやめるならば、絶対的理念に対する根拠そのものが、ゲーテの原現象(Urphänomene)や、ノヴァーリスの「魔術的観念論」や、ロマン派の人々のもっと乱雑な創作物とともに消滅する。

それゆえ、ヘーゲルの綜合は一部分、現代の文明がますます強化することに向かった近代的一体性に対する表現主義者の反発の上に築かれているばかりでなく、この反発の早い頃の流行遅れになった形式の上に築かれているので、今日では信奉者を獲得することができない。それはわれわれに勝ち誇る理性の透察を与えると主張しながら、それを妨害している。そればかりでなく、それはもはや実行可能とは思われないような段階で妨害している。

2　人間への関心の集中

そんなわけで、われわれはなぜヘーゲルの中心的提言が死んでいるかを、少なくともおおよそ知ることができる。しかし、なぜこの哲学は非常に適切でありつづけるのか。このことは、もしわれわれがヘーゲルの時代の〔近代的〕諸形式につづいたロマン主義的および表現主義的反対の諸形式を考察するならば、もっと明らかになるであろう。

もし生命の大きな流れとの合一へ復帰するという目標が、歴史の螺旋型発展の見方――この見方では回復された合一は主体的自由を取り入れている――と結びついていても、もはやもっともらしくないならば、また、もし自然を客体化して変容する歴史的経験が、理性においても実践においても余りにも強力であるので、その見方が〔自然との〕対話者として生き残れないならば、近代文明に反対する表現主義的思潮は、人間に焦点を合わせなければならない。近代社会によって「閉じこめられ、押しこめられ、制限されているもの」、近代の順応によって封じこめられているもの、効用の巨大な機械によって踏みにじられるもの、「組織」によって抑圧されるものは、人間の本性、というよりむしろ人間の創造的、表現的可能性である。

しかし、表現的充実は身体と魂、意志と傾向、精神と自然との間の分裂を許さない一種の統合性、生命の全体性を必要とする。もしこの充実がもはや精神の具体化としての自然との親しい交わりを意味しないとしても、自然はやはりその具体化の中に何らかの仕方で現われずにはいない。

表現主義のもっと後の諸形式は、このことを二つの仕方で示す。第一に、生命の実現された形式は、人為的、分裂的もしくは抑圧的社会によって阻止され、妨害または隠蔽される自然的存在としての、われわれの内奥の動機を表現するものと見なされる。近代社会は人間における自発的なもの、自然的なもの、感覚的なものもしくは「ディオニュソス的なもの」の圧迫者と見なされる。ある意味でロマン主義以後のナショナリズムの多くは、この広いカテゴリーへ入れられることができる。

それは人々に関する特殊な事実——彼らの遺伝、彼らの住んでいる土地、彼らの所属する言語群——を、人間の「抽象的な」、「コスモポリタン的」理想に対して、充実した人間生活における基本的に適切な動機として回復しようと努めるからである。

あるいは第二に、人間は自然を変容することによってそれとの調和を達成するものと見なされる。われわれと全体との統一を回復する「祭式」として、自然と歴史における理念の観照である哲学は、自然における神的なものの感覚を失った人々に対しては意味をもつことができないし、また不活発な、圧制的な、非人間的な社会に反抗する人々には猥雑と思われるに違いない。こうした地平の内部から見るならば、人間と人間が依存する自然的かつ社会的世界との表現的統一への願望は、彼が自由に自然と社会を作り直すことによってのみ満たされることができる。この種の見方にあっては、表現的統一は、ヘーゲルの哲学におけるように、徹底した自由の観念と結びついているが、しかし根本的に異なった仕方においてである。ヘーゲルの綜合は、——いわば人間化されて——ガイストから人間へ移されたのである。

もちろん、これは一八三〇年代と四〇年代の青年ヘーゲル学派によってなしとげられた革命的な置き換えであった。また、それはかなり重要なことであった。なぜなら、近代文明の進行に対する大きな表現主義的抗議は、この人間的および外的自然の意図的変容の観念を、人間の充実の本質的部分として取り入れたからである。近代文明の表現的貧困に対する反応は、もちろん、ひどくまちまちであった。すなわち世界苦(Weltschmerz)、見捨てられて表現的には死んだものとしての世界に関する深刻な感慨であり、あるいは早い頃の取り戻せない時代に対する郷愁であり、あるいはこのような初期の一つに——信仰の時代に、または今日の「脱落者」の多くがあこがれる、自然と調和した原始的状態に——復帰しようとする企てであり、あるいはまた、無趣味な芸術によって拘束されない第二の芸術世界を創造しようとする企てである。しかし、政治に目を向けた抗議は一般に人間の生活とその自然的基礎の積極的な作り直しを期待した。これはマルクス主義や無政府主義のような左翼のイデオロギーについて真実であるばかりでなく、人間の中の押えつけられた「元素的な」力の放出をも強調したファシズムのようなイデオロギーについても真実であった。ファシズムは実際に混乱した仕方で、上述の「ディオニュソス的」方法をこの「プロメテウス的」方法と結びつけようと努めたのである。

このプロメテウス的願望の重要性のゆえに、その最も影響力のある定式化を、青年ヘーゲル学派のうちで最も偉大でもあった人の理論の中に見ることは、やりがいのあることである。多くのマルクス主義者は、そして他の人々も、マルクス主義を私のいわゆる表現主義的伝統の中に位置づける解釈に反対したものである。もちろん、マルクス主義はこれ以上のものである。しかし私は、われわれがマルクス主義をこの次元から抽象しようと努めても、われわれはマルクス主義とその衝撃を理解することができる、とは考えない。

確かに、青年マルクスがヘーゲルを通じて表現主義的願望の継承者であることを否定しようとした人は、ほとんどいない。そして、すでに一八四〇年代の初期にこの願望は、とくに強力なマルクス主義的綜合を生み出すために、徹底した啓蒙主義の推力と結ばれている。

青年マルクスはまず、人間はその意図どおりに自然を、そしてついには社会を形づくるようになると考えている点で、徹底した啓蒙主義の継承者である。彼は次に、現存秩序の非人間性を批判している点で、その継承者である。啓蒙主義は世界の不正に対する新しい種類の憤激的抗議を引き起こした。それは宇宙秩序に関する古いもろもろの見方を粉砕し、それらをせいぜい幻想として、それどころか、ことによると欺瞞として暴露したあと、旧社会のあらゆる差別、その特殊な重荷や規律のすべてを正当化されないままに放置した。自分の運命に百姓のように耐えることは、もしその運命が神と自然によって定められたものとしての諸物の階層制において、指定された自分の位置であるならば、それなりに立派なことである。しかし、もしこのような宇宙秩序の具体化としての社会の理念そのものが、掃いのけられているならば、また、もし社会がむしろ幸福を追求するために同じ政治の屋根の下で暮らさなければならない人々の共通の道具であるならば、この持ち場の負担と剝奪は、詐欺や虚言によってのみ維持される、理性と正義に反する、野蛮な押しつけである。彼らは神に向かって――もし神がまだ存在するならば――つぐないを、それどころか復讐を求めて叫ぶであろう。こうして啓蒙主義は非人間性や、いわれのない不必要な苦難に関する新しい意識と、それと戦う執拗な決意とを喚起したのである。というのも、もし人間が自分の充実(すなわち幸福)を目ざす諸欲望の主体にすぎないならば、天上または地上の何物もこの幸福の喪失を埋め合わせはしないからである。報われない剝奪は慰められない、絶対的な喪失である。

マルクスは非人間性に関するこの徹底した批判を取り上げる。しかし、マルクスが搾取と圧制の口実として弾劾する主要なもっともらしい神話は、古い宗教ではなく、おもに古典的経済学者たちの理論に反映されているような新しい原子論的、功利主義的啓蒙哲学そのものである。確かに、公認の宗教はむしろ割りに軽くあしらわれている。なぜなら、それは「冷酷な世界の感傷」(1)、人間の鎖の上に咲く花、不正な世界に住む人々の苦難に対するほとんど不可欠な慰め——歴史の現段階ではブルジョワの功利哲学によって直接にささえられている不正だからである。

しかし、マルクスの理論の恐るべき力は、彼がこの徹底した啓蒙主義の推力を表現主義的伝統に結びつけることから生ずる。マルクスの生存中は未刊に終わった、一八四四年の『経済学・哲学草稿』に見られるような理論においては、自然の変容はまた自己変容である。人間はその自然的環境を作り変えながら、自分自身の「非有機的身体」を作り直しているのである。彼が疎外を経験するのは、初めは階級社会のもとで、彼の労働とその生産物、変容した自然——これはもともと、それらが彼の一部、彼の表現であるという強力な意味において、彼のものである——が、彼からのがれ去り、そして彼に抵抗し対立する、それら自身の原動力を備えた疎遠な現実になるからである。それゆえ、疎外の観念は本来的に表現主義的思想構造に属する。人間の労働とその生産物、人工の環境は、彼の表現であり、したがってまたその喪失は単に剝奪ではなく、自己分断である。また、その回復は単に幸福への手段ではなく、全体性と自由を取り戻すことである。人間の生産活動は彼の「自己創造」(Selbsterzeugung)だからである。

　そこで、マルクスはその独特な仕方で、近代文明に関するほとんどすべての表現主義的批判の共通の論題を取り上げ、表現を犠牲にして所有を人間の主要目標とする社会を告発する。所有への推進力はそれ自体、人間の人間的諸力が人間からすっかり引き離されるので、それらの力が財産として、すなわち本当の〔人間〕回復の粗末な、ゆがめられた代用品として、譲渡されて流通することができる、疎外された世界に属する。「私有財産がわれわれをすっかり愚かにし部分的にしてしまったので、ある対象はわれわれがそれを所有する時にのみ、それがわれわれに資本として存在する時にのみ、あるいはそれが……何らかの仕方で利用される時にのみ、われわれのものである」(2)。

　徹底した啓蒙主義と表現主義とのこの力強い結合は、ヘーゲルの綜合をガイストから人間へ置き換えることから生ずる。ヘーゲルのいわば原点においては、理念は自然の中へ出て行き、初めのうちそこで見えなくなる。すなわち、理念はまだ〔自分に〕相応する表現をもたず、したがって世界の内部に、また世界と、自分自身を再認できない精神との間に、分裂と分離がある。〔理念に〕相応する具体化の展開が、したがってまた精神の自分自身への復帰が、歴史の仕事である。

さて、ガイストを人間と、個人としての人間ではなく、「類的存在」(Gattungswesen)としての人間と読みかえよ。マルクスにとって、人間はその原点においては自然的存在である。人間は自然の中に現存し、自然との不断のやり取りの過程のおかげで存続する。初めのうち、彼が置かれているこの自然的母体は、彼を少しも表現しない。ところが、人間は野獣と違って普遍的かつ意識的に生産することができるので、この自然とのやり取りは、循環を更新するだけでなく、また自然を変容する。人間は自然を自分自身の表現に作り変え、この過程において本当に人間となるのである。マルクスは〔人間に〕相応する外的表現の形成による人間のこの自己創造を、人間の種的生命の「対象化」(Vergegenständlichung)と言っている。[3]

しかし、必要の圧力のもとで遂行された、人工の世界を造る最初の企ては、分裂を持ちこむ。人々は自然とのもっと高度なやり取りの型、あるいは生産様式を、彼らの社会関係を整理し直すことによってのみ、達成できるのであるが、最初に行きわたっている後進性と窮乏の状態にあっては、このことはある人々が他の人々を支配しなければならないこと、したがってまた搾取しなければならないことを意味する。痛ましい皮肉だが、より高い生活への最初の歩み、人間の真の実現は、人々を原始共産主義の楽園から階級社会の苦痛と残酷へ連れ出す。われわれはヘーゲルの〔アダムとイブの〕堕落神話の解釈を思い出さざるをえない。それはまさに、粗野な特殊性という初期の状態の中で、自分を普遍的なものから切り離し、そうして最後には自分を精神の相応する媒介物にすることになる長い形成過程へ自分を出発させる、主体もしくは精神的存在としての、自分自身に関する人間の原始的肯定である。

　しかし、変容の主体は個人ではなく、「種的存在」、自然の母体の中に置かれた人間社会であるから、分裂した人々は相応する表現をなしとげることができない。したがって、階級社会のもとでは、人々は自分自身の表現を制御することができない。それは彼らからのがれ、それ自身の原動力をもつ。彼らは生存中は疎外を経験する。そしてこれは、彼らがこの疎遠になった世界を、本気にブルジョワ時代における古典的経済学の鉄の法則と見なす、疎外された意識と対《つい》になっている。ちょうど不幸な意識の時期にあるヘーゲルの精神のように、類的人間は自分自身の対象化において、自分自身を再認しないのである。

　しかし、もし階級分裂が究極において窮乏によって強制されるならば、人々が十分な自然支配をなしとげるやいなや、この分裂は克服されることができる。類的人間は自分自身の具体化において自分自身に復帰するであろうし、自由の王国に、すなわち完璧な表現に、分割されずに社会全体に属するであろう表現に、はいるであろうし、その中で人間は人間と和解しているであろう。共産主義は「人間の自己疎外の」廃止となり、「したがってまた人間的本性の人間による、人間のための現実的獲得」となるであろう。「それゆえ、それは人間の社会的、すなわち真に人間的存在としての自分自身への復帰、以前の発展のあらゆる富を同化する完全かつ意識的な復帰である」[4]。

共産主義は表現的充実として、人間の生活と思想を餌食《えじき》にしてきた分裂と対立を克服するであろう。

共産主義は十分に展開された自然主義としてヒューマニズムであり、十分に展開されたヒューマニズムとして自然主義である。それは人間と自然、人間と人間との敵対関係の決定的な解決である。それは現存と本質、自由と必然性、個人と種との抗争の真実の解消である。それは歴史の謎の解消であり、しかも自分自身がこの解消であることを知っている。(5)

この明細書において、われわれはヘーゲルの野心が、置き換えられた形で、なしとげられているのを見る。すなわち対立の和解であり、そしてとくに、人間が調和を保たなければならない自然における人間の必然的な対象化と、初めは人間を自然との対立におとしいれる、彼の自由の諸要求との対立である。マルクスはまた、彼の独特な仕方で表現主義をフィヒテの徹底的自由と結合させる。というのは、マルクスの人間は自分自身を創造するからである。しかしヘーゲルにあっては、和解はすでに大部分現に存在する精神の具体化の再認によって達成される。この再認は、確かに歴史において精神の媒介物である人間の生活形式の変容を必要とする。しかし、この変容の究極の目標は精神の自己再認であるから、変容された社会でさえ再認に依存する。それは人々がもっと大きい秩序を見て、この秩序の反映としての分化した〔区分または差別のある〕社会構造と一体となることを必要とする。

これに反して、マルクスにとっては再認がない。和解は全面的に創造される。人間は自然と、彼がそれを自分の表現として作り変えたから、またその範囲において、一つである。人間社会の変容が目ざしているのは、もっと大きい秩序の最終的再認ではなく、結局は自然を人間によって自由に創造された計画に服従させることである。

二人の思想家の相違を示す有名な手っ取り早い定式、すなわちヘーゲルは現実を観照することについて語っているのに、マルクスは現実を変えたがっているということは、結局は二人の異なった存在論に基づいている。ヘーゲルにとって主体はガイスト、万物の精神であるから、和解は再認を通って現われる。全宇宙の変容は意味をなさないからである。他方、マルクスの和解は変容を通って現われなければならない。彼の主体は類的人間だからである。また人間は神と違って、自分自身を自然の中で、彼が労働によって自分自身をそこに定置するまでは、再認することができない。もちろん、マルクスの和解は永久に未完成であろう。それは未変容の自然という(絶えず後退する)辺境を決して越えることがない。しかし、これは彼のプロメテウス的自己創造の観念の代償である。

ひとたびこのガイストから人間への置き換えがなされたならば、ヘーゲルの分化した全構造は、ちょうど旧制度《アンシアン・レジーム》のそれのように、神的秩序をよそおう圧制と不正のように思われるに違いない。

だから彼はヘーゲルに負うていることを認めながら、当然のことだが、徹底した啓蒙主義の憤激のすべてをヘーゲルの国家観に投げつけたのである。ヘーゲルの綜合は現実の事実上の分断をおおい隠して、思想においてのみなしとげられた綜合として非難される。論駁においてマルクスは不可避的にヘーゲルを曲解し、まるでヘーゲルが何となく「抽象的な思惟」にのみ関心をもち、ヘーゲルも別種の実践の主唱者ではなかったかのように、しばしば語った。しかし、マルクスがヘーゲルに負うていることは否認しがたいし、またそのことは彼のテキストを通して、彼がそれを認めていない時でさえ、明らかになる。ヘーゲルは徹底的自由と自然とを和解させるために、徹底的自由が、精神として、万物の根底にあるという彼の考え方を展開した。根本において、万物は自由の発現である。最も強力な革命的学説を生むために、まだしなければならないことは、この測り知れないほど行動主義的な考え方を人間の上へ置き換えることだけである。

初期のマルクスに関するこうした解釈に同意しようとした多くの解説者は、マルクスの成熟した思想は全く別であって、彼は一八四〇年代初期のヘーゲル的かつ表現主義的定式化を、資本主義社会の冷徹な科学——これは資本主義社会の内的発展と最終的死滅の鉄の諸法則を詳述する——のために放棄したと考えている。私はいかにもマルクスは『資本論』を科学の著作と見なしたたし、また「科学」という語は彼にとって、それが十九世紀の後半に一般にもっていた意味を、大いにもつようになったと思う。それゆえ、われわれは『資本論』を、早い頃のロマン主義時代の洞察を取り入れている、ダーウィンの進化論とか後のフロイトの精神分析とかのような、成熟した科学の偉大な作品の一つと見なすであろう。しかし、だからといってマルクスがそうしたことのゆえに、一八四四—七年に抱いていた意見のどれかを取り消さなければならないと信じた、ということにはならない。私が前段に略述した意見は、一八四四年の『パリ草稿』(6)から抜き出し、二、三の細かい点を『共産党宣言』から補足したものである。私にはマルクスがこうした意見を何か本質的な点で取り消したとか、その必要を感じたとかいう証拠が少しも見あたらない。

成熟したマルクスの「科学的な」立場と、彼がヘーゲルを表現主義的に置き換えたこととの不一致は、その後の解説者たちの心の中に存在し、この点で彼らは恐らくマルクスよりはっきり見ているのであろう。しかし、この不両立の感じをマルクス自身のせいにすることは、不当な企てである。事実は、最初からマルクスの意見は、人間を、自然と社会を科学において、それを支配するために、客体化することができるものと見なす徹底した啓蒙主義と、全体性への表現主義的願望との綜合であった、ということである。これこそ彼が共産主義をヒューマニズムと自然主義の合一と言う時に意味したことである。表現的充実は人間(類的人間)が自然を支配し、彼の自由な設計図をその上に刻みつけることができる時に生ずる。しかし同時に彼は自然を、科学的実践の中でそれを客体化することによって支配する。共産主義のもとでは、人々は自由に形づくり、現存するどんな社会的協定でも変更する。彼らは協定を道具として取り扱う。しかし同時に、彼らの社会的現存のこの集団的形成は、彼らの自己表現である。こうした見方にあっては、自然の客体化とそれによる表現とは、作品を組み立てるのに工業技術を利用するかも知れない彫刻家にとってと同様に、両立しないものではない。

換言すれば、表現的充実は徹底した自然形成の自由とともに到来したのであるから、それは自然的および社会的世界を科学と技術によって支配しようとする最も遠大な啓蒙主義的願望と結ばれることができたのである。

われわれが青年から分別盛りまでのマルクスに見るのは、見解の変化ではなく、彼にはつねに基本的には同じ意見と思われたに違いないものの内部における強調の変更である。十九世紀後半の風潮の中で優勢になりがちであったのは、当然のことながら「科学的社会主義」の次元であった。そして、この方向づけは最後に、ある後進国におけるマルクス主義的革命の一派の成功によって確証された。マルクス主義は近代化するイデオロギーの役割を引き受けざるをえなかったからである。社会主義は、レーニンの名文句によれば、ソビエト権力プラス電化に等しい。この二つの目標は、支配するエリートが、いくらよく見ても扱いにくい、しばしば手に負えない、彼らの処理すべき社会問題に関して、技術者の立場を取ることを必要とした。マルクス＝レーニン主義は新時代の自由意識というより、むしろすぐれた建築家の手中にある青写真と受け取られ始めたのである。

しかし、公式のマルクス主義は決して簡単に、綜合の表現主義的諸要素を拒否しなかった。公式のマルクス主義運動における共産主義的人間の自由と全体性の見方は、その運動のブルジョワ社会批判の多くがそうであるように、表現主義的伝統内にとどまっている。なるほど、全体性の見せかけはソビエト＝マルクス主義の全体主義的諸傾向、例えばそれが芸術や文化生活に突きつける諸要求、共産主義的人間のためになされた最初の主張の官僚主義的変質、の根底に横たわるものである。

しかし、ソビエトの経験は表現的充実と科学的客体化とのマルクスの綜合の弱点を強調するのに役立っただけである。彫刻家の例は確かに、人間が自然に対して表現的関係と客体化的関係とを同時にもてることを示す。われわれはまた、能率と表現との基準を同時に満たすために、自分たちの社会的協定を作ったり作り直したりする仲のよい団体を想像することができる。ところが、これらの場合に、人々が頼りにしているのは、工学技術か仕事の分配法か、あるいはその種の何かである。彼らは人々のふるまいの決定因子を確認する、社会における人間についての科学などは利用していない。というのは、もしこれが利用されるならば、ある人々が他の人々を制御したり操縦したりするからである。

言いかえるならば、人々がどのように行動し感ずるかを決定する諸要因——これらは大多数の人の視界外、すべての人の意志外の双方であるか、またはそのどちらか一方である——を確認する、人間の科学的客体化は、実際に共産主義社会の実践の土台とはなりえない。これは何も、この種の科学が悪い意図のために、あるいは自由の大義に反して利用されるに違いない、ということを意味するわけではない。それどころか、この種の客体化であると称する精神分析は、ある人々によって他の人々を治療し、そして確かに彼らの自由を増すために、利用されることがありうる。ところが、マルクス主義の共産主義社会の観念は、ともに決定する人々のそれである。決定はある意味で一般的意志を、個人的決定の連鎖ではなく、まぎれもない共通の意図を表現する。このことは、例えば病人を治療するために、人間制御の科学技術の最低利用を排除しない。しかし、社会が意識的な集団的決定として取る進路は、この種の応用科学によって網羅される決定因子からなる結果ではありえない。

ところで、もし『資本論』、すなわちマルクス＝レーニン主義の本体が、われわれにブルジョワ社会を支配する「諸法則」を教え、したがってまた、われわれはその廃止に着手することがどうして最善であるかを告げるならば、この〔ブルジョワ〕社会の超克はまたこれらの法則の停止を意味するはずである。なぜなら、ブルジョワ社会に関する科学は、いかに人々がみずから理解することも制限することもしない機構や原動力のとりこになっているかを示すからである。この科学がブルジョワ社会を不用にする革命的実践の根拠でありつづけるはずがないのであって、さもなければこの実践はその主要な正当化に反してごまかしつづけるであろう。

それゆえ、〔資本主義と共産主義の〕二つの時代の革命的境界には飛躍、いわば社会に適用される諸法則の変更がなければならない。そして、これは確かに前述の疎外論において用意されている。疎外のもとで自分自身の原動力に従うブルジョワ社会の実践――マルクス主義的科学はこれを跡づけようとする――は、共産主義とともに、〔資本主義と〕同じような外的決定因子に屈服するためではなく、むしろ本当に自由社会における決定を求めて立ち上がるために、人間の制御を受けるようになる。

自由な表現のためにこのように外的決定因子を超克することは、もちろんヘーゲル哲学のカテゴリーにおいては完全に筋が通っている。それはわれわれがヘーゲルの『自然哲学』における存在のもろもろの水準を、例えば無機的自然から生命へ登る時、あるいは疎外から倫理性へ立ち返る時、われわれに分かることである。しかし、それは啓蒙主義に根ざす科学の確立された伝統には無縁のことである。この科学は人間が〔存在の〕一つの水準で自然を中性的手段として客体化しながらも、他の水準で表現的対象を形成することは考慮する。しかし、それは境界が変わって、それによって歴史の一段階で客体化と自然法則の王国にあるものが、それを越えて、他の段階で表現の王国へ引き入れられることを認めることができない。そんなことはその諸法則が止揚〔廃止〕される(aufgehoben)ことを考慮に入れていない。

認識論の用語で言えば、これは大成したマルクスが決してはっきりさせなかったし、またおそらく決して知らなかったであろう曖昧《あいまい》さである。歴史の重大な転換点に起こる、こうした社会法則の止揚(Aufhebung)は、したがって一時期を説明するのに必要な術語そのものが他の時期には適用されないということは、ヘーゲルにおいてそうであったように、確かに青年マルクスの最初の理論の中に暗に含まれていたのである。それは革命や共産主義への移行に関するマルクスの考え方の論理にとって、本質的なものでありつづけた。しかし、それはマルクスが『資本論』を世に送り出すにあたって訴えていると思われる模範的科学の一部ではなかった。

マルクスはこの皺《しわ》を一度もアイロンをかけてのばさなかった。確かに、もしそのことが彼に指摘されたならば、それは途方もなく貴重で「哲学的」であると思われたであろう。彼の科学上の仕事は、資本主義に対する革命を承知させるというさし迫った実践上の必要によって裁断されていた。共産主義への移行についての思弁は、ましてこのような移行の現存によって提起された認識論的諸問題についての思弁は、ほとんど楽しんではならない贅沢であった。

しかし、もっと深く調べてみると、マルクスは移行について非常に単純に考えていたので、この問題は彼には起こらなかったようである。革命はブルジョワ社会を、したがってそこに働く諸法則を、廃止するであろうし、またプロレタリアの団結した階級は、それが相続した経済を引きついで自由に処理するであろう。無拘束な自由へのこの種の跳躍は、本当に弁証法的な止揚、すなわち高い段階の統一がつねに低い段階において予示され、両者の間に連続性も非連続性もある止揚ではない。しかし、それはまた非常に現実主義的なものでもない。マルクスは人々の大集団では伝達と決定の不透明と間接性とが避けられないことや、彼らの相互作用の動力が、広大で複雑な生産組織の周りに設立された社会では言うまでもなく、小さくて単純な社会においてさえ、つねにいくぶんか人々をどんなふうに避けるかを忘れていたようである。

跳躍の表象《イメージ》が、もっとさし迫った諸問題の圧力と同じほど、マルクスに自由の組織について考えなくてもよいようにしたのである。それが彼に共産主義をそれ自身の独自の諸限界――資本主義社会のそれらより制限的でも非人間的でもないが、しかしやはり諸限界を備えた社会状態と見なすことを妨げた。それゆえ、これらの限界と資本主義社会のそれらとの関係の問題も、起こるはずがなかった。むしろ、それはまるでわれわれが内燃機関を廃止してしまえば、気化器の技術が不適切になるように、ブルジョワ社会の諸法則はこの社会の廃止とともに消滅するかのようである。

この種の〔法則の〕変更は、どんなに頑固な実証主義者によっても理解されることができるし、また『資本論』がさし示すブルジョワ社会の止揚が科学の古典的な枠に納まることができるように思わせるのは、何かこのような考え方である。しかし、主流をなす科学とのこの両立性は、移行をただ古い制限を廃棄する無拘束な自由への跳躍と見なす、とてつもなく非現実的な考えによって獲得される。

啓蒙主義的科学と表現的充実とのマルクスの綜合は、結局、実行可能ではない。弁証法的移行の中に含まれているものを取り出すこと、ある段階の社会の「諸法則」と後の段階のそれらとの関係を描写すること、増大した自由の社会的分節化を提示すること、こうしたことは当然われわれに啓蒙主義的科学の範囲を越えさせるであろう。われわれは人々の行為が外部の諸法則によって支配されている段階、すなわち誰からも欲求されも十分に考えられもしない規則正しさに従っている段階から、人々が(部分的に)理解してもいるし、また彼らの選択を方向づけもする状況によって、彼らの行為が制限される段階への移行を詳細に示すべきであろう。しかし、この種の移行はわれわれに古典的科学の境界を越えさせる。外的法則による決定から、有意味な状況による指図への歩みは、ヘーゲルの弁証法的移行のカテゴリーにおいて、もっと容易に説明されることができる。

他方において、主流をなす科学に移行を理解させるには、われわれはそれを盲目的法則から有意味な状況への歩みとしてでなく、束縛の単純な除去として考えなければならない。われわれは新しい社会形態における主体とその働きの本性を、完全な自発性の未解明の点として残しておく。

のちの解説者たちは正当にもマルクスの表現主義とその科学主義との間の割れ目を指摘した。しかし、これは青年マルクスと成熟したマルクスとの相違ではない。むしろ、彼にこの割れ目が見えなかったことは、すでに彼の最初の意見の中に、ヘーゲルの自己定立的ガイストの観念を人間へ置き換えることの中に、暗に含まれていたのである。自分自身の具体化を創造する精神の諸力は、ひとたび人間に付与されると、以前のどれよりも徹底した自己創造としての自由の考え方をもたらす。それは疎外が克服されるやいなや、未開拓の自然の(絶えず後退する)手に負えない境域によってのみ制限される、類的人間の自由な自己活動への跳躍という向こう見ずな展望をひらく。マルクスの自由の王国の観念は、われわれにこの割れ目が現われる領域を探求することを禁ずる。

しかし、これはマルクスに特有の盲点ではなかった。それは共産主義運動の全体に影響を及ぼしている。一九一七年一〇月のほんの二、三か月前に、レーニンはその『国家と革命』の中で、共産主義社会の管理について、まだ信じられないほど単純な見解を表明していた。ボルシェヴィキ党は諸物の疑いようのない管理としての人間の自由というこの単純な表象とともに、国家権力の現実の歴史の中へ投げこまれた。そして、ソビエト共産主義社会はとにかくその表象に執着しつづけたので、社会形態としての自分自身について、人々をこれまで前例のない規模で事物として管理するようになっているというのに、何か〔自分に〕相応する考え方を組み立てることに相変わらず抵抗している。

ソビエト共産主義の痛ましい歴史は、独立したマルクス主義者たちに理論を考え直すようにうながしたし、またこれは多くの人々に〔マルクスの〕一八四〇年代のもっと「哲学的な」作品を再吟味する気を起こさせた。初期のマルクスは多くの「修正主義者」に新しい出発点を提供したが、その一方でこれらの最初の著作は、公式の共産主義によって、まだヘーゲルの哲学からすっかり解放されていない未熟な試みとして、いまいましく思われている。これは公式のマルクス主義が学説の表現主義的諸要素を放棄しようとした、ということを意味するわけではない。むしろ、彼らはマルクスの表現主義と科学主義との実行不能な綜合を、綿密に検査させないために争ったのである。ボルシェヴィズムの訴えは、一方では表現的自由の約束と、他方では「科学的社会主義」を歴史に対する工学的青写真として所有することとの、不可能な結合から成り立っている。この矛盾が暴露されて解決されないようにしておくことは、運動のためを思ってのことである。マルクスからヘーゲル的諸観念を、科学主義の洗練された形式の名のもとに、除こうと企てたルイ・アルチュセールの著作におけるように、(7) その矛盾が解決される時、その結果は解釈として説得的でもないし、政治的見方としても魅力があるわけではない。社会の諸矛盾のいわゆる科学的対象化を理由にした、レーニン主義政党によるエリート支配の正当化は、あからさまに述べることを許したならば、現代史を反省した読者に不快感を与えずにはいない。

歴史の「諸法則」に従って建設する「技術者」としてのプロレタリア政党というボルシェヴィキの表象《イメージ》は、人間の状態について二つの対立した映像を結合している。それはわれわれに一方では、歴史の進行に自分の意志を、優勢な敵や厄介な問題をものともせずに、押しつける人間を示す。これは「英雄的」映像である。他方では、弁証法的唯物論は人間と歴史を鉄の必然性で支配する諸法則を明らかにする。これら二つの映像は、それ自体では両立しないものではない。しかし、それらは提案された仕方では結合されるはずがない。自分の意志を出来事に押しつける技術者たちによって適用される諸法則は、鉄の必然性であてはまる諸法則ではありえない、――もしこれによってわれわれが、生起することをわれわれはそれらの法則を参照することによって、人間のどんな決定――

決定そのものはそれらの法則によっては説明されない——にも頼らずに、説明することができるということを意味するならば。歴史の真の発展法則は、思うように動かせない先行条件をもつものであろう。それはわれわれが出来事の進行にもっと円滑に適応し、移行を容易にするのに役立つことができるであろうが、われわれの意志を押しつけるには役立たないであろう。それは「技術者」による適用には従順でないであろう。

事実、ボルシェヴィキの人々は一九一七年に革命を企てた時ばかりでなく、一九二八年以後の農民の集団化運動においてははるかに強く、彼らの意志を出来事に押しつけたのである。これがどれほど不自然であったかは、流された血によって、またほとんど半世紀後のソビエトの農業状態によって測られることができる。また、スターリンとその同僚たちは、彼らが農民たちを引きずって行くか、ネップ〔新経済政策〕のもとでの比較的に自由な農民経済の成長が彼らの権力の土台を掘りくずすことになるか、そのどちらかである、という必然性によって、せきたてられていると感じたようである。それはなるほど権力の経済的下部構造と少しは関係があったが、しかし不可避的な歴史の方向とは少しも関係がなかったような「鉄の必然性」であり、われわれまたは彼らに関することであった。それどころか、それはあやふやなものであった。共産主義の不可避的勝利をさし示す「歴史の諸法則」は、結局は出来事に押しつけられた決定に対する責任のがれとして役立つ。もっと高い文明に向かう人類の不可避的前進中に流された血に対しても、惜しむ心はありうるが、自責の念はあるはずがない。

そんなわけで、マルクス＝レーニン主義は両立しないものの合体、すなわちまず極端な意志主義と科学主義――歴史科学は物理学が自然を潜在的操作対象の領分として客体化するように、社会を客体化するという考え――との合一、次に〔意志主義が〕最も徹底した決定論と結ばれた合一を実現した。最初の二つは頑固な集団に新しい方向を押しつけるエリートのための自然的結合である。しかし、この実践は表現的自由に関するマルクス主義的展望と容易に一致させられるはずがない。そこで、この大がかりな社会工学は、大衆から彼らの不可避的意志および運命として現われる、歴史の諸法則の結果として提示される。この意見には大きな矛盾がある。歴史の諸法則は社会工学の土台であるはずがないし、また出来事の不可避的動向を示すはずもない。意志主義と工学の混合は、自由の増進を容れる余地を認めない。ところが、この結合は現代史における政治的拠点として測り知れないほど強力であった。

マルクス主義の修正主義者たちは、これら三つの項の間のつながりを見ぬいた。彼らは意志によって押しつけられたものとしての革命の表象と、鉄の必然性によって決定されたものとしての革命の考え方とが、逆説的に並立していることを知った。彼らはマルクス主義を解釈し直して、この二つから同時に抜け出そうと努めた。そしてその解釈によると、われわれは革命の諸条件の成熟を探り出すことができるものの、それは「選択すべき二項間での人々の決定によってのみ、現実へ移されることができる」(8)。マルクスの初期の見方に助けられて、革命的変化に向かう事態の傾向を再発見したことは、一方では無力な説教、単なる当為(Sollen)の政見に対する、また他方では共産主義を力ずくで押しつける企てに対する保証である。それは解放が広範な国民大衆の自発的活動の仕事であって、革命的エリートだけの仕事ではないであろうという、また共産主義をなしとげるために用いられた手段が目的と一致するであろうという保証である。

同時に、この事態の傾向は鉄の必然性ではないので、それ自体は自由な活動によって媒介されていない自由への移行という逆説が避けられる。

ライプニッツの名文句を借りるならば、「必然化しないで傾かせる」事態の傾向を再発見しようとする修正主義者の企ては、正当に初期のマルクスの定式化までたどられる。しかし、初期のマルクスだけでは十分でない。というのは、マルクス自身は、初期にも後期にも、社会生活の不透明、分裂、間接性、意図の食いちがいがすっかり克服されている自由という恐ろしく非現実的な観念を固守していたからである。表現主義と科学主義との実行不能な綜合の根底にあるのは、またボルシェヴィキの意志主義に自由の実現に見せかけることを許すのは、この状況をもたない自由という絵そらごとである。ところが、修正主義の意向は、自由行為の観念を、行為者が引き受けることも拒否することもできる、方向づけられた状況内にあるものとして、取り返すことである。

さて、この状況をもたない自由は、ヘーゲルのいわゆる「絶対的自由」である。それは彼の目から見れば、他の仕方よりむしろある仕方で行動するどんな理由もわれわれに手渡さない点で、実りがなくて空虚である自由の考え方であった。それはまた、空虚でありながら、われわれをかり立てて、他のどんな積極的な仕事をも自由の障害として粉砕させるので、破壊的であった。私がさきに第二章の七で述べたように、ヘーゲルの絶対的自由の批判は、フランス革命の党員たちを目ざしたものであるけれども、ある意味では、先回りしたマルクス批判でもあった。しかし、別の意味では、ヘーゲルの後継者としてのマルクスは、これらの非難をいくらかまぬがれる。われわれは今や、これら二つの判断がどうして真理であるか、したがって初期のマルクスが状況内の自由の定義を求める修正主義者の探究にとって、どうして十分な源泉でもあれば不十分な源泉でもあるか、をもっとはっきり見ることができる。マルクスは、カントがしたように、純粋に自律的な理性的意志から出発しないから、ヘーゲルの非難をまぬがれるわけではない。それどころか、〔マルクスにおいては〕人間は自然とのやり取りの輪の中にある。彼が自由を手に入れるのは、この自然から抽象したりこの自然を中性化したりすることによってではなく、それを変容することによってである。そして、これは人間に非常に明確な課題を負わせる。すなわち一方では自然を作り変え、他方ではこの変容の初期の段階に発生する分裂と疎外を克服するという課題である。それゆえ、人間は状況の中にある。彼は自分にある課題を負わせる、事態のもっと大きい秩序の一部である。こうして、マルクスの理論は、われわれが見てきたように、ヘーゲルのそれに似ており、それの置き換えである。

そもそもの初めから、人間は自由の諸条件を作り出さなければならない。そして、これが彼らをマルクス主義的社会へ向かわせたものである。彼らは社会主義を建設し、共産主義の前提条件を展開しなければならない。しかし、ひとたび〔自由の〕諸条件が実現されたならば、マルクス主義的自由観はもはや助けにはならない。それは自由な社会のために詳細な青写真を提供する問題ではないのであって、こんなことは矛盾したこととしてしばしば正当にも拒否された要求である。むしろ、それはすべての疎外と分裂の克服が人間を状況をもたないままにしておくからであり、「前史」の終わりであるこの段階において、絶対的自由の空虚性に関するヘーゲルの論点が、あてはまりだすからである。

共産主義社会の青写真を求めることが不条理であるとしても、われわれは人々の状況が変わってしまうであろうということを、どのように予想するか、またどんな強制、分裂、緊張、窮迫、闘争、疎遠が、今日われわれの知っているそれらに取って代わるであろうか、について一般論として尋ねることは、少しも不適当ではない。古典的マルクス主義はこれに対する解答をもたないばかりではない。それは解答が「皆無」であること、われわれの唯一の状況は自然と争いながら仲よく団結した類的人間のそれであるだろうということを暗示している。しかし、こんな状態は信じられないばかりでなく、明らかに住みよくもない。それは全く空虚な自由であるだろう。

この状況をもたない自由の観念は、全くヘーゲルが予言したようにではないけれども、非常に破壊的であった。というのは、〔一方では〕マルクス主義の社会はともに建てることに、社会主義の基礎を築くことに大いに関心をもっていたからである。ところが、〔他方では〕「絶対的自由」に関するマルクスの異説がボルシェヴィキの意志主義の根底にあって、この意志主義が歴史の最終的正当化で強気になって、進路をふさぐすべてのじゃま物を異常な冷酷さで押しつぶし、そうしてヘーゲルがものすごい洞察力で描いたあの恐怖時代を再び生んでしまったのである。

3　状況内にある自由

われわれはマルクスのプロメテウス的表現主義を、これがわれわれの文明の進行に対する広く行きわたった近代の抗議の最も影響力のある定式化であるから、考察したのである。〔われわれの世界に対する〕支配を回復し、世界を自由に選択された設計図に従って根本的に作り直すことによって、われわれの世界の不正と表現的無気力とを一挙に克服するという理念は、公式のマルクス主義の境界を越えて、深刻な魅力を遺憾なく発揮している。われわれはそれを現代の抗議と解放運動のほとんど至る所に見出す。

そして、それがどこにでもあることの中に、われわれはかえって、ヘーゲル哲学の適切性に関するわれわれの前述の問いに対する解答の端緒をもつのである。例の徹底的自由への諸願望がマルクスの影響を受けている限り、それらの願望はヘーゲルにも由来する。しかし、はるかにもっと重要であるのは、それらの願望がわれわれのマルクス主義の論究から発生した同じジレンマに出会うことである。それらは同じ空虚性、言いなりにならない世界におのれの解決を力ずくで押しつけたくなる誘惑、現在の不完全な状況が一掃されるやいなや人間の状況を限定できないという同じ無力に直面する。一九六八年五月の反逆者たちは、この点で、彼らがあんなに軽蔑した〔ソ連の〕かたくな人民委員と違わなかった。違うところは、後者が社会主義の「諸条件」の規律正しい建設に基づいた綱領をもっていたのにひきかえ、前者は全く正当にも、建設は十分はかどった、今は自由の王国にはいる時である、と主張したことである。

ところが、この伝統は、マルクス主義者のであれ、無政府主義者のであれ、状況主義者のであれ、その他それに類した者のであれ、ことごとく、自由の社会がどのようなものであるかについて、それは果てしなく創造的でなければならないだの、人々の間にしろ、人々の内部にしろ、生活水準の間にしろ、分裂があってはならないだの(遊びは仕事と一つであり、愛は手くだと一つであり、芸術は生活と一つである)、強制があってはならないだの、代表を送ってはならないだの等々という空虚なきまり文句以上に、全くどんな理念も提供しない。これらの否定的な特徴づけにおいてなされることは、せいぜい人間のいっさいの状況を考えないようにすることである。だから、こんな自由が内容をもたないのも驚くにはあたらない。

闘争の真っただ中に、バリケードの後ろに、表現の実際の解放、創造的行為の分野、障壁の粉砕、真の直接参加の民主政治がある。しかしもちろん、こうしたことは非常に現実的な状況、現行の決まりきった仕事や機構と断絶し、「秩序の暴力」と戦う状況、の中に起こる。ところが、勝ちほこる革命のイメージにおいては、こんな状況も、他のすべての状況とともに、考えないことにされている。

それはまるで一九六八年五月の反逆者たちは、彼らの主張する論理をたずさえて古い革命家どもに立ち向かうために、摂理によって皮肉の意味で送られたかのようである。この絶対的自由のジレンマは、ヘーゲルが深く考えたものであり、またそのことが現代の人々が絶えず彼に立ち返って彼を吟味する理由の一つである。彼は重要な近代的思想傾向の原点に立っているのであって、彼はこの思想傾向の根本的ジレンマを彼の大部分の後継者より深くつかんでいたのである。

しかし、われわれが自由を状況に関連させる問題として述べてきたこの問題は、マルクス主義者より、それどころか革命的伝統より、影響力がある。それは近代的表現主義のあらゆる形式にとって、そしてある意味ではまた、主体性に関する近代的考え方の全体にとって問題である。

主体性に関するこの近代的観念が、自由についての多くの考え方——これらは主体性を人々が障害物を片づけたり外部の妨害、束縛あるいは紛糾からのがれたりして、やっと手に入れる何かと見なす——を生み出した。自由であることは拘束されないこと、自分の行動において自分自身だけに依存することである。その上、この自由の考え方は、ただの脚註ではなく、自由が近代において最も気に入られた価値の一つである事実に明白であるように、近代の主体の観念が定義される拠りどころとなった中心的理念の一つであった。自己限定的主体としての新しい一体性は、そもそもの初めに、宇宙的秩序とその要求というもっと大きい母体から離脱することによって勝ち取られたのである。

自由に関するこのたぐいの考え方は、自由を、一般的記述を案出して言えば、自己依存と定義する。それは自由を秩序もしくは正しい関係の見地から定義する、ずっと昔の(そして少し後の)考え方と対照的である。例えば、アリストテレスにそれとなく表現されている自由の観念は、自由を両極端の勝手気ままな支配に反するものとして、調和、均衡、中庸と関連させる。

これはある意味で、自由の消極的〔否定的〕な考え方である。しかし、それは普通に同一視されるような「消極的な自由」ではない。(1) 消極的な自由は普通は外部の干渉から独立したものと定義された自由を意味するのに、「積極的な」考え方はそれをむしろ真の自己に由来したり真の自己を表現したりする行為において実現されたものと定義する。しかし、近代における積極的な考え方でさえ、自己依存の観念であった。自由は私がただ私の(真の)自己に服従するために、低級な自己もしくは本性の抑制を脱することによって得られる。それゆえ、多くの積極的な自由の観念の原点に立つ理論を唱えたカントは、自由を他人の意志、外部の権威または本性への依存とはいちじるしく違って、理性的な自己によって作られた法則に服従することと定義する。

自由を自己依存と見なすこの思想傾向は、こうして近代の自由の観念における革命的展開の根底にある共通の土台となった。それはロックからベンサムに至る古典的自由主義の最初の「消極的な」考え方に、ルソーの自分自身にのみ服従することとしての自由の考え方に、カントの自律の観念に、そして〔カントから〕まっすぐに自由の国というマルクス主義の理念に至る、自律の観念の後継者たちに、共通であって、この自由の国で人間はすべての疎外を克服し、自分がおかれている自然的母体を支配したあと、再び自分の運命を自分自身から決定する、——この自由の主体は、ここでは個人的人間ではなく、類的人間であるけれども。

ところが、この根本的理念は実際には発展を経験したのである。それの最初の経験主義的もしくは自然主義的見解は、自己の目標を自然によって与えられたもの——欲望もしくは衝動——と見なした。もっとあとの異説は所与をすっかり乗り越えようとした。この点での分水線は、おそらくカントであろう。ヘーゲルによって、そして再びマルクスによって置き換えられて、カントの徹底的自律への願望は、人間の本性〔自然〕は単に所与ではなく、作り直されるべきであるという理念に変わる。完全に自由であるために、人間は自分自身の本性を形成し直さなければならない。

さて、われわれがさきにマルクス主義に関連して吟味したジレンマを生むのは、確かにこの、自由と自己依存とを等しいとする一般的な考え方そのものである。なぜならそれは、完全な自由がすべての状況の、すなわち、もしわれわれが自由になるべきであるならば、われわれにある課題を負わせたり、ある反応を要求したりする状態の、廃止を意味することになるように定義されているからである。こうした見解が承認できるただ一種の状況は、征服されたり取りのけられたりしなければならない、拘束されない行為の妨害物——外部の圧力、社会から押しつけられる不当な要望、疎外、自然的制限——によって定義されている状況である。この種の状況は、今日ありとあらゆる脈絡の中によく現われる語、「解放」を要求する。ところが、解放は自由に終わる過程と解される。この見解では、次のような状況、すなわちそれが要求する反応が、単に自由な行為へのじゃま物を片づけることと違って、最大限に自由な行為であるような状況、は存在しない。十分な〔申し分のない〕自由は状況をもたないものであろう。

また同じ理由によって、それは空虚なものであろう。完全な自由は、するに値する何物も含まないような、また少しでも価値をもつにふさわしい何物も含まないような空虚であろう。外部の妨害や障害をすべて片づけて自由に到達した自己は、無性格であり、したがってまた限定された意図をもたない、——このことが「合理性」とか「創造性」とかのような見たところ積極的な言葉によってどれほど隠されていても。これらの語は結局、人間の行為または生活様式に対する基準としては全く不確かなものである。それらは、われわれに対して目標を設定し、こうして合理性にある形を与え、創造性にある示唆を提供する状況の外にあるわれわれの行為に、どんな内容も明示することができない。

われわれはこの空虚を、われわれの諸目標は生まれながらわれわれに与えられていると考える、自己依存としての自由という近代的考え方のずっと初期の異説に帰ることによって、満たそうと思うかも知れない。その場合には、自由は欲望のほしいままな充足となるであろうし、また欲望の種類は与えられたものとなるであろう。しかし、これは自由についての非常に不相応な考え方である。なぜなら、〔その場合〕自由な活動はわれわれの本性と状況との対立において定義されることができないとしても、またそうしなければ意志は空無性を免れないとしても、それは単純にわれわれの最も強い、あるいは最もしつこい、あるいは最も総括的な欲望を追求することと同一とは考えられないからである。そう考えることは、われわれの自由がかつてわれわれ自身の強迫観念、恐怖、固定観念によって妨げられたと述べることを、あるいは自由は意識が高まるにつれて、または願望が目ざめるにつれて拡大すると述べることを、不可能にしかねないからである。そして、これらのことは、われわれが生命に関するわれわれの前哲学的反省において言いたくなることであるばかりではない。それらはまともでない欲望や狭い願望〔による自己〕の歪曲を越えて、十分な自己表現をなしとげることに関心をもつ、表現主義的観点にとって本質的である。われわれは〔単なる〕強迫観念、恐怖、耽溺と、われわれが心から支持するわれわれの願望のそれらとを、単にある量的基準によってではなく、これらの後者のほうが本当にわれわれのものであることを示すような仕方において、区別することができなければならない。それこそ自己依存としての自由という徹底した考え方が、われわれのまともな願望を、単に与えられたものとしてでなく、われわれによって選ばれたものと見なすにあたって、しようと努めたことである。しかし、空無性のジレンマに陥るのは、まさにこの徹底した自由の観念である。

ヘーゲルはカントの道徳性や絶対的自由の政治に関する批判において、自由な自己と純粋な理性的意志の空虚性を暴露した。そして、彼は理性的意志の観念を放棄せずに、この空虚性を克服し、人間に状況を与えることを望んだ。これは人間が宇宙的理性——これはその分節化をそれ自身の中から生み出した——の媒介物であることを示すことによって、なされるはずであった。

ところが、ひとたび宇宙的精神の見地からのこの解決が、われわれがさきに吟味した理由のために、支持されなくなると、ジレンマが再発する、しかも自由の観念が強化されただけに、またそれがドイツ観念論を通り抜けてマルクスの中へ唯物論的に置き換えられる間に、ますます緊急を要するものとなるとともにますます総括的なものとなっただけに、なおさらしつこく再発する。

表現主義の一つの流れが、本能的もしくは元素的深層を、意識的な理性的思考の定められた限界を越えて、解き放すこととしての充実の理念に変わった。ところが、これが結局、近代の意味においてであれ古代の意味においてであれ、自由の理想にすっかりかたをつける。この自由の「元素的な」観念には、自己抑制を、したがってとくに人間的な意味の自由を容れる余地がない。

ショーペンハウアーの哲学はこの「ディオニュソス的」表現主義への途上にある重要な一段階であった。しかし、彼自身の理論は、ある意味でそれの最も厭世的な裏返しであった。ショーペンハウアーの「意志」とその「客体化」としての身体の概念は、表現主義的思想の流れに由来するが、しかしここには充実の理念がない。それどころか、意志の元素的な力は人間に苦悩と衰退をもたらすにすぎない。唯一の希望は意志から解き放されることにあり、ショーペンハウアーはこれをウパニシャッドや仏教の思想の模範に従って、世俗的事物への執着をいっさい断つことであると考える。ショーペンハウアーの透察は、人間の本能的本性は理性的自由とは異なるものであり、またそれとは結合されないものであり、同時にまた征服されないものであるという感慨に基づいた、人間の自由に関する非常に厭世的な見解の模範を提供する。ショーペンハウアーをその師カントから区別するのは、この後者の点である。

こうした人間観が自己依存と解された自由についての絶望になりかねないのは、本能的自己の拘束されない「自由」が、厭わしくないまでも無価値であるように思われるか、本能的なものとの対立において定義された自己が、相対的に無力であるように思われるか、そのどちらかだからである。

また「絶望」はキェルケゴールがその『死に至る病』の中で、自分自身を引き受けられないという この無力に対して用いた語である。彼はこれをいわば、自己依存としての自由の伝統の外にすっかり踏み出す出発点とする。絶望は自分自身を外部の「全関係(すなわち自己と自己との)を制定した力」(2)に、すなわち神に関連させることによってのみ克服される。

しかし、自由の肯定はもっと深刻なジレンマに通ずる。そして、これをその最も妥協しない表現にまで押し進めたのが、ニーチェであった。もし徹底した自己依存の自由が、結局、空虚なものであるならば、それはニヒリズムに、すなわちあらゆる「価値」の拒絶による自己肯定に終わる恐れがある。生を権威づける地平が、キリスト教的なものも人道主義的なものも、意志を束縛するものとして、次々と投げ棄てられる。力への意志だけが残る。ニーチェの著作の力と衝撃は、彼が極限まで押し進めるこの破壊的運動の熱烈な信奉に由来する。

それにもかかわらず、彼はまた自己限定的人間の力への意志が悲惨であるだろうと考えていたようである。純粋に自己依存的な力への意志としての人間は、『ツァラトゥーストラ』の表現を用いるならば、「克服」されなければならない。ニーチェは人間の意志と世界の進行とのこの和解の理念を、なかなか理解しがたい彼の永劫回帰の透察の中にもっていた。しかし、この〔和解の〕理念は、純粋な自己肯定は行きづまらざるをえないということ、それはどこかの点で事態の進行の心からの承認とつながらざるをえないということ、であったように思われる。「人々を過去から救い出すこと、そしておのおの《それはこうだった》を《このように私はそれをもちたい》に変えること――こうしたことだけを私は救出と呼ぶ」(3)。

それゆえ、近代の自由の観念は二つの側面から脅威を受けている。一方では、人間における非合理的かつ元素的なものに直面して、自由の実現に関する絶望があり、自由への願望が意味をなすかどうかという疑いすらある。他方では、自己依存的自由の究極的空虚性が、ニヒリズムに通ずるように思われる。だから、前世紀の多くの哲学的思惟は、次の問題に没頭したのである。すなわち、自己依存的意志の主体としての自己の観念を乗り越えて、それがわれわれ自身の、またわれわれを取り巻く、自然の中に組み入れられていることを明らかにするには、どうしたらよいか。言いかえれば、どのように自由を状況の中へ入れるか。

これは自由な活動について、それを自然的および社会的存在としてのわれわれの条件のおかげで、あるいはある避けられない召命または意図のおかげで、われわれのものである状況によって要求された応答と見なす、考え方の回復を意味する。状況内におかれた自由のさまざまな観念に共通であるのは、それらが自由な活動を、われわれの限定的状況を引き受けることに基づくものと見なす、ということである。自由であるための闘争――制限、圧迫、内外から発する歪曲に対する――は、この限定的状況をわれわれのものとして肯定することによって強化される。この限定的状況は克服されるべき一連の限界、あるいは何か自由に選択された計画を実行するための単なる機会、と見なされるわけにいかず、そのような限界や機会は自己依存としての自由の考え方の内部でありうる状況にすぎない。

状況内におかれた自由の考え方をさぐるこの探求においては、人間の思想とふるまいに関するもろもろの還元的機械論は全く役に立たない。なるほど、それらは自由な活動を、それが自然の体系の一つのありうる産物であるので、自然の中へ位置づける。しかし、それらは欲望の妨害されない充足としての自由の定義に帰ることを犠牲にしてそうするのであって、われわれはこれが不相応であること、それがいくつかの本質的区別をすることをわれわれに許さないことを知っている。われわれの自然〔本性〕に根をおろした、しかもわれわれ自身の欲望もしくはわれわれの狭い願望によって挫折させられかねない、自由の観念は、人間の動機づけに関するもっと精細な多面的理論を必要とする。作用的因果関係だけを認める何かの理論が、それを正当に扱えるかどうかは、非常に疑わしい。われわれが賛成したり拒否したり、解釈し直したり曲げたりすることができる、われわれの状況内の意向についての観念が、われわれには必要である。これは心理学者たちによって考えられている欲望とは非常に異なったあるものであり、この種の意向がどうして機械論的に説明されることができるかを、たとえ心理学者の「欲望」はできるとしても、知ることは困難である。

もろもろの還元説は、自由を自然〔本性〕に関連させる問題を禁止していると主張する。しかし実際には、それらの説はその問題をのがれることができない。その問題はぶり返す、今度は無許可で。というのも、人間の本性の科学的客体化は科学の主体を前提しているが、その主体の活動と、説明の真理や深さに関する判断とは、還元説では説明されるはずがないからである。主体は客体化された生命の流れの外部にある天使のごとき観察者にとどまる。

この状況内にある自由の問題が一段と目立つようになったという事実は、さきに第三章の一で述べた政治的および社会的発展とおそらく無関係ではないであろう。自然の開発と社会の編成がもろもろの個人の効用のために計画されたように思われる、平穏に過ぎて行く近代社会にあっては、人々が自分自身を、自由に選択した自分の欲望や意図の実現に没頭している自律的な主体と見なすことに慣れていることは、全く自然である。科学的観点においては、なるほど彼らは自分自身をもろもろの推進力によって動かされるものと見なし、自分のふるまいを決定論的因果体系の一部と見なすかも知れない。しかし、この二つの観点はおそらく両立しないけれども、それらのどちらも自由に関する、あるいは自由と自然との関係に関する重大な問題を起こしはしない。最初の観点は自然を客体化する主体のそれであって、この主体は自分自身の自由を当然のことと思っているのに、彼の諸目標は、個人的幸福を追求する生産的大事業において、彼が自分の役割を果たすべきであるという要望によって決定される。第二の観点では、自由を自然に関連させる問題は、われわれが今しがた見たように、初めから禁止されている。自由とは、それ自身がわれわれの内外の自然によって決定されている、欲望の進行に従うことである。そして、これらの欲望はカントの言う意味で自律的ではないけれども、はっきりしていて紛らわしくないものであり、私が私自身の本性〔自然〕と一体である限り、全く明白に私のものである。(4)

ところが、この社会が挑戦を受けてその均衡が失われる時、全面的自由へのもっと徹底した表現主義的願望が広く聞いてもらえるようになる時、社会的および個人的生活が非合理的諸力の餌食《えじき》であるように思われる時——社会の機構が「合理的な」処方箋に従って働かなくなるか(例えば不況において)、手段として合理的な協力行為の骨組みそのものをおびやかす欲望や願望(例えば狂信的愛国心、人種差別、戦争熱)が前面に出てくるか、いずれかの理由で——、その時には、自律的自己の観念は疑問とならずにはいない。絶対的自由への要求は、自己依存のジレンマをその最も鋭い形において浮き上らせる。そして、非合理な破壊的渇望が新たに顕著になることは、われわれに自律性の理念そのものを疑わしく思わせるし、また欲望の〔私自身への〕明白な帰属の理念を、言いかえれば、われわれのうちにあって欲求する自然とのわれわれの明白な一体化の理念をくつがえす。近代史の進行は、フロイトや他の人々によってわれわれに提示されたようなショーペンハウアーの展望を、非常に親密なもっともらしいものにしたのである。

現象学的運動の短い歴史は、主観性を状況内におく試みへの哲学の転回をあざやかに例証する。フッサールは世紀の変わり目頃に、心理主義、すなわち論理学の心理学への還元、に対して理性的主観の自律を守りながら出発する。彼は次に主観性の構造の探求に進む。例えば、一九二〇年代の後期でさえ、彼は『デカルト的省察』では自分自身をまだある意味でデカルトの継承者と見なしている。けれども、彼の最後の著作は「生世界」を、またわれわれの主観性が自然的な、具体化された存在としてわれわれの状況の中に組み入れられていることを、取り扱うことに転ずる。それがハイデガーやメルロー＝ポンティのような後継者によって取り上げられて展開されるものである。結局、生き残るのは具体化された思惟に関する洞察である。主観性の「純粋記述」の「方法」としての現象学そのものは、舞台から消える。

おそらくアングロ＝サクソンの哲学の中に、呼応する展開が見られるであろう。この哲学では最近の数十年間に、思想、感情、意向などと、それらの身体的表現や先行条件との間の概念的結合を跡づけることに、増大する関心があった。

しかし、おそらく二十世紀哲学の最も重要な展開は、意味論と言語哲学への関心の集中であろう。私はこれがまた一部分、主観性の観念を状況において定義しようとする欲求を反映しており、この新しい出発をうながす動機の一つであると信ずる。

もちろん、意識的、逐歩的思惟の媒介物としての言語は、哲学によってあらゆる種類の意向をもって研究されることができる。しかし、意味そのものが問題となったということが、二十世紀の言語論の特徴である。すなわち、それらの論議は、単語が、あるいは言語が、あるいは他の記号が、意味をもつとは、どういうことであるか、という問いに焦点を合わせたのである。

〔認識の〕主観としてのわれわれの活動が、すなわちわれわれが知覚し、単語について考えるという事実が、明白で疑わしくないように思われる限り、またその主観の活動と、われわれが生きている存在として行なったり感じたりするその他のこととの関係が、当惑させるものでないように思われる限り、言語の機能も平明であるように見える。単語は事物をさし示し、われわれは単語を利用して事物について〔単語と〕ともに考える。単語は世界内の、あるいはわれわれの思考内の事物を指示することによって意味をもつ。指示関係の疑わしくない本性は、主観性について、すなわちもろもろの事物がわれわれに、われわれがそれらに名称と記述を適用するような明白な直覚の対象として現われるという事実について、疑問がないことを反映している。

しかし、われわれの言語観は、この明白な意識の事実がもはやわれわれに何か当然と思えるもののようには見えず、むしろ達成のように、しかも注目すべき達成のように見える時、一変する。なぜなら、この達成は媒介物である言語によってのみ可能だからであり、したがって言語は、われわれが事物を指摘する時に使う名辞の集合としてだけでなく、またそもそも指摘することのような活動を存在させるものとして、もろもろの事物を選び出してそれらを単語によって固定することを可能にするあの明白な直覚域をささえるものとして、適切な研究対象となるからである。この観点においては、意味は単におのおのの単語に個別的に属する特性ではなく、いわば個々の名辞に先立つ言説活動の全体に関する事実である。

ひとたびわれわれが言語を、われわれが話すことによって達成する、ある一定の意識様式の媒介物と見なすならば、それと他の直覚様式との、また生命の他の機能や活動との関係について、つまりそれの「生におけるあり場所」(Sitz im Leben)について、おびただしい疑問が起こりかねない。

われわれがおもに言語においてしていることは、もろもろの事物を指摘して記述することであり、これが模範的言語活動であって、他のすべての言語活動はこれと関連して説明されなければならない、ということは当然とは思われなくなる。それどころか、やはりなしとげられるべき言語意識を必要とする他の活動――何かの力を呼び求めること、儀式を執り行なうこと、ある事態を引き起こすこと、われわれの見方をはっきりさせること、われわれの伝達範囲を確立すること――も、同等に――それ以上ではないにしても――根源的であるかも知れない。すなわち、ある名辞と表現の意味は、われわれがそれらを、こうした諸活動の脈絡の中で起こるものと解する場合にのみ、明らかにされることができるかも知れない。これらの場合に、意味は言語をわれわれの関心、実践および活動の母体の中へおくことによってのみ、つまり、それをわれわれの「生の形式」に関連づけることによってのみ、説明されることができる。

また、もし言語意識が、余り明白でない〔意識〕様式から、われわれがたどりつく達成であるならば、さらにもしその上、われわれが言語や象徴《シンボル》を通じてたずさわる諸活動が、さまざまであるならば、もろもろの単語や記号の中に具体化されることができる世界についての直覚には、多くの型と水準がある。人々は特定のどの文化に属していても多くのこのような水準上で、例えば芸術、談話、祭式、自己顕示、科学的研究において、役割を果たすであろう。そうして歴史の上に、新しい概念化と新しい意識様式が現われる。どれか一つの水準上にあるわれわれの思想は、それと他の水準との関連によってのみ、理解されることができるであろう。とりわけ、われわれの「より高い」、より明白な直観は、暗黙の直覚や非反省的直覚の背景につねによりかかっているのであろう。

われわれはここで容易に現代哲学のいくつかの提言を認めることができる。後期のヴィットゲンシュタインは指示的定義の諸要求に関する論究の中で、個々の単語に対する言語の優位性を支持する議論の覚え書きを作った。そして彼はどうして意味の説明が生の諸形式への言及に終わらずにはいないかを示している。ポラーニ(5)はわれわれの明白な思想を、暗黙の、補助的直覚の地平によってつねに取り囲まれている達成として描いた。ハイデガーは言語意識のことを「露呈」、もろもろの事物が現われうる直覚域の創造と言い、われわれの事物についての意識はわれわれの「関心」によって形づくられると言っている。もっと最近では、「構造主義的」思想家たちは言語を、世界に関するある一定の直覚を具体化する「格子状の枠」として探求した。

言語的思考を理解するこれらの方法は、この思考を「自然」の中へ、すなわち具体化された社会的存在としての人間の生活の中へ入れ、一方ではさまざまな直覚様式間のすべての区別を、それらを不安定なものにすることによって抹消する機械論的因果説――例えば行動主義または心理主義――で、言語や意味を還元的に説明することを避ける。それらは還元的、機械論的理論と、身体を離脱した思考としての主観性に関する「天使的」考え方との二者択一を乗り越える。それらは主観性を状況において見ることを開始する。もちろん、こうしたことはポラーニ、ハイデガー、メルロー＝ポンティのような著作家や他の「大陸の」著作家たちの哲学的意向の一部である。しかし、両者の交渉もアングロ＝サクソンの世界で目立つようになった。行為や感情の主題を身体を具えた行為者に属するものとして探求してきた現代の著作家たちは、ヴィットゲンシュタインの後期の著作に強く引きつけられたからである。

ヘーゲルの哲学は現代のこの新しい変化とどんな関係があるか。ヘーゲルの理論には、われわれが見たように、具体化の原理が基本的なものであった。主体性は必然的に生命の中に、自然の中に、そしてもろもろの社会的実践や制度の背景の中におかれていた。われわれが第一章の二で注意したように、ヘーゲルは言語と象徴を直覚の媒介物と見なしたし、(6) また芸術、宗教および哲学のいろいろな段階の中に、さまざまな水準に対応するさまざまな媒介物を見たのである。

ある意味でヘーゲルは、現代の言語理解の方法に達する発展線上におかれることができる。その発展の近代思想における原点は、おそらく前述したような徹底した進路変更をしたヘルダーであろう。彼はある記号がある対象と結合されることになる指示関係を当然とは思わなくなって、とにかくもろもろの記号があるという事実に、また、われわれにはとても十分に理解できない注目すべき人間の力としての言語意識に、関心を集中したのである。言語はもはや単に記号の集合ではなく、こうした意識の媒介物である。コンディヤックや言語の定説に対するヘルダーの反発は、後期のヴィットゲンシュタインのいくつかの論点を思い出させる。言語をある一定の意識の表現活動と見なすことによって、ヘルダーはそれを主体の生の形式の中へおき、そうしたことから、その言語を話す共同体に特有の見方をそれぞれ表現するものとして、さまざまな言語観を展開する。

こうした洞察はロマン主義の時代にフォン・フンボルトのような、表現主義的思潮の影響を受けた思想家たちによって展開された。しかし、それは十九世紀の後半には、すなわちロマン主義の洞察が拡充された機械論的科学の中へ再び組み入れられつつあった時期には、いくらか中断したように思われる。意味についての関心と困惑が、この世紀の終わり頃に再び起こる、――ディルタイとともに始まって、了解(verstehen)を目標とする、人間の諸科学に関する新たな反省によって、また、意味の観念のフロイトによる革命的拡大の不可避的副産物として、さらに、物理学における新たな発展によって提起され、マッハやそのウィーンの後継者たちによって探究された、認識論的問題の衝撃のもとに。関心と困惑はまた意味の古典的な指示説における不整合についての増大する認知にも明らかであって、フレーゲはこの認知にうながされて根本的に新しい思考方向を拓くようになった。

ヘーゲルはこの継承の線上におかれることができるものの、彼はまたある意味でそれから離れたのであって、この世紀の後半の中断に対して一部の責任さえあるかも知れない。現代の哲学に再び起こってきたヘルダーの言語研究法は、話すことをわれわれがもろもろの事物について一種の明白な自覚的意識――これはそのようなものとして、それに先行する非反省的経験につねにかかりあっており、これを照らし、したがってまた変容させる――をもつことになる活動と見なす。これはハイデガーの慣用に従えば、「露呈」と呼ばれることができる、また言語外の経験に対してそれ独得の忠実性を含んでいる、言語の次元である。これに反して、言語を一そろいの記号と見なす言語観――これの最も重要な見方は指示的なものである――が、別の次元、記述的次元、重要でしかも適切な唯一の次元となる。

ところで、ヘーゲルは疑いもなく最初の学派に属する。彼は芸術、宗教および逐歩的思惟〔哲学〕の異なった「言語」を絶対者の自覚を表現するものと見なす。絶対者の自覚は初めのうちは少しも記述的でないし（芸術において）、また決して単純に記述的でもない。宗教と哲学における〔絶対者の〕示現は、絶対者の実現を完全にするのであって、単にそれを叙述するのではないからである。しかし、それにもかかわらず、絶対者は最後には概念的陳述において完全な、明白な明晰性に到達しなければならないというヘーゲルの提言は、結局、記述的次元に優位性を認める。われわれの明白な意識は、それが忠実に表示しようと努めているが、しかし決して十分に、相応して、決定的に明るみには出されない暗黙の意識、反省されない生活や経験の地平によって、もはや取り囲まれてはいない。それどころか、ヘーゲルの綜合においては、始元の明晰でない意識それ自身が、概念的必然性の連鎖の一部とされる。明晰でもなく分節化されてもいないものそれ自体が、ちょうど外的で偶然的なものと同じように、必然的現存をもつことを証明される。近似的な、不完全に形成されたものそれ自身が、正確な、分節のある諸概念において導出される。
この概念的明晰性の最終的勝利を可能にするのは、もちろんヘーゲルの存在論であり、われわれが万物の根底に最後に発見するのは理念、概念的必然性そのものである、という提言である。概念的思惟は、決定的に確認されることは決してありえない基礎をもつような現実を、再現しようと努めることではなく、また十分に見抜かれることは決してありえない奥深い本能、渇望、願望をもつような主体の思惟でもない。反対に、主体は現実の根元に、自分自身の奥底におけると同様に、最後には明晰な概念的必然性を発見する。

しかし、ひとたびこの存在論が色あせて視界から消えて行くならば、後に残るのは、記述的な概念的思惟が万能であってしかも究極において自己充足的であるという観念、すなわちそれは結局、暗黙の理解の背景にたよる必要はないという観念である。そしてこの点でヘーゲルは、近代的主体性の中心的伝統の中で、記述的話法の現存を全く文句なく当然のことと思う人々の味方として現われるようである。なぜなら、彼らは記述的次元だけが科学的または情報的話法にとって適切であり、明白な思考と非反省的経験との関係は、意味とは何のかかわりもなく、(機械論的な、客体化する)心理学にとって問題となりうるにすぎない、と考えるからである。ところが、言語意識をその非反省的生活内の母体に関連させようと努める人々は、――ひとたびヘーゲルのロゴス＝存在論が片づけられるならば――必然的に明白な思考を、決して十分に探究されるはずがない状況の暗黙の意味に根をおろしていると見なさなければならない。

言いかえるならば、啓蒙主義の好みに反して、ヘルダーによって取られた新しい進路は、われわれの言語意識と、もっと深い非反省的水準にある経験との関係の問題を提出する。ヘーゲルはガイストの完全な自己明晰性を主張しながら、実際にはこの問いを決定的に解決ずみとして打ち切ることを提案する。しかし、彼の解決が色あせるにつれて、概念的思惟のための彼の遠大な要求は、われわれの状況の非反省的経験が十分に明白にされることは決してありえないとする、ヘルダーの現代の後継者たちから彼を引き離すし、またこの問題を決して突きつけてはならなかった人々に彼を加担させるように思われる。

4　今日のヘーゲル

ヘルダーに由来するこの伝統に対するヘーゲルの二重の関係、それの本質的一環でありながらそれと不和でもある関係が、近代哲学に対する彼の適切性を例証する。私が最初に述べたように、彼のもろもろの結論は役に立たないけれども、彼の哲学的反省の進め方は非常に適切である。われわれは今やその理由をもっとはっきり知ることができる。

ヘーゲルの哲学は自由の近代的観念の発展における重要な一歩である。彼は全面的自己創造としての自由の考え方の展開に貢献したのであって、なるほどこの自由は彼の哲学においては宇宙的精神のみのものとされたが、しかし自己依存としての自由の考え方をその究極のジレンマまで押し進めるには、この自由を人間の上へ置き換えさえすればよかった。こうして、彼は自由の近代的観念をめぐる闘争の激化に重要な役割を演じたのである。というのも、絶対的自由が政治的生活や願望に、改めて強調するまでもなくヘーゲルのおかげを受けているマルクスとその後継者たちの働きによって、空前の衝撃を与えたからである。また、この理念からニヒリズムの帰結を引き出したニーチェの思想の源泉の一つは、一八四〇年代の青年ヘーゲル派の反抗であった。

同時に、ヘーゲルはこの自己依存としての自由の観念の最も深遠な批判者の一人であった。彼はその自由の空虚性と潜在的破壊性を真に注目すべき洞察と先見によって暴露した。逆説的に言えば、彼はこの近代の学説をその最も極端な表現へもたらすのにも、それがわれわれを巻きぞえにするジレンマを示すのにも貢献したのである。

しかし、何よりも重要であるのは、このジレンマを乗り越え、主体性を客体化された自然の一機能に還元することなく、それを具体化された社会的存在としてのわれわれの生活に関連させることによって、主体性を状況内におこうとする現代の企てが、絶えずわれわれをヘーゲルに立ち返らせるということである。状況内におかれた主体性の近代的追求は、ある意味で、ヘーゲルが決定的に答えようと思ったロマン主義時代のあの中心的願望——どのようにして徹底的自律を、十分な表現的統一を保ちながら、自然と結合するか——の後継者である。(1) 自然はわれわれには、あの時代のもの、すなわち精神的諸力の表現ではありえないので、当時の綜合はもはやわれわれの信頼を受けることができない。

しかし、あの世代の関心を集めた問題、彼らが和解させようと試みた対立は、さまざまな形をとって現代までつづいている。それは啓蒙主義の後継者として表現主義的抗議を、そしてこれとともに、絶対的自由の諸要求を絶えず喚起する近代文明から、根絶しがたいように思われる。これらの要求が強硬に主張されることが、状況内におかれた主体性の追求を、かえっていっそう活気のあるものにしている。また、その必要は今日、公衆の意識の中でますます劇的に表現されつつある生態学的衝撃のもとで、一段と先鋭化している。われわれが今でも自由と自然とを和解させようと努めている事実は、われわれにまだロマン主義の時代にいる思いをさせる。彼らの説が現代人の目にどんなに異様に見えようとも、彼らはわれわれに語りかける。(2)

また、この状況内におかれた主体性の追求が哲学的形態を取る限り、ヘーゲルの思想はその不可欠な参照事項の一つであろう。この存在論的見方はわれわれのものではないけれども——それは確かに、われわれが現に理解しているような問題そのものを否認しそうである——、ヘーゲルの著作は具体化した主体性の見方を、すなわち生命の流れから現われ、社会的現存の諸形態の中に表現を見出し、自分自身を自然と歴史に関連して発見する思想と自由の見方を、作り出そうとする最も深遠かつ遠大な企ての一つを提供するからである。もし自由を状況内におこうとする哲学的企てが、自由な行為を本来のわれわれに対する——あるいは自然からのみ、または自然を超えている神から（論争は決して終わらないだろう）——われわれに達する呼び声に対する、応答であるとする人間観を得ようとする企てであるならば、それは永久に、ヘーゲルの結論は後に残して、具体化した精神に関する彼の執拗な透徹する反省に立ち返るであろう。

ヘーゲル略伝

ゲオルク・ヴィルヘルム・フリートリヒ・ヘーゲルは一七七〇年八月二七日に、ヴュルテンベルク公国政府の文官の子としてシュトゥットガルトに生まれた。彼は三人兄弟の長子であって、その下に生涯仲のよかった妹クリスティアーネと、後に陸軍将校となった弟ルートヴィヒとがいた。母は一七八四年、彼の十代に亡くなった。

彼はシュトゥットガルトの小学校に通い、一七八〇年から当地のギムナジウム(Gymnasium)すなわち中学校に通った。彼はまじめな生徒であって、古典研究に熱中し、クラスの首席で卒業した。

一七八八年、チュービンゲンの州立大学付属の神学校、チュービンガー・シュティフト(Tübinger Stift)に進んだ。この学校は青年たちに政府、教会または教育で働くための準備をさせた。ヘーゲルは公国の奨学金を受けている学生として、神学校内で暮らした。彼は哲学と神学を研究した。彼が民族宗教(Volksreligion)の着想を展開しはじめたのは、ここであった。彼はシュティフトでシェリングやヘルダーリーンと友情を結んだ。

一七九三年に神学校を卒業すると、彼はベルンのある貴族の家庭教師の職についた。これは事実、若い卒業生たちにとって普通のことであって、多くの有名な大学教師も(カントやフィヒテを含めて)、卒業後の最初の数年間をこうしてすごしたものである。ベルンで、ヘーゲルは何とか読書と思索をつづけたが、世情から切り離されたように感じていた。そこで一七九七年の初めに、彼はヘルダーリーンが彼のために確保してくれた、フランクフルトの同じような勤め口を喜んで引き受けた。

次の数年間は、フランクフルトの刺激のある環境の中で、ヘルダーリーンや他の人々との交流のうちにすごされた。一七九九年に彼の父が亡くなり、彼にささやかな財産を残した。この財産を手にして、ヘーゲルは大学人の生涯のことを考えはじめた。このころ、彼は哲学が彼の求めている和解の不可欠な媒体であると感ずるようになった。彼はシェリングに近づき、シェリングは彼がイェーナに落ち着くのに力をかした。彼は一八〇一年イェーナに落ち着いた。

イェーナは一七九〇年代には、ドイツの最も刺激的な大学であった。シラー、フィヒテ、シュレーゲル兄弟がそこにいた。ヘーゲルがきた時、それは衰退に向かっていた。フィヒテは一七九九年に去っており、シェリング自身も一八〇三年には去ることになっていた。しかし、ヘーゲルのイェーナでの数年間は、彼に彼自身の哲学体系の基礎を作り出すことを、またその小論文の数篇によって哲学界に知られるようになることを可能にした。

ヘーゲルは初めのうち私講師(Privatdozent)、すなわち学生たちの謝礼で報酬を支払われた無給の講師であった。この時期の講義において、彼はのちに彼の論理学や政治哲学となったものの初期の見解を、初めはいくらかシェリングの影響のもとに、のちにはますます独立に、打ち出しはじめた。イェーナでの数年間の初めに、ヘーゲルは『フィヒテとシェリングの哲学体系の差異』、『信仰と知識』(カント、フィヒテおよびヤコービの批判)、そして数篇の論文を発表した。

一八〇五年、彼はついにイェーナで助教授(Extraordinarius)に任命され、彼の体系を示す大著に着手し、その最初の部分が『精神現象学』(*Phänomenologie des Geistes*)となった。ところが一八〇六年の一〇月に、彼の生活はあらあらしく中断された。ナポレオンがイェーナ会戦後、同市を占領した。その結果、混乱が起きたので、ヘーゲルは『精神現象学』の後半の原稿をたずさえて下宿を立ちのかなければならなかった。ヘーゲルの生涯におけるこの最も騒がしい時期のあげくの果てに、一八〇七年二月五日、イェーナにおける彼の家主の妻が彼の非嫡出子を生んだ。この子はルートヴィヒと命名された。

ヘーゲルは今や再び勤め口を捜した。彼の相続した財産も底をついた。『精神現象学』は一八〇七年に刊行された時、彼の名声を確立しはじめたけれども、こんな混乱した時代に他の大学に任命される希望は、ほとんどなかった。ヘーゲルの友人ニートハマーは、彼のために『バンベルク新聞』(*Bamberger Zeitung*)編集の口を見つけてくれた。ヘーゲルは好機にとびついた。彼は新聞編集のいくつかの局面を楽しんだが、それは本当に彼の得意とするところではなかったので、翌年ニートハマーがニュルンベルクのギムナジウムの校長兼哲学教授の地位を彼のために獲得してくれた時、彼は喜んだのである。

プライドの問題は別として、ヘーゲルはギムナジウムでひどく居心地が悪かったわけではない。運営費は窮屈であったし、彼の俸給もしばしば支払いが遅れたが、上級の生徒たちにさえ哲学を教えたことは、明らかに彼にとって彼の思想を集中する役に立った。この期間(一八〇八—一六)は彼にとって非常に実りの多いものであった。彼が『大論理学』(*Wissenschaft der Logik*, 1812–16)を書いて公表したのはこの時期であった。

彼の生活は今やかなり安定した。彼の著作はその成熟した陳述に近づきつつあった。彼はどこかの大学から魅力のある申し出を受ける希望をもちつづけた。一八一一年、ヘーゲルは四一歳で結婚した。彼の花嫁はニュルンベルクの市参事会員の二十歳になる娘、マリー・フォン・トゥーヒャー(Marie von Tucher)であった。彼らは二人の男の子(カールとイマヌエル)をもうけ、その上、非嫡出子ルートヴィヒを家庭へ迎え入れた。

一八一六年、ヘーゲルはついに彼が早くから待ち望んでいた申し出、ハイデルベルク大学の哲学教授への申し出を受けた。同時に、一八一四年のフィヒテの死以来、その講座が、欠員のままになっていたベルリン大学から、意向を打診する人々が〔ヘーゲルのもとに〕派遣された。ベルリンの地位のほうがずっと格式が高く魅力もあったが、ヘーゲルは確実なほうを選んでハイデルベルクにおもむいた。ヘーゲルはまた大学に戻って熱心に講義をすることになった。ハイデルベルクの最初の年に、彼の全体系の陳述、『哲学的諸学 集成《エンチュクロペディー》』(論理学、自然哲学および精神哲学)の準備をした。これは一八一七年に公刊された。

ところがベルリンでは、同講座は欠員のままであったし、またヘーゲルの名声はドイツで高くなった。プロシャの文部大臣、フォン・アルテンシュタインは断固とした申し出をした。ヘーゲルは受けた。一八一八年、彼はベルリンで教授職につき、死ぬまでこの職にあった。

ベルリンでヘーゲルはその本領を発揮した。ベルリンはドイツ連邦の二「超大国」の一つの首府であるのみならず、一大文化センターとなっていた。ここで衝撃を与えることは、影響を及ぼすことであった。そして、ヘーゲルは衝撃を与えたのである。彼は急速にドイツ哲学の大立者となり、彼の思想の影響は他の関連分野、法律や政治思想、神学、美学、歴史に広がった。多くの人が彼の講義を聴きにやってきて、幾人かは弟子となった。ヘーゲルの思想は一八二〇年代と一八三〇年代の二〇年間、多かれ少なかれドイツの哲学を支配した。彼は幸運にもこの頂点の終わりではなくその最中《さなか》に亡くなった。

ヘーゲルはベルリン時代に『法哲学』(一八二一年刊行)を著わし、彼の死後発表された『歴史哲学』、『美学』、『宗教哲学』、『哲学史』に関する講義の大集成をつくった。

一八二九年、名声の頂点にあった時、ヘーゲルは大学総長に選ばれた。ところが一八三一年一一月一四日、彼は意外にも急死し、死因は当時コレラと診断されたが、むしろ前々から数年にわたって彼を悩ましつづけてきた胃の病気だったようである。彼は学生、同僚および弟子の長い列に付き添われて最後の旅に発ち、フィヒテの隣りに埋葬された。

註

編集者の序文

（1）〔訳註〕　フレーゲ(Gottlob Frege, 1848–1925)はドイツの数学者、論理学者。イェーナ大学の数学教授。論理学と数学の基礎づけをはかり、心理主義を徹底的に排除した論理主義の立場から、算術と解析学の論理学への還元を試みた。また数学的命題の考察がきっかけとなって言語一般の意味論的考察に進んだ。

ポワンカレ(Henri Poincaré, 1854–1912)はフランスの数学者、物理学者。パリ大学教授。ラッセルなどの論理主義に反対の立場を取り、数学は直観によらなければ論理学に還元されないと説いた。

シュリック(Moritz Schlick, 1882–1936)はウィーン学団の創設者。マッハの実証主義を継承して物理学の認識論的研究をし、科学的認識は先天的、分析的性格をもつ数学による論理的操作と直接経験による検証とから成り立つと説いた。また哲学の任務を諸概念の意味の明晰化に限定し、外界の存在の問題などは無意味とした。

（2）〔訳註〕　ヒンティッカ(Jaakko Hintikka, 1929–　)はフィンランドの哲学者、一九五九年から七〇年までヘルシンキ大学教授、七〇年からフィンランド・アカデミーの教授。論理学に独自の新しい観点を導入して論理学の新展開をはかるとともに、言語理論、情報理論、認識論などの諸問題に論理分析を加えている。

ヘンペル(Carl Gustav Hempel, 1905–　)はドイツの哲学者。初め物理学と数学を研究し、のち哲学に転じ、ライヘンバッハ、シュリック、カルナップの影響を受ける。一九三八年、アメリカに移り、四四年、帰化してエール大学、プリンストン大学の教授となり、おもに論理実証主義の立場から論理学、数理哲学、科学哲学などを論じている。

（3）〔訳註〕　フォン・ライト(Von Wright, 1916–　)はフィンランドの哲学者、ヘルシンキ大学教授、一九五八年以来、フィンランド・アカデミー会員。論理実証主義の立場を取り、形式論理学のシステムを哲学の諸問題に適用して論理分析を加え、それによって逆に新しい論理のシステムを考えている。

フェレスダル(Dagfinn Føllesdal)はノルウェーの哲学者、オスロ大学教授。分析哲学の立場から認識の論理的基礎を解明しながら、言語理論や現象学などにも論及している。

第一章　自由、理性および自然

1　表現と自由

(1)　これはアイザイア・バーリン(Isaiah Berlin)の「表現主義」に由来する術語である。アール・ワッサーマン(Earl Wasserman)編『十八世紀の諸相』(バルチモア、一九六五年刊)の中の「ヘルダーと啓蒙主義」参照。

(2)〔訳註〕　両面感情(ambivalent feeling)とは、同一の対象に対して同時に抱かれる相反する感情、例えば愛と憎しみとが入りまじった感情をいう。

(3)〔訳註〕　逐歩的(discursive)は比量的、論弁的、推論的などと訳されることもある。直観と違って対象の本質を順を追って段階的に一歩一歩とらえることをさす。

(4)　ホッフマイスター(J. Hoffmeister)『ゲーテとドイツ観念論』(ライプツィヒ、一九三二年刊)、一〇ページ。

(5)　だからゲーテはこう歌っている。

目が太陽のごときものでなければ、
太陽を見ることは決してできないだろう。
われわれに神自身の力が宿っていなければ、
どうして神的なものがわれわれを夢中にさせられるだろうか。

(6)　『理念と理想』九五—一〇二ページ。

(7) 同書、九九ページ。

2 具体化した主体

(1)〔訳註〕 普通に矛盾原理または矛盾律と言われるものは、実際は矛盾排除の原理、無矛盾の原理であって、一般に「Aは非Aではない」、「いかなるものもAであると同時に非Aであることはできない」、「PがPであると同時にPでないということはありえない」などと言い表わされる。

(2) ヘーゲルは事実、近代の哲学的人間学における一連の思想の重要な一環、二元論にも機械論にも反対している一環であり、われわれはこれがさまざまな仕方でマルクス主義や現代の現象学に継承されているのを見ている。

3 主体としての絶対者

(1) 例えば『精神現象学』の区分がそうである。

(2) あるいは彼が言い表わすところでは、自我＝自我〔自我イコール自我〕という観念、すなわちこの主体に関するフィヒテの反省の背景を示す定式化を、彼は拒否しようとする。

(3) ちょうど『論理学』の終わりのところ、『自然哲学』への移行点でなされている、宇宙の外的分節化に関するヘーゲルの所説を参照。自由としての理念は、やはりその具体化を「自由」にしておく。理念が具体化されるのは、理念がぴしっと制御する外的現実においてではなく、外面性のぎりぎりの限界まで、まさに「主体性なしで絶対的にそれ自身で現存する、空間と時間の外面性」まで、展開するままにしておかれる外的現実においてである。(『大論理学』第二巻、五〇五ページ)。

(4) ヘーゲルはダーウィンより半世紀前に進化論を支持しない点で期待に反した。その代わり彼は、人間の文化は継続的発展をするのに、自然における諸物の全秩序は、動物の種も含めて、そうでないと考えている。自然における諸物の連鎖した上昇的秩序は、歴史的諸形態のように時間的にではなく、無時間的に理解されなければならない。こうした区別をするヘーゲルの理由、すなわち精神だけが歴史をもつことができるということは、かなり「ヘーゲル的」に思われる。しかし実際には、もし彼が進化論を他の根拠に基づいて真理であると信じたならば、彼はそれを受けいれる根拠を見出すことができたであろう。確かに、どちらかと言えば、『自然哲学』におけるすべての移行も時間的でありえたということと、進化論はもっとうまく適合する。これは彼の人間や歴史に関する哲学が同時代のすべての哲学より抜きん出ていたのに、彼の『自然哲学』がシェリングのような同じ分野の他の著述家たちばかりでなく、当時の科学(に関する彼の理解)に依存していたことを示すもう一つの例である。

(5) われわれはここで、それが根本的構造の問題であることを強調しなければならない。ヘーゲルは世界がいわば細部における偶然性をもたないとは考えていない。それどころか、偶然性は存在するし、また諸物の構造に従って、必然的に存在しなければならない。われわれはこのことを後段で知るであろう。

(6) 『精神現象学』一九三―五ページをも参照。

4 理性的必然性

(1)〔訳註〕 原語は conceptual limit である。概念上の限界もしくは制限と訳してもよいと思ったが、著者は明らかにその意味の時は conceptual limitations を用いているし(二四七ページ)、またこの語にそれ以上の意味をもたせているので、避けることにした。いっそのこと限界概念としようかとも考えたが、それではカントの限界概念(Grenzbegriff)――スミスの英訳では limiting concept ――と紛らわしくなり、著者もカントのこの語を引き合いに出しているので、それも避けることにした。ところで、カントは現象の領域を越えた物自体の世界は認識することができず、したがって物自体について積極的に規定することはできないと考えた。そして物自体を「感性の僭越を制限する限界概念」と名づけた。「物自体についてはこれをただ未知のあるもの」と考えるしかないというのが、カントの根本的な立場である。ところが、徹底した理性主義の立場を取るヘーゲルは、理性の透察を許さないような物自体を、したがってまた理性のいわば「僭越を制限するための限界概念」を認めることができなかった。著者によれば、ヘーゲルは「これらの極限概念をむしろ宇宙の輪郭を描くもの」と見なすのである。なおこの議論については四七ページ参照。

(2) ヘーゲルの弁証法的議論は、われわれが後段で見るように、もちろん、上述の例の先験的な型の議論より、この後者の型を取り入れているけれども、もっと複雑である。しかし、それらの弁証法的議論は同じ種類の概念的必然性に依存している。

5 自己定立する神

(1) Ohne Welt ist Gott nicht Gott.

(2)〔訳註〕ミュンヒハウゼン(Karl Friedrich Hieronymus von Münchhausen, 1720–97)はドイツの軍人で、トルコに対するロシャの戦争に従軍。一七八五年、英国で『ミュンヒハウゼン男爵のロシャにおける不思議な旅と戦闘の物語り』が公表され、彼の名はひどく誇張された冒険談と結びつけられた。

6 抗争と矛盾

(1) ウォールター・カウフマン(Walter Kaufmann)の訳書、二八ページ。

(2) 同書、三二ページ。

7 克服された対立

(1) カウフマンの訳書、五〇ページ。

(2)〔訳註〕普通にはyou cannot eat your cake and have it と言われ、ケーキを食べてその上もっていることはできない、ケーキは食べたらなくなる、食べたケーキは手に残らない、両方よいことはないものだ、両手に花とはいかぬ、という意味を表わす。ところが、ここではヘーゲルがその両方をさせようとしているわけである。

(3) 実際にこのような断ち切りはヘーゲルの歴史観では一つにとどまらなかった。というのは、とくにすぐれた(par excellence)「独創的統一」の時期、十八世紀後期に最大の郷愁の的であった時期――古典的ギリシャ――それ自体が、人間の自己自身と自然の形成に関するヘーゲルの見解では、人間の形態に集中した芸術の創造において頂点に達した産物であった。それにはもっと未発達な諸段階が先行していたのであって、それはすでに達成であった。

(4) それゆえ、ヘーゲルの成熟した「神義論」は、『キリスト教の精神』と名づけられた一七九〇年代の草稿の中で、彼が解明した運命観を発展させたものである。しかし、それは今やずっと多くのものを含んでいる。人々が和解する相手の運命は、今や統一だけでなく分裂をも取り入れている。

(5) ヘーゲルはその『歴史哲学』の講義の中で、われわれが古代の諸文明の廃墟を眺めて、「歴史上の最も豊かな造形、最も美しい生命が滅亡すること、われわれはそこですばらしいものの残骸の間をさまようこと」(『歴史における理性』三四―五ページ)を反省する時に、感ぜずにはいられない憂愁と悲哀について語っている。

(6)〔訳註〕 第一章の三の終わりを参照。

8 弁証法的方法

(1) 「ヘーゲルの現象学的方法」、『形而上学評論』三三巻四号(一九七〇年六月号)。

(2) このことは正確に感覚的確実性、知覚などとして特色づけられる知識の多くの歴史的形態があることを意味しない。これらの初期の、不相応な諸概念のとらえ方の根本的特性は、それらが自分自身について考え違いをしているということだからである。弁証法の原動力であるのは、それらの自己理解と実状とのこの不一致である。しかし、それらが考え違いをしている限り、それらは知識の歪曲であり、これはそれら自身の自己表象によっても完全な知識の考えによっても説明されることができない。

(3) もちろん、私はここで歴史の説明に関する論争では、解釈的見解を支持し、「網羅的法則」のモデルに反対している。簡単に言えば、私はここでは私の立場を、拙論の「解釈と人間科学」(『形而上学評論』三五巻一号、一九七一年九月号、三―五一ページ)の中でそれらしいことを論じようと努めたけれども、論じようと企てることはできない。しかし、ヘーゲルの歴史的説明に関する同じ指摘は、おそらく他の観点からもなされうるであろう。

(4) ハルトマン(Robert S. Hartman)訳『歴史における理性』(ニューヨーク、一九五三年刊)、三〇ページ。私は訳文を少し改めた。

(5) これはおそらく『歴史哲学』の序論の文章で意味されたことであろう(『歴史における理性』二九ページ)。それはこう述べている。すなわち歴史における理性の現前は、その「本来の証明(eigentlicher Beweis)を理性自身の知識の中に」もつ真理であるが、一方「世界史はそれについて納得させる解説を与えるにすぎない」(in der Weltgeschichte erweist sie sich nur)。しかし、われわれはこの一節を余り当てにするわけにはいかない。それはヘーゲル自身のノートからではなく、彼の講義に出席した聴講者たちの手になるノートからの引用である。

第二章　政治と疎外

1 永続する抗争

(1)〔訳註〕 類的本質とも訳される。フォイエルバッハからマルクスに受けつがれた概念で、類的とは人類的、普遍的、社会的というほどの意味である。フォイエルバッハは人間の本質的特性、例えば意志とか愛とかは個人という観点からは引き出すことも説明することも理解することもできず、そのためには少なくとも二人の人間、すなわち「我と汝」とを考慮しなければならないと主張した。愛は人間相互の、とりわけ男性と女性との関係であり、単独の孤立した一個人の関係ではない。また思惟は言語に依存し、言語は共通の了解に基づく人間相互の関係である。「もし個々の人間が自分を他者と比較対照することができなければ、彼は自分を人間として認めること、言いかえれば、彼は自分を人類に共通の属性をもつもの、同一の類の一員と考えることはできないであろう」。人間は「我」のみでなく「汝」をも体現して初めて人間である。「社会的人間だけが真の人間である」。このような考えはマルクスにも受けつがれている。「人間は自然存在であるばかりでなく、人間的な自然存在でもある。すなわち……類的存在であって、人間はその存在においても知識においても、自己をそのような存在として確証し、そのような存在としての実を示さなければならない」。そうして、マルクスは人間の類的存在としての自己確証を労働に求めたのである。

(2)〔訳註〕 いわゆる五月革命である。三月、パリ大学ナンテール分校で勉学条件の改善要求に端を発した学生騒動は、あっという間に思わぬ方向に発展した。ソルボンヌは学生と警官の乱闘事件のため、一時的に閉鎖され(五月五日)、学生と警官との衝突が繰り返されている間に、ついに電力、郵便、鉄道、新聞関係の労働者が学生を支持して二四時間ストに突入し、次第にドゴール政権と左翼の政治的対決の様相を帯び、フランス国家の土台をも揺り動かすようになった。ところが六月にはいると、市民や労働者が学生から離れて行き、学生の激しい反体制運動は急速に衰退に向かった。

2 理性の諸要求

(1) 国家が存在することが、世界における神の歩みである(Es ist der Gang Gottes in der Welt, dass der Staat ist.『法哲学』二五八節の追加)。これは初め「国家は世界を通る神の行進である」というように誤訳されたし、またヘーゲルを「プロシャ主義」の反自由主義的擁護者として告発するにあたって、しばしば証拠品(pièce à conviction)として引用された。もろもろの誤訳とそれらの影響については、カウフマン(W. Kaufmann)が編集した書物『ヘーゲルの政治哲学』(*Hegel's Political Philosophy*, New York; Atherton Press, 1970)の同氏の序文を参照。

(2)〔訳註〕 efficient causation。アリストテレスは原因を四つに分けた。そのうち作用因は家における建築家、子における父親のように、変化を引き起こすものをさす。

(3)〔訳註〕 ホッブズは人々を平和に向かわせるのは、結局、死の恐怖であると見ている。人間は自然状態においては互いに狼であり、一種の戦争状態であり、各人の自然権は侵害され、絶えず死の恐怖にさらされる。それゆえ、平和を維持して各人の自然権を守り、快適な生活をするためには、各人の自然権を一つの共通権力に譲り渡し、協約を結んで各人の安全をはかるしかない。

(4) 『実践理性批判』第一部第一篇第一章五節。

(5) もちろん、「自然」も異なった意味で用いられることができるのであって、その異なった意味において、われわれは〔自然によって〕事物の概念を意味する。その場合に、精神の「自然」(本性)がある。ヘーゲルはこの表現をただ今言及したくだりで、「精神の本性は……」(Die Natur des Geistes……)のように用いている。これはヘーゲルの思想が、近代の徹底的自律に対する彼の支持にもかかわらず、あるいはむしろそれ以上に、アリストテレスの思想の子であることを示す。

(6) 『法哲学』二五八節、『全集』(グロックナー版)、第十九巻、五二八ページ参照。

(7)〔訳註〕 行為の根拠(grounds of action)となっているが、意志の根拠と読むことにする。

(8) こうした誤解は不幸にもアングロ＝サクソンの世界に沢山ある。最近のそれはシドニー・フック(Sidney Hook)のしでかしたものである。ウォールター・カウフマンの編集した書物『ヘーゲルの政治哲学』に寄稿した彼の論文を参照。

(9) ノックス(Knox)の訳文による。少し変えてある。

(10) 事実、カントの理論は普遍性という基準の空無性を、徹底的自律への願望の他のいくつかの帰結によって、大いに埋め合わすことができる。この徹底的自律はまた人々が扱われるべき仕方や彼らが服従すべき規則について、何事かを告げるからである。

(11)〔訳註〕 著者はこのあと Sittlichkeit, Moralität のドイツ語で押し通すが、ジットリヒカイト、モラリテートとして行くのも煩わしいので、倫理性、道徳性で表わすことにする。

(12) 『政治および法哲学論集』(*Schriften zur Politik und Rechtsphilosophie*)、ゲオルク・ラッソン編、ライプ

ツィヒ、一九二三年刊、三八八ページ。

(13) 重ねて言うが、これはヘーゲルの専門語である。カント自身は倫理に関する彼のいくつかの著作でジットリヒカイトという普通の語を用いていた。

3 倫理的実体

(1) 『法哲学』一四五・一五六・二五八節も参照。

(2)〔訳註〕聖書に出てくる神。信者はその子を犠牲として捧げた。転じて、恐ろしい犠牲を要求するものをさす。レビ記、一八の二一、列王後記、二三の一〇、エレミヤ記、三二の三五。

(3) 論理学の言葉で言えば、外的目的論はここでは不相応である。国家は内的目的論によってのみ理解可能である。

(4) それゆえ、『法哲学』二五八節において、ヘーゲルは「あの意識がその普遍性へ高められるやいなや、特殊な自己意識の中に……実体的意志の現実性」をもつ国家について語っている(強調は筆者)。

4 歴史の目標

(1) 私はこの民族精神の観念が、社会の超個人的主体に関する何か異例の説を含んでいない、ということを繰り返しておきたい。民族精神は歴史上の文化、しかしガイストの実現と自己知識の一定の段階で、そのガイストの具体化と見なされた文化である。根本的困難は——もしそれがあるとすれば——人間と、人間が媒介物となっているこの宇宙的主体との関係にかかわる。人々が精神を具体化するために採用する歴史上の形態については問題はない。

(2) 『大論理学』の一節、内的目的論のくだりを参照(『大論理学』第二巻、三九七—八ページ)。

(3) シュロモ・アヴィネリ(Schlomo Avineri)は、ヘーゲルが世界史的個人の説では矛盾したことを言っていることに気づいている(『ヘーゲルの近代国家論』、ケンブリッジ大学出版部、一九七二年、二三三ページ)。

ヘーゲルは世界史的個人がある時には、自分が実現しつつある理念を十分に意識しており、他の時には本能的にしか意識していないと考えているように思われるし、さらに他のくだりでは、少しも意識していないと言われているからである。アヴィネリの引用は『歴史における理性』からなされており、ヘーゲルが一度も公刊する気がなかったこのテキストの未彫琢の性質をいくらか考慮したならば、個人は自分が奉仕する一段と高い真理を感知しているが、しかしそれをぼんやりと見ている、という考えを中心にして、〔矛盾する〕もろもろの原文はかなり容易に調停可能であるように私には思われる。

5　絶対的自由

（1）「世界は（自己意識にとって）端的に自分の意志であり、そしてこの意志は普遍的意志である。しかもその意志は沈黙の、あるいは代表された同意において定立される、意志の空虚な思想ではなく、実際にすべての個人そのものの意志である」（『精神現象学』四一五ページ）。'Die Welt ist (dem Selbstbewusstsein) schlechthin sein Wille, und dieser ist allgemeiner Wille. Und zwar ist er nicht der leere Gedanke des Willens, der in stillschweigende oder repräsentierte Einwilligung gesetzt wird, sondern reell allgemeiner Wille, Wille aller Einzelnen als solcher.'

（2）『精神現象学』および『法哲学』二〇七節参照。

6　近代のジレンマ

（1）〔訳註〕ジュールダン氏（Monsieur Jourdain）はモリエールの『町人貴族』に出てくる、金はあるが無学で人のいい町人。貴族にあこがれる余り、衣裳に凝ったりダンス、フェンシング、音楽、哲学の教師を自宅に招いて習得にはげんだりする。そして哲学の教師に立派な身分の婦人に送る恋文のことで相談をかける。哲学の教師は韻文で書きたいのかと尋ねる。町人は断わる。哲学の教師は、では散文でなければいけないのかと尋ねると、町人は韻文も散文も真っ平だと断わる。哲学の教師は、それでは書きようがないと答え、その理由を訊かれて、自分の考えを表現するには、韻文か散文以外にないと答える。町人は自分が平素しゃべっていることが散文であると教えられ、四〇年も散文をしゃべっていて、それに気づかなかったことにあきれる。ここではこれが逆になって、それと知らずに散文ではなく韻文(神話)を語っていたことになる。

7 ミネルバのフクロウ

(1)〔訳註〕 アッティラ(406頃-453)はフン族の王、現在のハンガリー地方を根拠地にしてアジアにまたがる国家を建設し、ローマ帝国を圧迫した。野蛮な征服者の代名詞となっている。

(2) とは言え、マルクスはヘーゲルのとは異なる自分自身の具体化の原理をもっていて、人間を自然の母体の中に置いて見ているので、この批判をいくらかまぬがれる。後段の第三章の論議を参照。

(3) 『法哲学』二七四節、追加。

8 脱工業化の倫理性

(1) ここに関係のある著作は、一八〇一—二年執筆の『倫理性の体系』(ゲオルク・ラッソン編『政治および法哲学論集』、ライプツィヒ、一九二三年刊、の中で公表された)、そしてこれもイェーナ期のものであるが、『イェーナ実在哲学』第一および第二部(ヨハンネス・ホッフマイスターによってそれぞれ一九三二年にライプツィヒで、一九六七年にハンブルクで公表された)と呼ばれている、早い頃の二篇の体系的試論である。シュロモ・アヴィネリ『ヘーゲルの近代国家論』(ケンブリッジ大学出版部、一九七二年刊)八七—九八ページの興味深い論考を参照。

第三章　自由の問題

1 ヘーゲル哲学の終わり

(1) フリードリヒ・ニーチェ『ツァラトゥストラはこう語った』ツァラトゥストラの序言、三節。
(2)〔訳註〕 ソレル(Georges Sorel, 1847–1922)はフランスの社会思想家。暴力の倫理性を強調するとともに、資本主義の矛盾を除去して新しい生産者社会を実現する方法として、エリートによる計画経済を説いた。
(3) フリードリヒ・ヘルダーリーン『ヒュペリオン』(フィッシャー版、フランクフルト、一九六二年刊)、九ページ。

2 人間への関心の集中

(1) ボットモア訳編『カール・マルクス初期著作集』(Karl Marx, *Early Writings*, trans. and ed. T. B. Bottmore, London and New York, 1964)、四三—四ページ。
(2) 同書、一五九ページ。
(3) 同書、一二八ページ。
(4) 同書、一五五ページ。
(5) 同前。
(6)〔訳註〕『経済学・哲学草稿』をさす。
(7)〔訳註〕 ルイ・アルチュセール(Louis Althusser, 1918–　)はフランスの構造主義的マルクス主義者。その著作に『マルクスのために』(*Pour Marx*, François Maspero, 1966)、『資本論を読む』(*Lire le Capital*, 2 vols., François Maspero, 1965)がある。前者には邦訳がある。河野・田村訳『甦るマルクス』一および二、人文書院、一九六八年。
(8) ゲオルク・ルカーチ。イストヴァーン・メスザロス『ルカーチの弁証法の概念』(Istvan Meszaros, *Lukács' Concept of Dialectic*, London, Meszaros Press, 1972)四四ページに引用。

3　状況内にある自由

(1)　アイザイア・バーリン『四つの自由論』(オクスフォード大学出版部、一九六九年)所収の「自由の二つの概念」(Isaiah Berlin, 'Two concepts of liberty')参照。

(2)　アンカー版(ニューヨーク、一九五四年)一四七ページ。

(3)　'Die Vergagegnen zu erlösen und alles "Es war" umzuschaffen in ein "So wolte ich es !"——das hiesse mir erst Erlösung'(*Also sprach Zarathustra*, Part 2, on Redemption)。

(4)　われわれは動機と満足に関する還元的、機械論的諸理論を受けいれることと、われわれの文明の原子論的、操作主義的傾向との間に、一種のつながりがある理由を知ることができる。われわれがさきに見たように、これらの理論は実際には、われわれの強迫観念とか狭い願望とかによる自由の自己挫折を、知的に処理することができない。それゆえ、もろもろの還元的理論は、こうした問題が目立たない場合に、すなわち人々が社会を通して満たそうとする諸欲望が正常で自発的である場合に、より多く受けいれられるようである。これと相関的に、表現的思想はルソー以来、自由の自己挫折の論題を展開してきたのである。

(5)〔訳註〕　ポラーニ(Mihály Polányi, 1891-　)はハンガリーの物理化学者、ベルリンのカイザー・ヴィルヘルム研究所員、ナチス政権下にアメリカに亡命し、社会科学の研究に従事する。*The concept of freedom*, 1941; *Science, faith and society*, 1951; *The study of man*, 1959 などの著作がある。

(6)　言語を記号の集合よりむしろ直覚の具体化と見なすこの言語観の簡潔な定式化は、『精神現象学』(四九六ページ)に出てくる。「……言葉、——定在、直接に自己を意識した現存である」(……die Sprache,——ein Dasein, das unmittelbar selbstbewusste Existenz ist)。

4　今日のヘーゲル

(1)　それゆえ、ハイデガーの思想の深い動機の一つは、われわれを支配と客体化という反対の立場を越えて、彼がわれわれの形而上学的伝統とその派生物すなわち技術文明の中に、暗に含まれていると見る自然のほうへ連れて行き、そうして「諸物をあらしめる」仕方、露呈の仕方を最高の直覚とする実存様式を開始(もしくは回復)させることである。ハイデガーは自分の所説がヘーゲルの同時代の友人ヘルダーリン、おそらくロマン主義時代の最大の詩人(次の註を見よ)の中に、予示されていると主張する。

こうしたことを考えると、ハイデガーがヘーゲルに中枢的位置を与えるのは、驚くべきことではない。彼はヘーゲルを「形而上学」の伝統の頂点と見なす。しかし、ヘーゲルはハイデガーが反対するものの単なる模範以上である。明らかにハイデガーはヘーゲルから非常に多くのものを、そして最も顕著にはおそらく、忘却と誤謬からの復帰としての真の自覚という考え方を、引き出している。(『ヘーゲルの経験概念』、ニューヨーク、一九七〇年刊――これは『森の道』第五版、フランクフルト、一九七二年刊、第三章の翻訳である――における『精神現象学』の序論に関するハイデガーの論考を参照)。したがって、ハイデガーの独自の哲学的提言は、ヘーゲルのそれと同様に、哲学史の解釈と離れがたく結ばれている。しかし、ハイデガーの解釈はヘーゲルのそれと体系的に異なっている。なぜなら、彼はヘーゲルの主体性が完全な自己明晰において頂点に達するということを否認するからである。彼はこれをむしろ、客体化の形而上学的立場の極端な、確かに越えがたい表現と見るのである。

(2) 結局、ロマン主義時代の全成員のうち最も関係があるのは、ヘーゲルの友人でチュービンゲンでの同級生ヘルダーリンであろう。ヘルダーリンも自己所有の明晰を保持するような自然との統一を求めていたのである。そして、彼の神々もまた人間の主体性においてのみ自分自身に達したのである。しかし、それらの神々は絶対的精神という基礎には依存していなかった。むしろ、それらは諸元素の原始的混沌から、限度と秩序の光の中へ人間によって、詩と歌の力を介して引き出されたのである。

それゆえヘルダーリンは自然をいわば自由の光の中へ引き入れながら、人間の最も自由な表現を自然の刺激に従わせる展望を開いているように思われる。しかし、この自然は精神の発現ではないし、またそうなることは決してありえない。それは無尽蔵の、底知れぬ深いものであり、それを光へもたらす創造的活動にとって、不断の誘いである。

ヘルダーリーンの見解は解釈するのが容易でない。とにかく、それは哲学的陳述には不向きであろう。また彼の思想が成熟した表現に達する以前に、狂気が彼をおそったような気がする。ヘーゲルが一人残されて、二人がチュービンゲンとフランクフルトで共有したもろもろの思想と洞察に、決定的な形態を与えることになった。しかし、ヘーゲルの世代の課題を再びつづけたいと思う人々にとって、彼の余りにも早く沈黙した友は、いっそう確実な道をさし示すかも知れない。

訳者後記

チャールズ・テイラーは一九三一年一月五日、カナダ南東部の都市モントリオールに生まれ、五二年マギル大学(McGill University)を終え(歴史専攻)、同年オクスフォード大学のローズ奨学生(Rhodes Scholar)となり、哲学、政治学および経済学を研究する。五五年文学士、六〇年修士、六一年哲学博士となる。五六年から六一年まで、オクスフォードのオール・ソウルズ・カレッジ(All Souls College)の評議員、六二年から七一年までモントリオール大学(Université de Montréal)の哲学教授、七六年から母校のマギル大学の政治学教授となり、現在に至る。

同氏はこれまでに次の二書を公表している。

一、*The Explanation of Behaviour*, Routledge & Kegan Paul, 1964.

二、*Hegel*, Cambridge University Press, 1975.

論文には、私の知る限り、次のものがある。

一、Phenomenology and Linguistic Analysis, in *Proceedings of the Aristotelian Society*, Supplementary Volume, 33, 1959.

二、Neutrality in political science, in *Philosophy, Politics and Society*, 3rd Ser., ed. Laslett and

Runciman (Oxford; Blackwell, 1967).

三〉 Interpretation and the sciences of man, in *Review of Metaphysics*, 35, 1, 1971.

またBBC(英国放送協会)で行なわれた著者とマギー(Magee)との対談「マルクス主義哲学」(Marxist philosophy)が、同協会刊行の『理念の人々』(*Men of Ideas*, 1978)に収められている。

最近はわが国でも西洋でもヘーゲル研究が盛んであり、その研究書はおびただしい数にのぼり、応接にいとまがないほどである。なぜヘーゲルは今日こんなにわれわれの注目を集め、見直しを促しているのであろうか。一つはヘーゲル哲学の本質に由来し、一つは現代の精神的状況によるものと思われる。

ヘーゲルはデカルトを祖とする近代哲学の完成者と言われる。その彼はデカルトについて、「近代哲学が思惟を原理とする限り、デカルトは実際に近代哲学の真の創始者である。……思惟が新しい地盤である」と語っている。彼によれば、デカルトは全体系を思惟という新しい地盤の上に築いたからこそ、近代哲学の祖となったのである。しかし、その思惟は根本において自己意識であり、デカルトの第一原理を保証したものは、自己意識の確実性であった。したがって、デカルトにとって自我とは、「思惟するもの」としての精神であった。ヘーゲルはデカルトからこのような思惟を継承し、それを徹底的に押し進め、絶対者そのものを思惟、自己意識、精神としてとらえ、こうして近代哲学の完成者となったのである。

ヘーゲルにとって絶対者を思惟、自己意識、精神としてとらえることは、絶対者を感情や表象においてではなく、概念においてとらえること、したがってまた絶対者を信仰の対象ではなく、理性の対象とすることを意味する。ヘーゲルの神は思惟と自己意識を本質とする精神的な、理性的な神であり、その意味で彼の哲学は徹底した理性主義〔合理主義〕である。しかし、ヘーゲル哲学をデカルトとの関係からこのように見ることは、まだ不十分であるとのそしりを免れないであろう。なぜなら中世以降の西洋の代表的哲学は、根本においてヘレニズムとヘブライズムの綜合であり、わけてもヘーゲル哲学は近代におけるその最も壮大な綜合的体系と見なされるからである。彼の哲学はプラトンとアリストテレスの哲学を取り入れた一種のキリスト教的神義論である。したがって、ヘーゲルを近代哲学の完成者とすることは、ヘーゲルの重要な一面を看過することになるであろう。西洋の社会が根本的な反省を迫られている今日、その手がかりをヘーゲル哲学の見直しに求めている理由の一つは、このようなヘーゲル哲学の本質にあると思われる。

では、現代の精神的状況はどうであろうか。近代社会の進展につれて、自然科学はすばらしい発展をし、科学の提供する技術的知識は次第に増大し、科学技術による機械化と合理化の過程が、近代化の名のもとに、いわゆる資本主義の営利主義的精神にささえられて、社会の各分野に見られるようになった。このような見地から眺めるならば、近代と現代との間に断絶はなく、現代は近代の延長であり、その帰結にすぎない。科学はますます専門化するとともに、巨大な設備と人員を擁する巨大科学となり、都市も産業組織も管理機構も巨大となり、社会生活の全般にわたって、ますます高度の機械化と合理化が要求されるようになった。そうして、社会生活の隅々に高度の機械化と合理化が進行するにつれて、人間は次第に平均化され、群衆、大衆、集団の中に埋もれるようになり、画一的な大衆文化と大量消費と大量情報の中で非個性的に平均人として生きることを強いられるようになった。その上、すべてを機械化し合理化する現代の理性、すなわち技術的理性の立場からすれば、人間はもはやかけがえのない独自の存在ではなく、いつでも取りかえのきく小さな機械、しかもはなはだ誤差と不平の多い機械にすぎない。近代の機械化と合理化の過程は、同時に社会のあらゆる方面に同質化をもたらし、人間の非人間化、自己喪失、自己疎外の過程となったのである。今日では科学技術に対する信頼もうすれ、科学そのものも悪魔の学問として弾劾されかねない状勢である。

このような社会的現実を背景において考えるならば、現代哲学の多くが、近代哲学の完成者と言われるヘーゲル哲学を、あるいはヘーゲル流の理性主義の形而上学を批判することによって、独自の立場を築いたことは、当然のこととして理解されるであろう。「編集者の序文」にもあるように、マルクスやキェルケゴールはもちろん、一見そうとは思われない哲学でさえ、ヘーゲルを批判しヘーゲルと対決することによって、人々の共感を得てきたのである。現代哲学はヘーゲルを抜きにしては考えられないと言ってもよいほどである。また多くの哲学が、近代の機械化と合理化をささえてきた科学、とくに自然科学に対してどのような態度を取るかによって、自己の立場を鮮明にしたことも、おのずから理解されるであろう。

さて、現代の精神的状況を救いがたいものにしているのは、反近代、反ヘーゲルあるいは「近代の超克」を旗印にして登場した諸派の哲学が、激動する社会的現実の前に色あせて見え、その有効性を疑われだしたことである。とりわけマルクシズムはバラ色の未来を強烈に描いていただけに、社会主義国家の実態が明らかになるにつれて、もはや以前のような魅惑的な力をもたなくなった。西洋の哲学は古代ギリシャの時代から、自由の理念を固守してきたが、その自由という視点から眺めても、資本主義社会より進んでいるはずの社会主義社会のほうが、かえって独裁的体制を取り、自由に対して抑圧的である。しかも不幸なことに、現代はまだ時代の動向を的確に見通す展望を確立していない。現代の状況が新しい時代を迎える前夜の激動なのか、それともなおも破局を目ざして突き進む狂騒なのか、その見当すらつきかねている。

哲学者がこのような精神的状況の中で、近代化を強力に押し進めた諸原理について、あらためて痛烈な反省を迫られるのは、当然の成り行きであろう。鋭い問題意識をもつ哲学者ほど、その必要を痛感するであろう。本書の著者チャールズ・テイラーもその一人である。そして著者は、先ほども述べた正当な理由から、その手がかりをヘーゲル哲学の本質解明と批判に求める。マルクスの立場からヘーゲルに二、三のきまり文句を投げつけておけばよかった時代が終わった今日、マルクシズムの限界は、逆にマルクスが継承しなかったヘーゲル哲学の他の一面を顧みることによって明らかにされる。もちろん、ある哲学者の意義を、後代に与えた影響や後続の哲学者に継承された側面から推し量ることは可能である。ヘーゲルは従来この側面から評価されすぎたと言えよう。しかし多くの場合、後続の哲学は先行の哲学の一面を明るみに出すとともに、他の側面をおおいがちである。テイラーはヘーゲル哲学の継承されなかった他の側面が極めて貴重な側面であり、そのような一面があるからこそ、ヘーゲル哲学が今日もわれわれに訴える力をもっていることを指摘する。それどころか、著者によれば、ヘーゲルはマルクスを先取りした一面すらもっていたのである。著者は大著『ヘーゲル』でヘーゲルの『論理学』をきちっと押さえているだけに、その立論は極めて説得力がある。また近代社会がもたらした疎外の分析も空疎な自由論の批判も多くの示唆に富む。さらに幻想に終わりかねない「絶対的自由」の代わりに「状況内の自由」を説き、現代のとかく疎遠になりがちな社会的現実との一体性を取り戻して、いわば近代を超克するために、新しい倫理性を提唱するくだりにも、随所に著者の鋭い歴史感覚と問題意識が感じられる。訳者は訳筆を進めながら、これは文字通りの力作であると思い、訳し終えて久しぶりに良書を精読した喜びを味わった。

明治以来、強力に近代化を押し進めてきたわが国も、現在やはり西洋と同じような精神的状況にある。本書は現代の西洋社会の政治的、文化的、精神的状況に対する透徹した自己反省と自己診断の書であるが、わが国の読者にも深刻な反省を促し、将来の展望に適切な示唆を与えるであろう。

翻訳に際して訳者が最も苦心したことは、当然のことながら、どのように表現すれば分かりやすく、また読みやすくなるかということであった。したがって難しい漢字はなるべく避けることにした。しかし、訳者はかねがね文章を平易にすることは、漢字を平仮名に直すこととは違うと考えているので、漢字の使用には余りこだわらなかった。本書は表現が難しい割りに文意の把捉はそれほど難しくないので、訳註は最小限にとどめることにした。読者は意味の取りにくい術語にぶつかっても、先へ読み進んでいただきたい。そうすれば、意味解明の手がかりになる言いかえや表現に出会うはずである。また巻末の索引には、事項の部分に原語を付記し、その用語例を挙げておいたので、それを参照していただけば、少しは役に立つかと思う。

読者に論理的に考えることを要求する本書のような著作の翻訳において最も望ましいことは、訳語を統一すること、すなわちある語句にある訳語をあてたならば、それをずっと押し通すことであろう。訳者はできるだけそのように努めたけれども、訳者の努力にも限度があり、多少の不統一は免れなかった。とくに著者は多くの類義語を使用しており、それを漢字を二つか三つ並べて区別することは、ほとんど不可能であった。ともあれ、内容が内容であるだけに、思わぬ読み違いがあることと思う。お気づきの方の御教示を乞う次第である。

本書の訳筆を進めながらつねに訳者の念頭にあったのは、この拙ない訳書が三十年来の恩師、河野與一先生の御期待に添えるかどうか、ということであった。非力のお咎めがなければ幸いである。また今回は大塚信一さんはじめ岩波書店の方々に至れり尽くせりの御協力を得た。ここに記して心からお礼を申し上げる。

昭和五五年一二月

仙台にて

訳　者

■岩波オンデマンドブックス■

ヘーゲルと近代社会　チャールズ・テイラー

1970年 2 月17日　第 1 刷発行
2000年11月 7 日　モダンクラシックス版発行
2014年 6 月10日　オンデマンド版発行

訳　者　渡辺《わたなべ》義《よし》雄《お》

発行者　岡 本　厚

発行所　株式会社 岩波書店
〒101-8002 東京都千代田区一ツ橋 2-5-5
電話案内 03-5210-4000
http://www.iwanami.co.jp/

印刷／製本・法令印刷

ISBN978-4-00-730112-4　　Printed in Japan

事項索引

ア 行

悪無限(bad infinity)　23
暗黙の直覚(inplicit awareness)　309

生きている存在(living being)　35
生きているもの(living thing)　34
移行(passage)　83；存在論的──(ontological──) 83；歴史的──(historical──)　83
意識(consciousness)　47, 48
意志主義(voluntarism)　288
一体化(identification)　239, 240
一体性(identity)→自己確認　11, 52, 173, 178, 210；根本的──(basic──)　19；われわれが何であるかを，われわれの──を　44；人間は自分自身をガイストの媒介物と見なすことにおいて自分の根本的──に到達する　153；──の根拠　166；──と呼ぶことができるのは，……この文化的世界に対処する特殊な仕方　167；自分の──を，この大きな生命に関与することによって所有する　168；人間と絶対者との意識的──　179；生産者の──　245；社会の倫理性にとって本質的である──　246；革命的──，自由主義的──254；近代的──　262
一般的意志(general will)　151, 197
イデア(idea)→形相　144；諸物の真の構造，もろもろの──　142
イデオロギー(ideology)　215, 216, 223；参加の──　222；ファシズムのような──　268
意図(purpose)　124；原初的──(proto-──)　34, 108, 109；標準もしくは──　109；──の負荷(imputation of ──) 120, 121, 122；世界の終極的──は自由の現実化　124；普遍的な──　189
意図性(purposiveness)　30
イロニー(irony)　22, 23

宇宙(universe)　43, 45, 47；──は神の現存の諸条件　44；──はガイストの具体化，……ガイストが何であるかの陳述　50；──の一般的構造　51；──の分節化　51；宇宙の設計図　55

宇宙的主体(cosmic subject)　17
宇宙的主体性(――subjectivity)　17
宇宙的精神(――spirit)　18, 42, 48, 65, 66
運動(movement)　80；上昇する――(ascending――)　68；下降する――(descending――)　68；上昇と下降の二つの――　67
運命(fate)　26, 87, 98, 99

円環(circle)　63, 66, 103；必然性の――　67
円環関係(circular relation)　28
延長(extension)　50, 78

カ 行

ガイスト(Geist)　20, 48, 65, 66；――の観念もしくは宇宙的精神　29；――もしくは宇宙的精神　33；宇宙的精神もしくは――　42；――もしくは神　43；――もしくは主体性　45；――は具体化されなければならない　47；――は徹底した意味において自由でなければならない　53；主体性としての――　54；――は……真に自由，真に無限である　70；具体化して世界となり，理性的必然性を本性とする――　130
階層制(hierarchy)　35, 51；存在の――(――of being)　36, 101；生命の諸形態の――　37；思惟様式の――　37；表現様式の――　37；君主制，貴族制，祭司的――　155
概念的意識(conceptual consciousness)　56
概念的思惟(conceptual thought)　56, 313, 314
概念的必然性(conceptual necessity)　54, 60, 63, 312, 313
概念的明晰性(conceptual clarity)　313
外面性(externality)　50；――としての世界　80；純粋な――　81
科学主義(scientism)　288, 289
科学的社会主義(scientific socialism)　278, 286
かかり合い(commitment)　6
かたまり(heap)　259
合体(marriage)　29
カテゴリー(category)　18, 61；われわれが世界について考える拠りどころとなる――　102；――的概念(categorical concept)　118, 128；「理性の狡知」のような――　193
還元説(reductive theory)　303
還元的機械論(reductive mechanistic theory)　303
感性(sensibility)　1, 15

間接性(mediacy)　82
完全性(perfection)　39, 40
願望(aspiration)　ロマン主義的時代の二つの——　133
関与(participation)→参加　168

機械論(mechanism)　31
記述的話法(descriptive discourse)　313
起動力(impetus)　220, 223
基本的二分法(basic dichotomies)　27
客体化(objectification)　277, 278
客体性(objectivity)　9
客観的精神(objective spirit)　171, 242
共産主義(communism)　273
共同体(community)　3；——はガイストの具体化　162；われわれは文化的——(cultural ——)においてのみ，人間存在として現にあるとおりのものである　167；一体性の焦点としての——　222
恐怖時代(Terror)　152, 227, 229
曲解(distortion)　106, 107
極限概念(conceptual limit)　61；——は……諸物の構造についてわれわれに語る　62

空虚(void)　116
空虚性(emptiness)　149, 198, 221, 227, 298；絶対的自由の——　221, 291, 293
偶然性(contingency)　58, 74, 100, 106；割れ目をなす——(interstitial——)　58
空白(gap)　220, 223；政治的——　188
空無性(vacuity)　149, 195, 198, 227, 298；形式的自由の——　151；——の呪い　152；——をまぬがれる　153；カントの道徳論の——　156；——のジレンマ　299
具体化(embodiment)　必然的——の原理　33；——の諸条件　39；——の二つの原型　43；——の二つの次元　44；外的——　92
区分(differentiation)→分化, 差別　205, 223, 224, 232, 251, 252；本質的な種類の——は根絶しがたい　218
区別(distinction)　25, 37

契機(moment)　概念の——すなわち直接的統一，分離および媒介された統一　154；概念のさまざまな——　212
傾向(inclination)　5, 39, 96
形相(form)　4, 29, 30
啓蒙運動(Enlightenment)　5
啓蒙主義(Enlightenment)　134, 269

啓蒙主義的思想(Enlightenment thought)　5
啓蒙主義的人間観(——view of man)　2
結果(Result)　絶対者は本質的に——である　81
言語(language)　32,167,168,307,309,310；意識的，逐歩的思惟の媒介物としての——　306
言語意識(linguistic consciousness)　309,310
現実(reality)　21；外的——(external——)　47,78,106；具体的——(bodily——)　47；部分的——(partial——)　105；規定された——(determinate——)　129
現象(phenomena, manifestation)　58,90
現象学的運動(phenomenological movement)　305
原初的形態(proto-forms)　36
現前(presence)　16
現存(existence)　33；——の諸条件(conditions of——)　39,40；現実的——(real——)は矛盾のゆえに亡びる　86；われわれの最高の最も完全な道徳的——　162

行為者(agent)　34
合一(union)　19,23
抗争(conflict)　42,109；存在論的——　84,85；内的〔内部〕——(inner——)　40,77
功利主義(utilitarianism)　195；——的思想　196
合理性(rationality)→理性的思考　297；——すなわち普遍性　150；——の不完全な具体化　232
心(mind)　30；総括的な——(global——)　73
悟性(understanding＝Verstand)　24,41,197
古代ギリシャ(ancient Greece)　13；——の世界　161
国家(state)　98；——は普遍者の人間的生命における具体化　97；——が社会の最高の分節化　141；——は……普遍的生命の真実の表現　141；個人の最高の義務は——の一員となること　165；理性的な——　182,236；近代——は……普遍的な市民権を目ざす　209

サ 行

差異(difference)　28,50,205,252；究極的統一はその中に——を保持している　93
裂け目(gap)　30,215　証明における——　65；認識論上の——　90；当為と存在との——　159,160
差別(differentiation)→分化，区分　200

参加(participation)→関与　普遍的かつ全面的——　200,204,214,223

思惟(thought)　1,15
自我(ego)　48
自己意識(self-consciousness)　14
自己意識的自由(self-conscious freedom)　15
自己依存(self-dependence)　295；——としての自由の考え方　315
自己確認(identity)→一体性　246
自己合致(self-coincidence)　49
自己規定(self-determination)　7,9,14
自己規定的(self-determining)　7；——主体(——subject)　9,16；——自由　9,22
自己曲解(self-distortion)　2
自己限定的主体(self-defining subject)　31,142,143；自然と社会生活に対して客体化する立場を取る——　260
自己限定的主体性(——subjectivity)　155
自己実現(self-realization)　30
自己所有(self-possession)　9
自己創造(self-creation)　271
自己知識(self-knowledge)　18,52,80
自己直覚(self-awareness)　19；理性的な——　46,51；ガイストの——　52
自己透明な(self-transparent)　30
自己把握(self-comprehension)　140
自己表現(self-expression)　19,52；ガイストの——　52
自己分断(self-diremption)　271
自己明晰〔性〕(self-clarity)　9,13,314
自己理解(self-understanding)　2
自然(nature)　16,19,36
自然主義(naturalism)　75
自然主義者(naturalist)　73
至善の状態(state of holiness)　9
自足性(self-sufficiency)　36
親しい交わり〔交流〕(communion)　自然との——　5,15,266
実現(realization)　22,26
実存主義者(existentialist)　54
実体(substance)　15,43,174；物質的自然の——は重力であるが，精神のそれは自由　147；思惟は意志の——　147；国家あるいは民族は……個人の——である　163
実定的なもの(positive)　202,203,231,239
疾風怒濤(Sturm und Drang)　1,43

質料(matter)　78；――すなわち純粋な外面性　81
質料形相説(hylomorphism)　33
地主階級(class of landowners)　208, 210
思弁の真理(truth of speculation)　28
市民社会(civil society)　210, 247
社会工学(social engineering)　288
自由(freedom)　5, 8, 46, 257, 294；徹底的――(radical――)　6, 9, 13, 31；先験的な意味における――7；自己規定的――　9, 22；内的――(inner――)　27；――に達する　52；ガイストの――　55；われわれにとって――は　57；――はまさに思惟そのもの　147；否定的――　150, 227；絶対的――　198, 227；万物は――の発現である　276
終極目的(telos)　65, 77, 78, 180
充実(fulfilment)　3；人間の――　9；自己――　19
主体(subject)　21, 25, 71, 80；無限な精神の根本的な原型は――　29；ヘーゲルの――論　33, 42；――は自分の具体化である　39；絶対者は――である　43；無限な――は有限な――を通じてのみ存在する　92
主体性(subjectivity)　9, 239, 294；自由な――　29；意識的――　36；ガイストもしくは――　45；――の本質　46；近代的――の革命　215；普遍的――　237, 238；状況内におかれた――(situated――)　316
種(specimen)　86
種的存在(species being)　273
種的本性(species nature)　234
純粋思惟(pure thought)　31
純粋理性(pure reason)　8, 22
止揚(Aufhebung)　94, 281, 282
小宇宙(microcosm)　17, 18
状況(situation)　54, 297；――をもたない自由(freedom without――)　289；――内の自由(freedom in――)　290；限定的――(defining――)　302
情報的話法(informative discourse)　313
証明(proof)　概念的――……厳密な――……経験的――　125；厳密な哲学的――　126
自律(autonomy)　7, 23, 146；――を達成する　27
自立性(independence)→独立性　7
ジレンマ(dilemma)　219, 226, 315；徹底的自由の――　153；絶対的自由の――　294

遂行(fulfilment)　109

水準(level)　存在の――　35
推進力(drive)　152, 252
推力(thrust)　5, 269

精神(Spirit)　43, 101, 106；世界――　125；――は歴史における人間の生命形態の変容を通じて自分自身に帰る　141；――は，すなわち理性的必然性における世界の存在論的基礎は　264
精神(spirit)　――もしくは主体性　43；――の充実　183
精神性(spirituality)　16
精神的現存(spiritual existence)　20
精神的原理(spiritual principle)　16
精神的実在(spiritual reality)　20
生命(life)　30, 39；神の――　43；――形態　53；理性的――　72；精神の――　94；種的――　272
生命の流れ(current of life)　5, 15, 22
世界史的個人(world-historical individual)　192
世界精神(World Spirit)　125
世界の備品(furniture of the world)　64, 68；――は……ガイストが本質的に何であるかを……明示するために存在する　105
世界霊魂(world-soul)　76, 79
設計図(design)　64；宇宙の――　55；――からの議論　65
絶対者(Absolute)　25, 73, 79, 80；――は主体である　43；――は結果である　81；――は生命，運動および変化である　88；――は諸概念において理解されなければならない　93
絶対的実在(absolute reality)　65
絶対的自由(absolute freedom)　198, 199, 227, 289, 291, 292, 315；――への願望　217, 218；――は同質性を必要とする　218
絶対的主体(absolute subject)　77
絶対的主体性(absolute subjectivity)　58
絶対的知識(absolute knowledge)　104

相応性(adequacy)　38
綜合(synthesis)　21；ヘーゲルの哲学的綜合　1, 25；ヘーゲルの――　21；自由と表現的統一との――　22；究極的綜合　25；理性的自律と表現的統一との――　26
疎外(alienation)　169, 176, 220, 244, 270；ヘーゲルは……――論を最初に展開した一人　169；――は……の時，起こる　174

組織化(organization)　14
その対立者(its opposite)　28
その他者(its other)　27, 28
ソビエト共産主義(Soviet communism)　285；——社会 285
ソビエトの経験　279
ソビエト＝マルクス主義　279
存在(being)　118, 129；——は空虚であること，無と同意義であること　119

タ 行

対象(object)　48
対象化(objectification)　272
対立(opposition)　15, 25, 78, 84, 89；対立と同一との関係　28；——そのものが同一へ転化する　94
達成(achievement)　307, 309；最高の——　18, 117；この最高の実現は……——である　161；われわれがたどりつく——　308
他律(heteronomy)　8, 19
単語(word)　306

逐歩的思惟(discursive thought)　306
知能(intelligence)　30；原初的——(proto-——)　34
忠誠心(loyalty)　216
忠節心(allegiance)　155, 175, 177, 217, 220, 244
超絶的な国(transcendent realm)　19
跳躍(leap)　282, 283
直視(vision)→透察　46；絶対的精神の——　103；神の生命の——　103
直接性(immediacy)　82
直接的に(immediately)　81
直覚(awareness)　307；理性的——　48；——域(field of——)　307, 309
直観(intuition)　21, 22；ぼんやりした——　46

継ぎ目のない衣服(seamless garment)　63, 64

提言(thesis)　面くらわせる——　28；二元論の——　31
定在(determinate being＝Dasein)　120, 128
定式(formulae)　42；——はイデアもしくは標準の定義として　114
定式化(formulation)　6
定立する(posit)　53, 73
哲学(philosophy)　239；自然と歴史における理念の観照である——　267
徹底的自由(radical freedom)　6, 9, 13, 31

統一(unity)　25, 93；——直観

91
同一〔性〕(identity)　20, 25, 28, 42, 84；全体が生きぬく—— 88；同一と差異との同一　89
動機〔づけ〕(motivation)　5, 6
動向(trend)　1, 5
統合性(integrity)　266
統合的な表現(integral expression)　15
透察(vision)→直視　24, 101；概念的必然性の——　63
洞察(insight)　52
同質化(homogenization)　219, 222, 253, 254
同質性(homogeneity)　205, 218, 233；——のイデオロギー　219
統体〔性〕(totality)　35, 44
道徳性(morality)　5, 6, 8, 15, 156, 159；——は政治論においてのみ……具体的内容を受け取る　158；——の領分　172；反省的個人は——の領分内　177
道徳的意志(moral will)　7
道徳的自由(moral freedom)　5, 9
道徳的主体(moral subject)　8
道徳的主体性(moral subjectivity)　6
道徳的自律(moral autonomy)　15
道徳的命法(moral imperative)　6
道徳法則(moral law)　7
特性(property)　113；基準的——(criterial)　115
独立性(independence)→自立性　87, 105

ナ 行

内的目的論(internal teleology)　45
ナショナリズム(nationalism)　137, 216, 220, 224, 266；近代——　4
涙の谷(vale of tears)　9, 194

二極性(bipolarity)　49
二極的(bipolar)　47；——次元(—— dimension)　49
二元論(dualism)　29, 30；デカルトの——　37
二律背反(antinomy)　カントの——　119, 120
人間(man)　——は表現的統一である　4；——は……媒介物である　18；——は全く別種の統体　35；——の本質はガイストの媒介物　52；——はガイストの精神的生命の媒介物　78；——が宇宙的精神の媒介物　181
人間的主体(human subject)　29, 41
人間的主体性(human subjectivity)　36
人間の歴史(human history)　38, 41

農民(peasantry)　208
農民階級(peasant class)　209

ハ 行

媒介(meditation)　41, 80；——が宇宙的原理　81
媒介物(vehicle)　19, 20；宇宙的精神の——　19, 181；われわれがガイストの——　52；人間はガイストの精神的生命の——　78
媒体(medium)　22, 32；外的——(external——)　32, 33, 49；不可避的——　106
発現(emanation)　64
範型(model)　201, 202
汎神論(pantheism)　17, 43, 75
汎神論者(pantheist)　ヘーゲルは汎神論者ではなかった　75
汎神論的見解(pantheistic views)　17
反省的意識(reflective consciousness)　14, 35
万有在神論的(panentheist)　76

非我(non-ego)　48
否定(negation)　99；——を否定する　81；それ自身の——を含み，……それ自身との矛盾の中にある　129
非同一(non-identity)　25, 42
否認(denial)　88
表現(expression)　11, 29, 53；純粋な——　54
表現活動(expressive activity)　3, 49
表現主義(expressivism)　**1, 4,** 289
表現主義的完成(expressivist perfection)　12
表現主義的見解(expressivist view)　35
表現主義的理論(expressivist theory)　29, 30
表現説〔表現論，表現的理論〕(expressive theory)　9, 12, 32；ヘーゲルの——　34
表現的言語理論(expressive theory of language)　32
表現的充実(expressive fullness)　11
表現的統一(expressive unity)　16, 21, 26
表現的人間論(expressive theory of man)　9
表現的模範(expressive model)　13
標準(standard)　108, 109；イデアもしくは——　114

不相応性(inadequacy)　46；啓蒙主義の根元的——　194
不相応な(inadequate)　22, 112
部分的現実(partial reality)　105
普遍者(the universal)　真に具体的な——　154

普遍的個人(universal individuals) 237
普遍的精神(universal spirit) 52
普遍的なもの(universal) すべての人にあてはまり，すべての人を拘束するもの 197
フランス革命(French Revolution) 11, 193, 248；——を人間の理性の命令を世界の中で実現しようとする極限的企てと見なす 198
ブルジョワ階級(bourgeois class) 211
プロレタリアート(proletariat) 208, 209, 234, 249
不和(discord) 37
文化(culture) 3, 38
分化(differentiation)→区分，差別 198, 206
分化した世界(differentiated world) 153
分節化(articulation) 200, 226；宇宙の—— 51；内的——(inner——) 108；国家の本質的—— 155；必然的—— 225
分離(separation) 15, 48；——の果実(fruits of——) 26
分裂(division) 25

弁証法(dialectic) 65, 104；上昇的〔する〕弁証法(ascending——) 66, 68, 87, 107；歴史的——(historical——) 109, 111, 123；存在論的——(ontological——) 109, 122, 123；存在論的——も三項を含む 113；厳密な——(strict——) 123；解釈的もしくは解釈学的——(interpretive or hermeneutical——) 123
弁証法的運動(dialectical movement) 105
弁証法的議論(dialectical argument) 64, 65
弁証法的思考法(dialectical way of thinking) 28
弁証法的唯物論(dialectical materialism) 286
変容(transformation) 38；自然の——はまた自己——である 270

ポリス(polis) 161, 176, 177, 207, 240
ボルシェヴィキ(Bolshevik) 286；——党(——Party) 285；——の人々 287；——の意志主義 289, 292
ボルシェヴィズム(Bolshevism) 286
本有的価値(intrinsic value) 134
本有的善(intrinsic good) 196

マ 行

マルクス主義(Marxism) 137, 268

マルクス=レーニン主義(Marxist Lenism)　278, 280, 288

民族(Volk)　3；民族精神　164, 181, 186

無(nothing)　119, 129
無限(infinity)　24
無限な主体(infinite subject)　21
無限な生命(infinite life)　15
矛盾(contradiction)　40, 42, 65, 87；——は普遍的に適用される　82；——があらゆる生命と運動の源泉　83；内的——(internal ——)　87, 104, 109；弁証法の原動力は——である　87；弁証法的——　108；それ自身との——の中にある　129

名辞(term)　307
明晰性(clarity)　36, 38
明白な意識(explicit consciousness)　307, 312

目標(goal)　115, 184, 187；あらゆるものが向かう——　140；世界史の——　141
物自体(things-in-themselves=Ding and sich)　90, 91, 95

ヤ行

やり取り(interchange)　全宇宙とやり取りする　4；自然との——　16；外部の世界と——する　50

有限性(finitude)　76
有限な主体(infinite subject)　21
有限な精神(finite spirit)　18, 19, 47
有神論(theism)　71

要請(postulate)　69
要望〔要件〕(requirement)　47, 67
欲望(desire)　195, 196

ラ行

螺旋型歴史観(spiral vision of history)　15, 26

理性(Reason)　歴史の中に——がある　125
理性(reason=Vernunft)　24, 41；——は……一段と高い思惟様式　25；普遍的——97, 177
理性的意志(rational will)　6,7,8
理性的意識(rational consciousness)　26, 37, 72
理性的計画(rational plan)　41, 42
理性的思惟(rational thought)　21, 36
理性的思考(rationality)→合理性　20, 25, 31, 37, 41, 46, 57, 157, 158；

——は普遍的条件において考えること 145；自分自身を普遍的な——として知る個人 193；——が世界を支配している 194
理性的主体 39
理性的主体性 55
理性的自律 21, 26
理性的なもの(rational) ——は普遍的なもの 197
理性的必然性(rational necessity) 42, 59, 65, 76, 90, 106；——すなわち概念的必然性 54；——，諸物の必然的な構造 54；——すなわち理性的主体性の本質そのもの 57；真正な——(unadulterated——) 92
理性の狡知(cunning of reason) 189, 190, 233, 235
理性放棄(abandonment of reason) 24
理念(Idea) それ自身を維持できる唯一のカテゴリーは—— 102；——，すなわち自分自身の外的現象を創造する理性的必然性の定式 124；——，精神もしくは理性 146；——という真に具体的な普遍者 154；——を，諸物の存在論的構造を 179；——を，人間とその世界の根底にある理性的必然性の定式を 180；——は歴史において，しかし諸段階を通して実現される 186；われわれが万物の根底に最後に発見するものは——，概念的必然性そのものである 313
理念(idea) ルネッサンスの人間の—— 17；小宇宙の—— 18；普遍的かつ全面的参加の—— 208；自由が……中心的——の一つ 295；マルクス主義の—— 296
流出説的(emanationist) 76
倫理性(Sittlichkeit) 158, 159, 160, 240；——の内容 171

類型(type) 35, 86
類的存在(Gattungswesen) 245, 272
類的人間(generic man) 234, 273, 291, 296；——の自由な自己活動への跳躍 284

歴史(history) ——は摂理に従っていて，真の——哲学は……神義論である 185；精神の自分自身への復帰が，——の仕事である 271

労働(work) 96, 97
露呈(disclosure) 309, 312
ロマン主義(Romanticism) 1, 137, 138, 258
ロマン主義的気風(Romantic strain) 136
ロマン主義的抗議(Romantic protest) 262

ワ 行

人名索引

人名索引

文献目録

ヘーゲルの著作

Sämtliche Werke, Jubilee edition in 20 vols., ed. Hermann Glockner. Stuttgart, 1927–30.

H. Nohl (ed.), *Hegels theologische Jugendschriften*, Tübingen, 1907 – a collection of unpublished MSS of the 1790s; English translation (of parts) : T. M. Knox, *Early Theological Writings*, Chicago, 1948.

Differenz des Fichte'schen und Schelling'schen Systems, ed. G. Lasson, Leipzig, 1928 – Hegel's first published work in philosophy, Jena, 1801.

Glauben und Wissen, ed. G. Lasson, Leipzig, 1928 – published 1802/3 in the *Critical Journal of Philosophy*, which Hegel edited with Schelling in the early Jena period. This work is a critique of Kant, Jacobi and Fichte.

G. Lasson (ed.), *Schriften zur Politik und Rechtsphilosophie*, Leipzig, 1923 – contains a number of Hegel's occasional writings on politics, including 'The German Constitution' and 'The English Reform Bill'. It also includes two unpublished theoretical works of the Jena period, 'Über die wissenschaftlichen Behandlungsarten des Naturrechts' and 'System der Sittlichkeit'. (The latter has also been published separately, Meiner Verlag, Hamburg, 1967.) English translation of the occasional pieces by T. M. Knox, with introduction by Z. Pelczynski, *Political Writings*, Oxford, 1964.

Jenenser Realphilosophie, 1, ed. J. Hoffmeister, Leipzig, 1932 – edited lecture notes from 1803/4, unpublished by Hegel.

Jenenser Realphilosophie, 2, ed J. Hoffmeister, Leipzig, 1931 (republished as *Jenaer Realphilosophie*, Hamburg, 1967) – edited lecture notes from 1805/6, unpublished by Hegel.

Phänomenologie des Geistes, ed. G. Lasson/J. Hoffmeister, Hamburg, 1952 – published 1807, written at the very end of the Jena period; English translation by A. V. Miller, *Hegel's Phenomenology of Spirit*, Oxford, 1977.

Another translation is in process by Kenley R. Dove. His translation of the introduction appears in M. Heidegger. *Hegel's Concept of Experience*, New York, 1970.

Walter Kaufmann's translation of the very important preface to the *Phenomenology* appears in his *Hegel: Texts and Commentary*, Anchor edition, New York, 1966.

Nürnberger Schriften, ed. J. Hoffmeister, Leipzig, 1938 – includes the *Philosophical Propaedeutic* of the Nuremberg period.

Wissenschaft der Logik, ed. G. Lasson, Hamburg, 1963 – published Nürnberg, 1812–16. The first volume was revised for a second edition before Hegel's death. Often called 'Greater Logic'. English translations: by W. H. Johnston and L. G. Struthers, *Hegel's Science of Logic*, London, 1929, and by A. V. Miller, *Hegel's Science of Logic*, London, 1969.

Encyclopädie der philosophischen Wissenschaften im Grundrisse, published as *System der Philosophie* in *Sämtliche Werke*, vols. VIII, IX and X, ed. H. Glockner, Stuttgart, 1927–30 – first published in 1817 in Heidelberg, with second editions prepared by the author 1827 and 1830. Contains the Logic (the 'Lesser Logic'), Philosophy of Nature and Philosophy of Spirit. English translations: of the Logic, by William Wallace, *The Logic of Hegel*, Oxford, 1874, and more recently by J. N. Findlay, *Hegel's Logic*, Oxford, 1975; of the Philosophy of Nature, by M. J. Petry, *Hegel's Philosophy of Nature*, London, 1970; of the Philosophy of Spirit, by William Wallace and A. V. Miller, *Hegel's Philosophy of Mind*, Oxford, 1971.

Grundlinien der Philosophie des Rechts, ed. J. Hoffmeister, Hamburg, 1955 – published Berlin, 1821. English translation by T. M. Knox, *Hegel's Philosophy of Right*, Oxford, 1942.

Berliner Schriften, ed. J. Hoffmeister, Hamburg, 1956 – lectures, articles etc. of the Berlin period.

歿後編集された講義類

On the Philosophy of History; in *Sämtliche Werke*, vol. XI, also edited by G. Lasson/J. Hoffmeister in 4 volumes: *Die Vernunft in der Geschichte*, Hamburg, 1955; *Die orientalisch Welt*, Leipzig, 1923; *Die griechishe und römische Welt*, Leipzig, 1923; *Die germanische Welt*, Leip-

zig, 1920. English translation: by J. Sibtree, *Lectures on the Philosophy of History*, Dover edition, New York, 1956; of the introduction, by H. B. Nisbet and Duncan Forbes, *Lectures on the Philosophy of World History. Introduction*, Cambridge, 1975.

On Aesthetics, in *Sämtliche Werke*, vols. XII, XIII and XIV, also Lasson, edition of the introductory part, *Die Idee und das Ideal*, Leipzig, 1921. English translation by T. M. Knox, *Hegel's Aesthetics*, Oxford, 1975.

On Philosophy of Religion: in *Sämtliche Werke*, vols. XV and XVI; also edited by G. Lasson/J. Hoffmeister in 4 volumes: *Begriff der Religion*, Leipzig, 1925; *Die Naturreligion*, Leipzig, 1927; *Die Religionen der geistigen Individualität*, Leipzig, 1927; *Die absolute Religion*, Leipzig, 1929. English translation: by E. B. Speirs and J. B. Sanderson, *Lectures on the Philosophy of Religion*, 3 vols., New York, 1962.

On the History of Philosophy: in *Sämtliche Werke*, vols. XVII, XVIII and XIX; also Lasson edition of the introductory part, *Geschichte der Philosophie*, Leipzig, 1940. English translation by E. S. Haldane and F. H. Simson, *Hegel's Lectures on the History of Philosophy*, 3 vols., London, 1896.

さらに参照されたい文献

生　涯

Fischer, Kuno, *Hegels Leben, Werke und Lehre*, 2 vols., Heidelberg, 1911. 〔クーノ・フィッシャー『ヘーゲルの生涯』玉井茂・磯江景孜訳, 勁草書房, 1971年〕

Haering, T., *Hegel: Sein Wollen und sein Werk*, 2 vols., Leipzig and Berlin, 1929, 1938.

Haym, R., *Hegel und seine Zeit*, Berlin, 1957. 〔ハイム『ヘーゲルと其の時代』松本芳景訳, 白揚社, 1932年〕

Rosenkranz, Karl, *Georg Wilhelm Friedrich Hegels Leben*, Berlin, 1844.

Wiedmann, F., *Hegel: an Illustrated Biography*, New York, 1968.

一般的註解

Bloch, Ernst, *Subjekt-Objekt: Erläuterungen zu Hegel*, Berlin 1951.

Colleti, Lucio, *Marxism and Hegel*, London, 1973.

Findlay, J. N., *Hegel: a Re-Examination*, London, 1958.

Kaufmann, Walter, *Hegel: a Re-Interpretation*, New York, 1965. 〔カウフ

マン『ヘーゲル』栃原敏房・斎藤博道訳，理想社，1975年〕

Kroner, R., *Von Kant bis Hegel*, 2 vols., Tübingen, 1921, 1924.〔クローナー『ヘーゲルの哲学』岩崎勉他訳，理想社，1931年〕

Marcuse, Herbert, *Reason and Revolution*, New York, 1955.〔マルクーゼ『理性と革命』桝田啓三郎・中島盛夫・向来道男訳，岩波書店，1961年〕

Mure, G. R. G., *An Introduction to Hegel*, Oxford, 1940. *The Philosophy of Hegel*, London, 1965.

Rosen, Stanley, *G. W. F. Hegel : an Introduction to the Science of Wisdom*, New Haven, Conn., 1974.

Taylor, Charles, *Hegel*, Cambridge, 1975.

論　集

Gadamer, H.-G., *Hegel's Dialectic*, New Haven, Conn., 1976.

Grégoire, Franz, *Etudes Hegeliennes*, Louvain and Paris, 1958.

Henrich, Dieter, *Hegel im Kontext*, Frankfurt, 1967.

Hyppolite, Jean, *Etudes sur Marx et Hegel*, Paris, 1955 ; English translation by John O'Neill, *Studies on Marx and Hegel*, New York, 1969.〔イッポリット『マルクスとヘーゲル』宇津木正・田口英治訳，法政大学出版局，1970年〕

MacIntyre, A.(ed.), *Hegel*, New York, 1972.

Steinkraus, W. E.(ed.), *New Studies in Hegel's Philosophy*, New York, 1971.

Travis, D. C.(ed.), *A Hegel Symposium*, Austin, Texas, 1962.

ヘーゲルの発展と青年時代

Asveld, Paul, *La pensée religieuse du jeune Hegel*, Louvain and Paris, 1953.

Dilthey, Wilhelm, 'Die Jugendgeschichte Hegels' in vol. IV of his *Gesammelte Schriften*, Stuttgart, 1962–5.〔ディルタイ『ヘーゲルの青年時代』久野昭・水野建雄訳，以文社，1976年〕

Haering, T., *Hegel : Sein Wollen und sein Werk*, 2 vols., Leipzig and Berlin, 1929, 1938.

Harris, H. S., *Hegel's Development*, Oxford, 1972.

Lukács, György, *Der junge Hegel*, Berlin, 1954 ; English translation by Rodney Livingstone, *The Young Hegel*, London, 1975.〔ルカーチ『若きヘーゲル』上・下，生松敬三・元浜清海・木田元訳，白水社，1969

年〕
Peperzak, Adrien, *Le jeune Hegel et la vision morale du monde*, The Hague, 1960.
Rohrmoser, G., *Théologie et Aliénation dans la pensée du jeune Hegel*, Paris, 1970.

精神現象学

Heidegger, M., 'Hegels Begriff der Erfahrung' in *Holzwege*, Frankfurt, 1950; English translation: *Hegel's Concept of Experience*, New York, 1970.〔ハイデッガー『ヘーゲルの「経験」概念』細谷貞雄訳，理想社，1954年〕
Hyppolite, Jean, *Genèse et structure de la Phénoménologie de l'Esprit de Hegel*, Paris, 1946.〔イポリット『ヘーゲル精神現象学の生成と構造』上・下，市倉宏祐訳，岩波書店，1973年〕
Kojève, Alexandre, *Introduction à la lecture de Hegel*, Paris, 1947; English translation by Allan Bloom, *Introduction to the Reading of Hegel*, New York, 1969.
Shklar, Judith, *Freedom and Independence: a Study of the Political Ideas of Hegel's 'Phenomenology of Mind'*, Cambridge, 1976.

論 理 学

Fleischmann, Eugène, *La science universelle*, Paris, 1968.
Hyppolite, Jean, *Logique et Existence*, Paris, 1953.〔イポリット『論理と実存』渡辺義雄訳，朝日出版社，1975年〕
Mure, G. R. G., *A Study of Hegel's Logic*, Oxford, 1950.

歴史と政治

Avineri, Schlomo, *Hegel's Theory of the Modern State*, Cambridge, 1972.〔アヴィネリ『ヘーゲルの近代国家論』高柳良治訳，未来社，1978年〕
Bourgeois, Bernard, *La pensée politique de Hegel*, Paris, 1969.
Fleischmann, Eugène, *La philosophie politique de Hegel*, Paris, 1964.
Hyppolite, Jean, *Introduction à la philosophie de l'histoire de Hegel*, Paris, 1947.〔イポリット『ヘーゲル歴史哲学序説』渡辺義雄訳，朝日出版社，1974年〕
Kaufmann, Walter (ed.), *Hegel's Political Philosophy*, New York, 1970.
Kelly, George Armstrong, *Idealism, Politics and History*, Cambridge,

1969.
Marcuse, H., *Reason and Revolution*, New York, 1955. 〔マルクーゼ『理性と革命』前掲〕
Pelczynski, Z. (ed.), *Hegel's Political Philosophy*, Cambridge, 1971. 〔ペルチンスキー編『ヘーゲルの政治哲学』上・下, 藤原保信監訳, 御茶の水書房, 1980年〕
Plant, Raymond, *Hegel*, London, 1973.
Riedel, Manfred, *Studien zu Hegels Rechtsphilosophie*, Frankfurt, 1969.
Bürgerliche Gesellschaft und Staat bei Hegel, Neuwied and Berlin, 1970.
Ritter, Joachim, *Hegel und die französische Revolution*, Cologne, 1957. 〔リッター『ヘーゲルとフランス革命』出口純夫訳, 理想社, 1966年〕
Rosenzweig, Franz, *Hegel und der Staat*, Berlin and Munich, 1920.
Weil, E., *Hegel et l'Etat*, Paris, 1950.

美 学

Kedney, J. S., *Hegel's Aesthetics*, Chicago, 1885.
Knox, Israel, *The Aesthetic Theories of Kant, Hegel and Schopenhauer*, New York, 1936.

宗 教

Chapelle, Albert, *Hegel et la religion*, Paris, 1967.
Christensen, Darrel (ed.), *Hegel and the Philosophy of Religion*, The Hague, 1970.
Fackenheim, Emil, *The Religious Dimension of Hegel's Thought*, Bloomington and London, 1967.
Iljin, Iwan, *Die Philosophie Hegels als kontemplative Gotteslehre*, Bern, 1946.
Léonard, André, *La foi chez Hegel*, Paris, 1970.
Reardon, Bernard, *Hegel's Philosophy of Religion*, London, 1977.